两岸语言文字八讲

从差异到融合

许嘉璐　首席顾问　　李行健　主编

中国大百科全书出版社

图书在版编目（CIP）数据

两岸语言文字八讲：从差异到融合/李行健主编．--北京：中国大百科全书出版社，2022.1

ISBN 978-7-5202-0160-5

Ⅰ.①两… Ⅱ.①李… Ⅲ.①汉语—语言学—研究 Ⅳ.①H1

中国版本图书馆 CIP 数据核字（2021）第 276094 号

出版人 刘国辉
策划人 曾 辉
责任编辑 于淑敏
装帧设计 乔智炜
责任印制 魏 婷
出版发行 中国大百科全书出版社
地　　址 北京市阜成门北大街 17 号　　**邮政编码** 100037
电　　话 010-88390969
网　　址 http://www.ecph.com.cn
印　　刷 北京君升印刷有限公司
开　　本 787 毫米 ×1092 毫米　1/16
印　　张 24.5
字　　数 255 千字
印　　次 2022 年 1 月第 1 版　2022 年 1 月第 1 次印刷
书　　号 ISBN 978-7-5202-0160-5
定　　价 88.00 元

| 代前言 |

从趋近到融合

——两岸民族共同语的发展前景

现代汉语以 1919 年五四运动时期为上限。从五四运动到四十年代末这段时间，中国大陆的通用语被称为国语（或称作“早期国语”）。二十世纪的四十年代末是国语的发展被分隔在两个区域的具有标志性的历史时间点。大致从这一时期开始，“国语”分化为两个分支：一是大陆的“国语”，后通称普通话；一是台湾的“国语”，沿用旧称仍叫“国语”。

如果从“全球大华语”的视角来看，大陆普通话和台湾的“国语”是大华语核心圈内的两个主要变体。我们曾把这一状况概括为“一语两话”。

由于是同属“一语”的变体，两岸通用语的“大同”面貌未变，但由于语言使用和发展环境的长期隔绝，语言各层面也产生了一系列“小异”。二十世纪七十年代末改革开放以来，面对台湾这样一个理想的“社会语言学实验室”，开展两岸现代汉语的对比研究，理清差异，总结规律，作为社会语言学的课题，受到两岸语文工作者愈来愈多的关注，也积累了丰富的成果。

这种研究和关注，不仅仅具有学科的理论意义，其间的每一项工作、每一项建树，都具有文化战略意义，都关联着两岸和平统一大业的伟大事业。

人类发展的社会实践证明，语言认同是文化认同的重要方面，统一的语言文字是减少社会各族群交流成本、增强族群国家认同感的根本保证。从完成两岸和平统一大业的任务要求来说，促进两岸语言的沟通和化异趋同，以构建、补强中华文化共同体，已成为两岸人民共同的历史担当。

近几十年来，随着中国国力的强盛，汉语在世界的影响也在与日俱增。一个“大华语”的概念正在形成。“大华语的语言内核，各华语变体的公约数，便是普通话/国语。这一共同的语言内核，这一语言公约数，使得各华语社区可以相互通话。”① 这也是“一语两话”两岸语言观的另一种表述。通过两岸通用语的对比研究，通过学术先行一步的沟通工作，以协调的方式解决好两岸语言文字问题，推而广之，以强化各华语圈的文化联系，推动汉语（华语）进一步走向世界，已成为我们语文工作者的担当。

二十世纪三十年代以来肇始的国语的分化，1949 年后的几十年里有所加剧，这已成为事实。今后的发展趋势，我们认为，两岸共同语与整个华语是同样的走向。按照目

① 李宇明：《大华语：全球华人的共同语》，《语言文字应用》2017 年第 1 期。

前的状况，华语的发展趋势面临两种可能：其一是继续分化，其二是不断接近，逐渐“趋近趋同”。这两种发展趋势都有可能，但第二种趋势更占优势。[①] 对于两岸共同语来说，“趋近趋同”也是一种更占优势的发展趋势。刁晏斌在他的新著《海峡两岸民族共同语的对比研究》中专辟章节说明“国语与普通话趋同的主要表现”。书中指出，二者趋同的倾向和表现已经相当明显，在语言规范和标准的制定、工具书的编纂、科技术语的翻译，以及一般的语言使用中，都有一系列充分的表现。[②]

这种“趋近趋同”的表现，也被称之为“融合”。海峡两岸语言由不同到相似、相同的变化即是“融合”的过程。近三十年来，在两岸语言交流互动中可以清晰地看到这样一个过程。随着两岸交流的开展和深入，两岸语文也由开始沟通阶段的求同存异向化异为同演变，相互逐步认同并接纳对方差异的成分，进而出现了整合差异，互通互用的现象。值得注意的是，语言融合也有了新的含义，融合不仅限于两种语言的相互“替代”或“替换”，也指语言变体成分的相互接受和吸纳了。

促进、实现两岸语言的融合，首先需要对两岸语言关系有一个明确定位。“一语两话”的两岸语言观为这一关系定位提供了认识基础。关于“两话”关系定位的问题，我们曾做了反复探讨，本书第二讲对此也有全面论述。新的两岸语言关系说认为，通行于两岸的标准语（“两话”）同

① 李宇明：《大华语：全球华人的共同语》，《语言文字应用》2017 年第 1 期。

② 刁晏斌：《海峡两岸民族共同语的对比研究》，中国社会科学出版社 2017 年版，第 207—210 页。

属于一个共同语，是两支并蒂而生的变体。它们的语言地位是平等的，其间的差异很大一部分属于民族共同语成长中形成的有机成分，是我们民族语言丰富发展的资源沉淀。

“两话”之间的这样一种关系，本身就蕴含着推动二者趋近趋同的融合力。但语言的“融合”不是自然发生的，需要有一个语言接触、交流的条件和环境。普通话与台湾“国语”的差异，主要形成于二十世纪五十年代到“文化大革命”这段时期，而二者的融合则基本上是在改革开放中实现的，开放政策为两岸经贸和文化交流开辟了通道。二十世纪八十年代末台湾当局开放民众赴大陆探亲，2008 年两岸三通正式开启，两岸关系从此出现历史性转折，拉开了两岸大交流的序幕。两岸的经贸、文化交流和人员往来日益密切，语言层面上也反映了两岸交流对两岸语言的影响。正是在这一时期，大量“社区性”词语进入双方的标准语，出现了词汇的大面积融合。不少台湾“社区词”已被迅速吸收进普通话；与此同时，不少大陆词语或独特用法也进入了“台湾国语”。短短二三十年形成的这一局面，充分证明以交流促融合所产生的积极效应。

为两岸的民间交流提供、创造条件是促进融合的一个方面。除此之外，还要借力于双边语文机构的协调工作和相关规范化政策的引导，在双边规范的对话、协调中促进融合。我们认为，两岸形成差异的原因，“除了社会因素外，主要是由于两岸语文规划和政策理念的差异，今后要从促进两岸融合的方面多考虑，尽可能协调两岸的语文规划，力求减少已有差异，不再产生政策性新差异”①。

---

① 李行健：《试论两岸语文融合、统一之途径》，《澳门日报》2014 年 10 月 6 日。

要弥合观念的差异，实现两岸的无障碍“规范对话”，避免产生新的标准差异、政策差异，需要不断加强两岸语言的学术研究和成果交流，这是促进语文统一的基础性工作。如果对两岸通用语的现状和差异点没有一个清晰的认识，我们想有所作为，也会缺少清晰的方位意识、方向意识。自本世纪初两岸成功合作编纂《现代汉语常用词典》以来，一系列以两岸语言为收释内容的大中型词典相继问世；现在每年在海峡两岸暨香港、澳门都举办有研讨两岸语言文化的学术研讨会；两岸语言文字研究的单位和人数也在迅猛增加，学术成果日益丰富。今后的两岸语文研究还要深层挖掘，开拓研究领域，为探索两岸民族共同语的融合，建立一个民族共同语和谐的语言家园，不断从学术层面做出贡献。

语言融合是一个长期的过程，是否达到理想的融合水平，最后要看是否建立起一个既有明确界定又有一定弹性的统一的共同语规范以及这一规范是否得到落实。有的学者从现代信息化社会的技术要求方面肯定了维护由一个统一规范支撑的共同语的重要意义：“如果没有一个统一规范的民族共同语做基础，汉语言文字就无法适应现代信息化社会的发展要求。”① 再者，民族共同语内部各变体的和谐存在，不仅具有技术、学术层面的意义，一个由统一规范支撑、维系的民族共同语的健康形象，也是民族文化共同体强大凝聚力的表现。

当前，海峡两岸民间交流逐渐成为常态，两岸关系现

① 黄德宽：《发扬新文化运动精神　共同推进两岸语文现代化》，载李宇明主编《两岸语言文字调查与语文生活》，商务印书馆 2017 年版，第 14 页。

状和未来走向业已成为一个社会性话题。我们编写这本书，希望对两岸语言问题的关注不再局限于专业范围，也能扩大到社会各界，希望更多的人对台湾语言的现状和两岸通用语的异同问题有所了解，在更广大的层面上对两岸语言融合的社会意义形成共识，鼓励大家都来做两岸语言文化融合的促进者和有心人。

新加坡学者周清海指出："高度统一的书面语和正式的标准口语，以及采用汉字记录语言的传统，是汉语融合的坚实基础。再加上中国门户开放，国力不断发展，增加了华语区之间的交流机会。在这样的局面下，华语的逐渐融合就是不可避免的。"① 正如对海峡两岸和平统一的未来充满信心一样，我们对两岸以至全球华语区实现新世代的"语同声，书同文"的融合愿景，同样充满信心。

李行健

2017 年 8 月 25 日于北京

① 周清海：《大华语的研究和发展趋势》，《汉语学报》2016 第 1 期。

目录

第一讲

台湾光复前后的语言状况和台湾的“国语运动”

从明朝末年起，说闽南方言的民众开始由福建迁入台湾。17世纪中期，郑成功带领两万多士兵攻取台湾，驱逐荷兰殖民者，来台士兵中大部分是闽南人。在清代二百多年中，更多的闽南人移至台湾，同时也有若干福建南部和广东东部的客家人迁入。黄秀政等人的《台湾史》记载：在日据末年，闽粤系的台湾人占90%以上，日本人占6%。到第二次世界大战末，在台湾，使用最多的语言是汉语，其中闽南方言为主，客家话为次，操其他方言的人比较少。但日语在当时的台湾占有特殊的地位，被当作是“主态语言”。这是由于1895年日本占领台湾后，不断强制推行日本语的结果。

日本占据台湾以后，日本近代教育家伊泽修二就提出了要“征服台湾人的精神”的主张，要求实施普通教育，特别是日语教育，通过贯彻语言同化政策，以此改造台湾人的思想，“培养台人具备日本国民精神和性格，成为完全的日本国民”①。殖民者当局开始在台湾设立“国语传习所”（日据时期台湾以“国语”指称日语）。日本殖民当局于1898年7月发布了《台湾公学校令》，1919年1月和1922年2月，又分别公布了《台湾教育令》《新台湾教育令》，有步骤地推进日语教育。

1930年起，日本在台设立的“总督府”公布法令，正式在市、街、庄设立“国语讲习所”，“作为常设的简易日语教育设施”，“嗣后日益推广，匪特正式学校必以日语传习为必修课，举凡社教体系、文化团体，莫不责令以传习日语为主要任务，同时对于台胞原用之汉文日语，步步加以限制。”② 1931年殖民当局还制定了“国语普及十年计划”。日本在所谓的满洲国将汉语、日语、满语都列为满洲国的“国语”，还给汉语留下了一点生存空间，而在台湾，只有日语被列为“国语”。

1936年，日本殖民当局开始推行所谓的“三化”，即“皇民化、工业化、南进基地化”。“皇民化”即日本化，是日据时期日本殖民者在台湾实施的将台湾人改造为对天皇，对日本国家保有高度忠诚心的强制性奴化政策，其目的是彻底剥夺台湾人的民族主体性，完成对台湾人的精神奴化。为了达到“皇民化”的目的，日本殖民当局调动了种种手段，强化日语教育是“皇民化”的主要内容。

---

① 陈漱渝：《〈台湾省编译馆档案〉与台湾光复后的“去日本化”》，《中华读书报》2013年10月16日07版。

② 陈鸣钟、陈兴堂：《台湾光复和光复后五年省情》，南京出版社1990年版。

1937 年全面抗战爆发后，台湾战略后方地位更加重要。台湾“总督府”责令台湾岛内的报纸杂志全部使用日文，有些刊物的“汉文栏”也被取消。殖民当局加紧了日语教育的推行，在台湾各地设立“国语（日语）讲习所”“国语（日语）练习会”“国语（日语）保育园”“国语（日语）爱用会”。“公学校”的汉文课被全部取消。

殖民当局不仅要求台湾民众在教学、传媒和公务活动中使用日语，而且连居民在日常生活中也只能使用日语。殖民当局在台湾推动常用日语运动，奖励“常用国语者”（指日语），提倡建立“国语家庭”“国语模范部落”等。为此，设立了“皇民练成所”，公布了“国语家庭认定规程”“国语模范部落建设竞进会要项”和“关于官公署国语使用要项”等一系列政令。

据简后聪《台湾史》：台湾“总督”小林跻造（1936—1940 年在职）“推行急速高压的‘皇民化运动’，强迫台湾人做日本国民，向天皇献忠，严禁讲台语，抓到不说日语的就佩挂狗牌以示耻辱，而全讲日语的家庭，可以享受特别配给”。同时，鼓励台湾人养成日式生活习惯，砍烧人民家中的祖先牌位和神像，改从日姓及供奉日本神祇，穿和服到日本神社参拜等。台湾“总督府”出版的《台湾统治要览》记载，1942 年间，台湾国语家庭达九千多户。①

五十年的殖民统治、四十年“皇民化”的语言教育严重摧毁了台湾的汉语言文化，致使台湾的年轻一代深受毒害，对祖国文化产生疏离感，对祖国产生离心倾向。当年台湾总人口有 609 万，其中台湾籍的居民约有 606 万人

---

① 简后聪：《台湾史》，（台湾）五南出版社 2002 年版。

(包括台湾少数民族 8.9 万人),在台湾的外省人只有约 3.5 万人,这些人当中,大约有 420 万人在使用日语。方师铎《五十年来中国国语运动史》记述:“台湾初归祖国,因受日本人五十年的文化压制,年轻一辈的人,只知有日语、日文,而不知有祖国语文;六七十岁的老人,虽然会说闽南话及用“孔子白”读书,但仍多不了解方言与国语的关系。”“现在台湾省的情形是:自政府机关、学校,以至一般社会,还多是用日本话。”① 有媒体称当时在台湾,30 岁以上的知识分子中,懂汉文的可能百里挑一,而 20 岁以下的青少年不仅不会说“国语”,连闽南语都说不好了。1946 年 12 月,台湾工商日报刊登《台籍公务员语文再教育问题》一文,说到如果测试 30 岁以下人的国语能力,所得的结果一定让人失望。台湾已经是日文的世界,30 岁以下的年轻人不要说是国语,连方言能力也丧失殆尽。1947 年 4 月 19 日许寿裳在致许广平的一封信中写道:“此间办事困难,其最大障碍在语言的隔间,因台胞均说日语,看日文,对于国语、国文程度太低,现虽注力于此,收效尚甚少也。”反映了台湾战后初期的实况。

不仅在城市,汉语言文字的“沦陷”也波及少数民族地区。1946 年台湾训练团高山族指导员报告花莲县花莲区士林乡高山族的情况:“(该乡)十之八九通行日本语言,而文字亦应用日文。”②

1945 年台湾光复初期的语言状况已成为文化重建的巨

① 方师铎:《五十年来中国国语运动史》,台湾国语日报出版社 1965 年版。
② 《花莲县花莲区士林乡高山族概况》(1946 年 7 月 22 日),载陈鸣钟等主编:《台湾光复和光复后五年省情》(上),南京出版社 1989 年版。

大障碍。时任台湾行政长官的陈仪在寄给同乡好友许寿裳的信中曾经提及台湾当时的形势，认为台湾经过被日本殖民近半个世纪之后，其文化状况已不同于祖国大陆，大多数的台湾人只会讲日语，对于国语和国文皆感陌生。陈仪认为：彼时对于台湾的治理，最重要的是心理改造，而要达到这一目的，首先必须要转变语言文字。

台湾战后的国语运动就是在这样的背景下开展起来的。

台湾推行国语的全过程，从二十世纪四十年代到九十年代大致可分为四个阶段。

第一阶段：“光复”初期

1945 年抗战胜利。1945 年 10 月 25 日国民政府在台北中山堂接受日军投降，日本在台湾长达五十年的殖民统治宣告结束。10 月 25 日被定为台湾“光复节”。

日本占领台湾期间，由于实行严格的奴化教育，到四十年代时，汉语在台湾地区已濒于被灭绝的境地。绝大多数年轻人只会日语日文，不会讲台湾话，更不用说国语了。“再中国化”的语言建设成了“光复”后社会的当务之急。当时的困难比较多，但社会对国语的需要也很迫切，各界人士的积极性很高，短期内形成了一股以“爱国热”带动的国语热。

这个时期的国语推行工作，值得注意的有以下几个方面。

一、选派国语推行人员。“光复”初期台湾地区通晓国语的人非常少，而推行国语需要的大量专业人才只能从大陆选派。台湾收复不久，教育部就先后派出了魏建功、何容等人。1946 年以后的几年里又陆续调进一批国语教师和国语推行人员。如 1946 年初厦门选出 90 多名教师赴台任教，其中又选出三十几名任国语推行员。这个时期还从北平聘请了七十多人到台担任中小学教师和各地的国语推行员（有的兼任国语讲习班的教师）。这批人来台之前在北平曾接受了短期的国语专业训练。当时大陆有三处学校设有国语专修科，其中一部分学员也选调到台湾推行国语。以上的来台人员后来大都成为台湾推行国语的骨干。

二、成立专门机构。魏建功、何容等人来台后，开始协助筹建一个推行国语的领导机构，1946 年 4 月 2 日正式成立了台湾省国语推行委员会，隶属台湾省行政长官公署教育处，由魏建功任主任委员，何容为副主任委员。

该机构一开始就有完整的组织规程，配备有专职的工作人员，并进行任务分组（下分 4 个组，其中 3 个为专业组）。国语会还在台湾省各个县建立了国语推行所，1946 年一年就成立了 13 个国语推行所。推行所也有一套规程，设置人数不等的国语推行员，推行所撤并以后，还一直保留国语推行员的编制。

台湾省国语会从成立到 1959 年撤销期间做了大量工作。国语会为台湾推行国语针对性地制定了国语运动纲领，推广了读音规范，训练了大批师资，在台湾各地组织了各类辅导和推广国语的活动。国语会设立的实验小学为台湾中小学国语教学提供了教学内容和教学方法的一系列成果。

三、开展学习国语的宣传教育，制订国语规范。国语会创办的《国语日报》对台湾推行国语起了很大的作用。《国语日报》创刊于1948年，是用注音汉字印刷的一种专业报纸，宗旨是“推行国语，普及教育”，对象是中小学生。几十年来《国语日报》一直是国语学习的重要园地。每年暑假参加日报语文中心和文化中心各种活动的中小学生都在万人以上。台湾国语会在创办后的几十年中，可以说既是国语推行运动的设计者，也是具体任务的执行者。除发行报纸外，《国语日报》还编印了大量语文读物和语文工具书。在台湾颇有影响的《国语日报字典》《国语日报词典》和《国语日报外来语词典》，都是由该报编写的。

台湾国语会的标志性贡献是编订了作为推行标准国语依据的《国音标准汇编》，由台湾省行政长官公署于1946年5月30日公布，作为地方政府法令施行。《汇编》附有《台湾省行政长官公署公告》，公告开宗明义地指出：“推行国语必先统一读音，统一读音端赖确立标准”。《汇编》内容和要求为：“凡关于注音符号的体式及发音方法、国音的声韵及拼法、声调及韵呼、卷舌韵的分析、常用字的标准读法等都已经编录在内，适合学习及检查国音之用；在本省国音推行上，可借以收到标准化的效果。嗣后关于一切注音读物，悉应以此书为准。”① 《国音标准汇编》的第四部分即主要部分是《国音常用字汇》。《国音常用字汇》由国民政府教育部公布于1932年5月7日，其前身为1920年的《国音字典》。《国音常用字汇》有钱玄同撰写的“说明”26条，其第3条说道：“国音就是普通所谓‘官音’。这种‘官音’本是北平音……它靠着文学与政治的力量，

① 台湾省国语推行委员会：《国音标准汇编》，（台湾）开明书店1969年版。

向各地推行，六百年来早已成为全国的标准音了……本书所定的音，是以现代的北平音为标准的。”台湾省国语会将《国音常用字汇》收入《国音标准汇编》，是在当时语言使用混乱的情况下采取的及时、有力的措施，对此后几十年开展国语运动，推行标准国音起到了重要的规范作用。

四、举办各类国语培训班。国语培训班在光复初期是推行国语的一个重要形式，大致有两种：一种是教师和专业国语推行人员的培训班，一种是社会各类人员的国语学习培训班。台湾收复时，全地区有国民学校一千多所，几乎各校都没有能担任国语教学的教师，大陆来台的教员能讲合格的国语的人也不多，这方面的需要只能靠短期培训来解决。即使母语是北京话的，也需要经过一定专业培训才能从事教学和国语推行工作。故光复不久，台湾省公署教育处就在台北举办了国民学校教员国语讲习班，各县市也随之跟进。1946 年 8 月讲习班招收国语教师 104 人，其中一半为台湾省籍。从 1947 年起，各县市开始对国语推行员进行集训。从北京聘来台湾推行国语的工作人员也接受了培训。此外还有专门教授注音符号和方音符号的短期班。一些高等院校如台湾大学、师范学院，增设国文科目，省立法商学院开展国语教学，有关教学活动也有短期培训的性质。社会上学习国语也很快达到高潮。国语会创办了国语补习学校，开始培训“公教人员”，后来改为培训师资，最后又转到社会扫盲教育方面。从 1945 年底到 1948 年，这是社会办班最多的一个时期，各机关、公司、大小企业，都发起开办国语培训班。这一时期究竟办班多少，现在已经无法统计。1948 年以后，这类班才开始减少。社会办班的共同特点是时间短，突击式教学，要求不高，达到“蓝青”的水平就算掌握了国语。不管是哪类培训班，总的来看都带有应急的、临时的性质。

总的来看，光复之初的这一阶段，台湾民众对学习国语就抱有相当的热情，他们大部分是自发的学习国语，态度相当认真，学习也很刻苦。据当时的一些记载，“光复当初，民众对国歌之习传，对国语之学习，俱自动参加。年届四五旬者尤其热心”。“街头巷尾到处挂满了补习国语的招牌，台湾同胞无分男女老幼，都在佶屈聱牙的学习着国语而接收人员也能热情地学习着闽南语”。这种状况反映了台湾人民对祖国，对祖国语言文字的热爱，也证明了日本在台湾推行“国语”的失败。何容分析其中的原因：“过去五十年间，日本人在台湾施行他们的‘国语’教育，可以说是得到了惊人的成功也可以说是完全的成功，但光复以后，台湾同胞立刻对日语表示厌弃，却是日本人的失败。他们的成功，由于他们的方法周密而毒辣，他们的失败，是因为没有攻破台湾人的心防。日本人只是同化了台湾同胞的口，却没有同化了台湾同胞的心。”①

但是，社会学习国语的热情，也因政策和推行方式不当等原因受到影响，形势出现了反复。如当时以国语、国文能力作为政府机关录用人员以及晋升标准的绝对化，使本省人产生了受歧视的感觉，也逐渐加深了本省与外省人的隔阂。一种怨怼的情绪反映到国语的学习上。当时媒体也有这样的报道：“追至去年，台湾光复，纯真的学徒生诸

① 何容：《台湾之国语运动》，转引自蔡真宜：《台湾母语教育政策之研究——以闽南语教育为例》，台湾师范大学2002硕士学位论文，第128页。

君的兴奋、高兴，非笔舌所能形容的。由诸君的热情，自动的禁写日文、禁讲日语，甘自忍受不自然的写作与谈话的不便。对于学习国语国文的认真，有废寝忘餐之概，其进步是特别的快速……可是光复未久，由外省搬入许多贪污颓废的恶作风，把诸君的热情吹冷了，再由许多以不知为已知的糊涂知识阶级，大放厥词，侮蔑台胞的一种傲气，把诸君前途的光明击灭了。于是乎诸君愤慨之余，国文不高兴学了，国语也不高兴说了。"① 报纸、杂志日文版真正撤除以后，情况更为严重。许多知识分子既不能操中文，又不能继续用日文创作，也不能依靠日文获取新的资讯，他们一下子变成了文盲或半文盲。这种政策给那些尚未学好中文的人造成了很大的痛苦和挫折感。

1947 年台湾发生了"二·二八"事件，有人认为语言问题也是导致事件发生的一方面因素。"二·二八"事件期间，日语、日文大规模涌现，台湾又回到日文世界，电台出现了日语和闽南语的广播，当时的各种标语、战报、布告也都是用日文来写，这一时期短暂的日语"回潮"，一方面因为国民党来台人员的贪腐和奢靡的风气引起本地民众的失望和反感，同时也反映了台湾民众对当时极端化的国语推行政策的不满情绪，以及对以语言决定身份的政治歧视表现出的逆反心理。

---

① 《劝勉学徒诸君》，台湾《民报》1946 年 10 月 1 日 1 版。

第二阶段：五十年代初到六十年代前后

1949 年国民党退踞台湾后，对治台政策进行了检讨，认识到复兴中华文化，彻底“去日本化”的紧迫性，对于前段时间国语政策的走偏及时做了调整，推动“国语运动”走上平稳进行的轨道。闽台区监察使杨亮功和检察院监察委员何汉文所写的《台湾善后办法建议案》对“国语文”的推行提出若干具体措施，建议“切实推行国语、国文，并加重本国历史、地理及公民教学”。对此，台湾行政当局也表示赞同和支持。陈仪致蒋介石的信函指出，为使台湾“不再发生变乱计”，“应加强国语、国文、公民、史地教育，改造台人思想，使其完全中国化”。①

这一阶段“国语运动”已逐渐步入正轨，有关活动的临时性、应急性的色彩减少了。通过“二·二八”事件，国民党开始反思如何确定实现“再中国化”的有效途径，认识到坚持“国语教育”的重要性。1947 年撤销的各县市的国语推行所又开始恢复建制，并更名为“国语推行委员会”。十几年的时间里，推行“国语”的努力使“国语”基本达到了普及的程度。

这一时期的“国语”推行以学校（主要是中小学）为重点，同时也深入到社会各个阶层。学校方面，首先是加强“国语”教师的培训和师范学校的“国语文”教育。五

① 引自崔明海:《光复初期台湾国语运动的开展及其社会影响》,《抗日战争研究》2013 年第 2 期。

十年代初，省立师院开办小学教师“国语讲习班”，虽然只办了一期，但反映很好，使不同水平的人都感到了进修提高的必要和收获。在这个基础上又成立了以辅导小学教员进修为中心任务的语文补习学校。补校的授课内容以后虽有些变动，但坚持了很长的时间，直到“国语会”1959年“裁并”。1953年台北市还开办了中小学校教员语文专修班。与前阶段不同的是，这个专修班更为正规化，每期达六个月，全天上课，学员在学习期间还可以“照支原薪”。

师范教育的质量直接关系到师资的质量。从1949年开始，台湾当局要求全省各师范学校毕业生参加“国语文”统考，不及格者不能毕业，并形成一种制度逐年进行。1958年，台湾省教育厅颁发了师范学校训练标准，语文部分规定，入学考试“国语文”与口试成绩达不到标准的不予录取。

这个时期对中小学的“国语”推行，要求格外严格。教育主管部门颁发了一系列“政令”，督促学校执行。1957年教育厅组织了赵友培、王寿康两位教授直接到各地辅导中小学“国语文教学”，收效很大。在此以后，省教育厅和中国语文学会订立了三年的合作计划。

1951年，教育厅下令“各级学校应以国语教学，严禁以日语或方言教学”，“聘请教员时应注意其国语程度，如属太差，应不予聘用”。1952年，教育厅颁发《台湾省国民学校加强国语教育办法》，责成校长严加监督、指导及考核。同年，教育事务主管部门公布《国民学校课程标准》，主要修订国语及社会两科，在总纲中也明定教学用的文字语言，一律使用“国语”，绝对避免方言及土语。1956年，台湾当局为了加快“国语”推广的步伐，开始发动全面性的“说国语运动”，规定各级机关、学校及各种公共场所一律使用“国语”，并且提出“语言不统一，影响民族团结”等宣传口号。[①] 教育事务主管部门也下令中小学校凡举行各种集会、口头报告，必须操“国语”，中等学校教师严禁以日语或方言教学。1956 年 12 月，教育厅颁布《台湾省立小学、国民学校办理成绩考核标准》，使“国语推行”成为学校办学成绩的项目之一。1957 年，台湾当局规定凡日化之变相汉字应禁止使用。更为有效的政策是把“推行国语”与校长、老师的考绩捆绑在一起，而学生的“国语”表现也直接列入操行成绩。事实上，在二十世纪五十年代推行“国语”，小学较有成效，学生升入中学后，在公共场所还是习惯使用方言交谈。为此，1955 年，教育厅修正《台湾省中等学校奖惩办法》，要求中学学生在学校以及公共场所应使用“国语”，避免使用方言。同时规定不讲“国语”者，应予记缺点或警告。[②]

社会上的“国语运动”调动各方面力量，也在日益广泛深入地进行。电台、报纸等宣传媒介成了当时有力的“国语”推行工具。从“光复”第二年开始，台湾省教育处就在台湾广播电台开播了读音示范节目。开始播送“国语”教材，配有闽南语翻译。每周还专门播送一次“国语”会话。为了组织好社会各阶层的收听学习，台湾省在 1950 年颁布了广播教育十六条。电台播讲的内容分为社会式和

① 《台湾省政府公报》1956 年第 62 期。

② 黄嘉政：《战后以来台湾台语教育发展之研究（1945—2002）》，台湾师大教育所 2002 年硕士学位论文，第 70 页。

学校式两种。1954 年电台又建立教授“国语”的空中教学部。广播教学适应了社会的迫切需要，一些机关和企业专门组织人员收听，台北以外的县市也举办类似的广播教学，如 1954 年台中农民广播电台开办的“国语”教学节目、高雄市“国语会”举办的空中正音教学等。

推行“国语”同教育失学民众（即扫除文盲）相结合，也是这一阶段推行工作的一个重要方面。1950 年学校即开始办民众补习班，到 1954 年有 140 多万所谓失学民众参加补习教育。1954 年台北市决定分区设补习班，凡 18 岁到 30 岁的“役男”，不识字、不懂“国语”者一律参加。“国语会”还派出视察小组到各地视察。1957 年台湾省政府公布了台湾失学民众强迫入学实施细则二十条，要求各县市执行。还规定，全省 18 到 30 岁男性失学民众一律参加民众补习班，同时拟定了一个暑期各县市推行失学民众补习班实施要点。据统计，这一年暑期办班约 1200 个，时间两个月，12 万人参加。1964 年台湾省教育厅公布的一个统计说，从 1945 年到 1961 年，约 170 万人接受了补习教育。扫盲补习班目的是学习“国语、国字”，扫盲的同时也自然推行了“国语”。

“国语运动”在军队中也受到重视。当时入伍的本省籍青年多数不懂“国语”，造成沟通上的困难。1954 年《国语日报》曾报道一则消息，联勤医院动员演习，应征参加的地方医师和台籍士兵大多数不会说“国语”，也听不懂“国语”，致使演习无法正常进行。有关部门认识到问题的严重性，给教育厅致函要求加强“国语运动”。从此，除入伍前对“役男”进行“国语”培训，一些新兵训练课目里也加上了“国语”听说训练。五十年代中期军队随营补习教育，考试合格者发给证书。1958年，台陆军全军开办了40多个干部“国语”讲习班，培训了一批负责新兵学习“国语”的基层人员。

台湾山地乡“国语”基础最为薄弱，很多人只会讲日语、山地话或方言，开始学习“国语”还不得不用日语作辅助语。1948年，台湾省教育和民政部门开办了第一期山地教员训练班。前后五个月，上课二十四周，一百多人参加了学习。有关部门还组织了山地教育调查团，“国语”教育是主要调查项目。从1953年底开始，调查团一个月内调查了三十多个山地乡学校单位。台湾当局1956年颁令规定，各县“国语会”都要在山地乡设立山地乡“国语推行小组”，乡长要担任小组组长。1958年当局公布《台湾省加强山地教育实施办法》，有关部分规定，凡不谙“国语”的教员，不得派往山地任教；各县的山地“国民”学校，日常工作用语禁用日语。1958年起，山地乡停用了“山地课本”，改用一般“国校课本”，推进了教育“平地化”。

第三阶段：六十年代开始到七十年代末

这一阶段的“国语运动”，还是延续五十年代的方针、举措，并逐步加强了学校方面的推行教育。

1963年，教育厅颁布了《台湾省公私立中小学加强推行国语注意事项》，这个法规对学校的语言使用和语言教学作了全面而详细的规定，对学校的“国语”推行有重大的指导作用。以下是几点主要内容：

1. 各中小学教职员在校时间必须一律使用“国语”，校长尤应以身作则，并负监督、指导、考核之责。

2. 各中小学之播音器严禁播放方言节目及日语节目。

3. 各中小学教职员参加学生家长会或母姐会，必须使用“国语”，如与会人士确属多数不懂“国语”，再用方言翻译，俾不懂“国语”者有听“国语”之机会，并向学生家长恳切说明学习“国语”之重要。

4. 中小学师生与校外人士接谈时，凡对方能略懂“国语”者，一律使用“国语”，必要时可以“国语”方言并用，但严禁使用日语。

5. 各中小学各科教学外语科目除外，应一律使用“国语”讲解，教务主任应负考察之责。

按照上述规定要求，学校应建成一个纯“国语”环境，教学语言、师生日常谈话、广播用语等都必须使用“国语”。为保障规定的落实，从校长到教职员工，分工明确，各司其责，“国语”教育成为这阶段学校工作的中心任务。

“国语运动”雷厉风行地推行十几年，取得很大成就，改变着台湾的语言生态。张其昀在《中央日报》上作过如下的判断：“政府迁台以来，教育设施的功过是非，一言难尽。但有一件事最受到称赞的，便是推行国语伟大的成功。现在年轻一代的都能说标准的、纯粹的、美妙的国语。比父亲一辈好，比祖父一代更好。这件事奠定了中华民族大一统的精神基础，关系极为重要。”①

① 转引自黄宣范：《语言、社会与族群意识》，台湾文鹤出版公司1993年版，第111页。

另一方面，推行“国语”，巩固成果所面临的形势依然严峻。在六十年代初期的台湾，“国语”的使用实际上还不是很普遍。对方言限制使用的规定并未得到认真的执行，因为70%以上的人口母语为闽南语，即使在学校这样环境里，说方言的也不在少数。社会上也未禁止方言的使用，许多场合仍然是乡土语言的天下。许多热心“国语”推行的人士看到这一状况，呼吁进一步加强“国语运动”。

在机构精简改革的1959年，“国语会”遭裁并，被并入教育厅的一个单位，编制缩小，经费大幅度削减。推行“国语”的热心人士对此表示了强烈不满。1966年“国大”一届四次大会的一份提案中提到：“请明令台湾省政府迅速恢复各级国语推行委员会，充实人员，加强推行国语教育，以救当前危机。”1970年5月12日《国语日报》的“日日谈”专栏刊载《国语的一贯与中断》一文，认为“（推行国语）这一贯的精神已有中断的迹象，始作俑者是省教育厅，把省国语会的经费大部分挪用，使其名存实亡，县市政府继起效尤，才使国语在各方面退缩”。

二十世纪六七十年代，台湾的文化建设也遭遇到各方面的挑战，国民党所宣传的理念逐渐失去了对社会的感召力、影响力，他们转向求助于包括语言在内的中华传统文化，希望从中得到支撑台湾社会、凝聚民众意志的精神力量。台湾省教育厅“国语推行委员会”1971年业务报告中有这样的言论：“推行国语，可以提高国民知识水准，可以发扬中华文化，可以是‘救国强国’的工作。这工作是无止境的，否则，方言分歧，不但影响民族精神团结，而且是落后民族的具体事实。”[①] 推行“国语”与“救国强国”联系在一起。六十年代以后，台湾的“国语”推行，执行了一条“强化国语，限制方言”的路线。这一路线后来也被诟病为“独尊国语，压制方言”的语言沙文主义。

1967 年台湾当局决定各县市一律恢复设置“国语推行委员会”。在此之前，1966 年，台湾当局颁布了《各县市政府各级学校加强推行国语计划》，为“国语”的顺利推行做出下列规定：

1. 各级学校师生必须随时随地使用“国语”，学生违犯者依奖惩办法办理。

2. 严禁电影院播放方言、外语。

3. 严加劝导街头宣传，禁用方言、外语。

4. 各级运动会禁止使用方言报告。

5. 严加劝导电影院勿以方言翻译。

六十年代中叶以后，更多“中央机关”介入了“国语运动”。1970 年 5 月，有“立法委员”要求当局尽速订定“国语推行计划”。1970 年 6 月，“监察委员”也认为教育事务主管部门“推行国语”不力，邀请有关负责人到院说明以谋改进。1972 年“国大”五次会议第八次会议上，有四百多名代表提出制定“国语”推行办法。第二年公布了《国语推行办法要点》。这个推行办法实行了很长时间，直至八十年代仍具效力。此外，“中华文化复兴运动委员会”（下称“文复会”）对“国语运动”也表示出热心和关切。1970 年“文复会”十二次常会通过的加强“国语运动”的决议，第一

① 引自陈美如：《台湾语言教育政策之回顾与展望》，高雄复文图书出版社 2009 年版，第 71 页。

项就是“加强学校国语教学，培养国语师资人才”。

“中央机关”的积极介入使得当局和教育事务主管部门的压力增大，因此，他们除了制定相关的政策之外，也采取更为严厉的措施检查与督促“国语运动”。1967年台湾引起一场“国语国文之争”，最后结果是，学校教育前六年仍用“国语”名称。这说明教育界多数人还是主张在小学阶段要打好“国语”基础，培养运用“国语”的能力。1970年教育事务主管部门发布的七十年代（1971—1980）施政计划继续把推行“国语”作为工作重点。这一时期，教育事务主管部门以“政令”的形式提出一系列具体要求和检查督促的量化指标。如1972年的《关于各级学校教职员校内讲国语的规定》、1973年台湾省教育厅公布的《台湾国民中小学教师国语教学能力查询评量表》，等等。

山地乡是台湾的一级地方行政区，全台湾共有30个山地乡，主要居民为当地少数民族。五十年代山地乡“国语推行”取得了显著成果，六十年代以后，加强山地乡的“国语”教育仍是“国语推行规划”中的重要一环。1963年行政事务主管部门提出“山地行政改进方案”，目标为“促使山胞与一般社会融合”。其中关于“国语教育”有这样的内容：“积极推行国语，加强国语推行员的工作，并严格考核其执行成果。”① 同年，教育事务主管部门又拟定了《加强山地推行国语计划》，决定以后每年把在山地乡推行“国语”作为工作重点之一。1972年教育事务主管部门专门下达指令，要求山地乡实验柯逊添的“音节本位注音符号新教材”，并在屏东、台东、台中等五个县选择一些山地

① 胡蕙若：《台湾原住民母语教育政策之研究》，《三民主义学报》2002年第24期。

乡进行实验，比较前一阶段，这个时期的山地乡“国语教育”更注重质量。

在加紧“推行国语”的同时，台湾当局为“巩固国语”的主导地位，开始通过一些行政措施限制方言的使用。

1973年台湾当局文化事务主管部门正式下令，规定电视台的方言节目每天不得超过一小时。台湾电视是1962年开播的，一开始台湾闽南语节目占5.71%，第二年增加到6.64%，到1964年达到12.23%。1970和1971两年台湾闽南语节目达到高峰，每天晚七点后，台湾闽南语的电视连续剧，“华视”占了30%，“中视”占16%，“台视”占12%。现在不仅不得超过一小时，而且晚上六点半以后的黄金时间内，闽南语节目“限由一台播映，依台视、中视、华视三台顺序轮流”。[①]

1967年台湾“立法机构”又三读通过一项“法令”，对电台、电视台方言节目提出严格限制：“电台对国内广播应用国语播音的比率，广播电台不得少于55%，电视台不得少于70%，使方言应逐年减少，其所占比率，由新闻局视实际需要检讨订之。”

第四阶段：八十年代前后至今

这一阶段还可以分为两个时期。第一时期从八十年代到九十年代末，第二时期从2000年到2016年。

这一阶段总的倾向性是，在社会发生巨大变化的形势

① 引自林进辉编：《台湾语言问题论集》，台湾文艺杂志社1983年版。

下，台湾的“国语运动”提出一系列“应变”措施，对现实对语言政策作了一些重要修正。另外，在强调“本土文化”的潮流影响下，一股“台湾闽南语热”也随之不断升温。这一阶段“国语”推行工作的特点有以下两个方面：

一、检讨改进，保持力度。进入八十年代以后，为了解决好新形势下推行“国语”出现的问题，1982 年台湾“行政院”委托有关部门进行了一次“台湾国语”推行政策和推行效果的全面调查研究，题目是《国语推行政策及措施之检讨与改进》，最后成果由行政管理机构研究发展考核委员会于 1982 年 2 月编订成一本长达 300 多页的研究报告。报告的序言和序论部分介绍了进行该项研究的动机、目的、内容和方法。序言认为“国语推行的成败”足以影响“国家”的现代化、教育的素质和文化的传递，也影响个人社会化的过程及社会和谐融洽的程度，并间接的影响经济的活动与成长。台湾推行“国语”虽然经过几十年的努力取得了一些成就，但语言政策和一系列措施能否适应社会发展的需要，尚待深入的调查研究。这次调查研究的具体内容有：1.“台湾国语”运动各阶段政策和措施的分析和比较；2. 评量推行“国语”的现状和结果；3. 评量说“国语”的标准程度；4. 调查对“国语”推行工作的社会意见，提出改进的建议。调查方法是问卷调查、直接个别测验和访问。调查中专门拟定了“国语推行绩效调查问卷”，分学生用、教师用、社会人士用三种。参与调查的人员达到 4000 人左右，覆盖面很大。这次调研虽非尽善尽美，但对以后台湾重大语言问题的决策提供了量的分析依据。

关于八十年代前后这一阶段“台湾国语”运动形势和对社会语言状况的估计，有不同的评价。肯定成分较多的看法是，台湾基本普及了“国语”，成就是主要的，今后的任务在于提高水平，实现语言规划和语言规范化的预期目标；偏重于注意消极面的则认为，“国语运动的成就是比较性的，未能扎下根，国语运动已陷于形式化、孤立化、混沌化”。虽有统计表明，会说“国语”的人已占相当大的比例，但实际应用率不高，关键在于“不是一般是否会说国语的问题，而是大家愿不愿说国语的问题”。[①] 1981 年台湾《中国语文》48 卷 6 期刊载刘武清的文章《推行国语所面临的实际问题》，该文其中一节提到：“推行国语运动，虽有辉煌的成绩，但是不可否认的至今尚未完全成功，仍有许多尚待努力和亟待改进的地方。诸如：一、据估计全省至少尚有 100 万同胞不会说国语。二、国语推行运动不受重视了。三、方言到处泛滥，说国语的风气不够普遍。”

值得注意的是会说而不说的现象，这种现象与社会成员语言态度的变化有一定关系。七十年代以来，台湾开始形成“本土化”的文化思潮，“方言热”也随之而来。社会上出现了“说妈妈的话”“还我母语”一类的口号，所谓的“还我母语运动”也走上了街头。有人呼吁要重新检查台湾的语言政策，要求实施双语教育。台湾外事部门个别官员甚至还提出以闽南语作正式涉外用语。[②] 这个时期的一些文章和文学作品里还可看到关于母语情结和母语失落感的

① 刘真：《加强国语文教育，注重国语文标准》，台湾《中国语文》第 319 期，1983。

② 见台湾《中央日报》海外版，1993 年 4 月 24 日。

描写。

八十年代台湾出版了林进辉主编的《台湾语言问题论集》，这本书集中反映了对台湾过去语言政策持批评态度的一部分人的观点和立场，其中某些意见显然是偏激之词，有的甚至近乎荒唐，如把台湾推行“国语”同日本据台期间的奴化教育相提并论，不过大多数人还是尊重“国语”作为标准语的地位，只是主张推行“国语”的同时不能取消方言。

1987 年，台湾社会形势丕变，7 月 15 日，国民党宣布解除实行了三十八年之久的戒严令。台湾解除党禁、报禁，某些在戒严时期制定的政策也加以更正或者遭到废除。这·社会形势的变化，直接间接地影响到台湾的语言政策。

1987 年 8 月，台湾教育事务主管部门通令中小学不得再以体罚、罚钱等不当手段制裁在校园内说方言的学生。教育厅同时指出，近年来由于部分中小学在执行“国语”政策时采取了一些过火的做法，必须予以纠正。

不管社会对语言政策的观点如何分歧，民进党在乡土语言教育上如何喊话，这一时期台湾官方的态度仍然是坚持贯彻、优化既有的“国语”政策。1988 年 11 月，教育事务主管机构官员在回答“立委”质询时表示“以教育部而言，目前既定的政策是积极推展国语教学”。1990 年，教育事务主管机构函复台湾省部分县市推行“本土语言”教育说明，“世界各国均有代表国家之共同语言，以显示国家尊严与民族文化共同特征。台湾当局对各地方言并未禁止，民众可由日常生活中学习各种方言。至于现有之语言教学政策，经目前正进行修订小学课程标准之总纲修订小组审慎研议结果，认为在国民教育阶段，应以建立国民之文化与语言为首要，小学教师应使用国语教学，有兴趣研修各地方言之学生，可利用课外时间学习”①。

二、面临冲击，积极应对。1987 年解严以后，台湾社会的政治形势对“国语”政策也形成冲击。自此以后，台湾政治的“民主化”和社会的自由化快速发展，台湾选举文化迅速膨胀。政党政治也出现了新状况，民进党的成长与崛起，国民党的分裂，特别是 2000 年民进党上台，这一切对台湾整体社会产生了重大影响。党禁、报禁解除，舆论媒体和出版业因此进一步开放。社会形势的风云变幻引起语言政策的变化。台湾当局开始检讨“国语运动”时期的过激做法，审视薄弱的环节。

以“台独”为纲领的民进党一方面诋毁几十年来的“国语”政策，一方面趁势在执政的县市推行乡土语言教育。台湾当局也开始规划乡土语言教育。从 1993 年起，台湾当局出台了一些重要的语言政策，其中开放乡土语言教育是影响最大、涉及面最广的政策之一。台湾教育事务主管部门于 1993 年 4 月 3 日宣布“将母语教育列入中小学正式教育范畴”。这个决定被看作是台湾语言政策划时代的转变。②

另一项重大调整是台湾“立法机构”通过“删除广播电视法第二十条有关电台播音语言以国语为主规定”，自此以后“电台对播音使用语言，将拥充分自主权”③。回想一

① 引自熊南京:《二战后台湾语言政策研究（1945—2006)》，中央民族大学 2007 博士学位论文。

② 见 1993 年 4 月 3 日《联合报》。

③ 见 1993 年 7 月 16 日台湾《中央日报》海外版。

下 1973 年台湾文化局下令电台、电视台严格控制方言节目，二十年后又作出这一规定，表明了语言政策上方向性的转变。

“台独”势力打着“多元文化”的旗号，推出一项项所谓的“多元化”语文政策，希望通过以“去中国化”为目的的“文化台独”为实现“政治台独”开辟通道。

首先，抛出“国语多元论”以改变所谓的“独尊国语”的现状。这一理论主张提升岛内多种语言的地位，各族群母语都有被列为“国语”的资格。民进党执政时期，台湾教育事务主管部门新改组的“国语推行委员会”于 2003 年 2 月提出一个“语言平等法草案”。该草案规定：台湾使用的语言系包括少数民族语、客家话、河洛话（即闽南话）、华语。民众所使用之语言与文字，在法律上一律平等。当局不得以公权力禁止或限制任何语言与文字之使用。草案把原来的“国语”改称“华语”，并降格为与岛内的十几种少数民族语言和其他汉语方言同地位的一种族语。曾任“国语会”主任的郑良伟也提出：要一改“旧的语言政策强调独尊国语”的状况，“‘新’的语言政策则重视多元文化，强调国语、英语及各族群母语共存”。他认为，无论是台湾华语、河洛语、客语或是十五种少数民族语言，都是合法的语言。不仅如此，除了福、客、华及少数民族语为官方语言，郑良伟还主张“应将 Holo 语与台湾华语共同列为通行语”。①

与“国语多元论”相配合的是“乡土语言教育”进课堂的课程改革。八十年代末以来，台湾的“乡土教育”在

---

① 李行健、仇志群：《文化台独在语言问题上的表现及其政策思考》，《台湾研究》2017 年第 1 期。

民进党推动下，迅速发展并呈现出近乎畸形的状态。“乡土语言教育”是“乡土教育”的一部分。自九十年代起，台湾加紧了“乡土语言教育”或称之为“本土语言教育”的课程改革。2000 年民进党上台，更是在母语教育的推广上加大了力度。2001 年开始实施九年一贯制新课程，规定小学每周一节（40 分钟）乡土语言教学。“乡土语言”在小学已列必修，初中阶段的安排也列入了议事日程。台湾教育事务主管部门负责人表示，十二年教育新课纲 2018 年实施，“乡土语言”也应列入初中必修课程。这一决定也得到了“法律”背书，2003 年的“语言平等法草案”，其中第八条（教育权）规定：“各级政府在教育体系内须提供适切的课程传承国家语言。”“各级学校应提供适切的跨族群语言学习课程来教导各种国家语言。”所谓“国家语言”，按照该草案的“本法用语定义”，指的是台湾地区使用中之各少数民族语、客家话、Ho-lo 话（河洛语）、华语。由于台湾社会各界的反对，“语言平等法草案”未能正式通过，后又改订为“国家语言发展法（草案）”，其中关于“教育权”部分的内容并没有改动。有人提议，不仅母语要列为必修课程，还应进一步成为教学媒介语。“台湾语言乡土化就是母语优先，在教育上以族群母语为启蒙识字教育的语言，不但作为学科学习，也应当作为教学媒介语。政府需从母语为资源及权利的观点，尽早规划并实施双语教育，脱离‘国语至上’的语言教育政策。”①

① 李行健、仇志群：《文化台独在语言问题上的表现及其政策思考》，《台湾研究》2017 年第 1 期。

虽然“国语政策”不断受到冲击，语言领域内“去中国化”的动作不断，但迄今未能改变“国语”作为通用语的地位。有学者在最近的研究中对台湾语言生活做了全方位考察，注意到三种反差现象，即语言能力与语言情感的反差、族群认定与母语认定的反差以及乡土语言学习与乡土语言价值的反差。[①] 所谓“反差”即是密切相关的两方面的一种对立存在。从这一观察角度可发现，在台湾一地，一方面“台湾主体意识”在增长扩散，渐居主流，另一方面也活跃着维护中华文化传统，反对污名、歪曲中国历史文化的正能量。

这种反差现象的形成，从深层究其原因，一方面因为台湾社会复杂的族群背景和“母语情感”的优势，一方面是语言功能特征决定了社会对语言这一交际交流工具的理性选择。语言作为社会成员交际交流的工具，在一个语言社区内，需要低成本、高效率地发挥其功能，以服务于社会各层面的交际交流，经由民族历史和语言传统所选择的通用语才具备这样的资质和能量。所以，尽管台湾当局刻意推行冲淡主流语言影响的语言政策，“国语”已深植于台湾语言生活的状况很难改变。两岸学者的多项调查研究都表明了“国语”在台湾社会的常用度、熟悉度以及母语认同度所显示出通用语言的统一力量、权威地位。虽经营多年，乡土语言教育政策的实施也没有取得政策制订者期望的效果。按照对台湾大学生语言生活调查研究，语言教育的经历者、接受者对乡土语言价值的认知没有发生值得注

① 苏新春等：《台湾大学生语言生活中三大反差现象的思考》，《语言文字应用》2015 年第 4 期。

意的变化，占多数的闽南族群也不赞成对闽南话地位的刻意提升和照顾。

“国语”目前这一权威地位的形成和保持，台湾语言学家也认为并不完全是“国民政府迁台后雷厉风行独尊国语的政策的结果”。主要是“在多语多元文化的空间中，人文、经济、社会、媒体而非政治力量，培养出国语的交际能力”。① 我们可以理解为台湾民众对“国语”的情感和信任主要来自对中华文化的亲和感。语言维系着文化，作为汉语通用语的“国语”是中华文化的载体，在服务于社会交际交流活动的同时，也为两岸人民植入了共同的文化基因，在两岸结成一个难以撕裂的共同体，这一文化构成对试图“解构”侵蚀它的外侵力表现出很强的抗性。“国语多元论”的主张抛出后，其可行性及其政治动机立即遭到来自多方面的质疑和批评。从台湾《中央日报》2003 年 9 月 23 日第 9 版的报道《扁政推动“去国语化”犯众怒》，可以了解到台湾民众的反应。有人对“国语多元论”的实质痛加针砭：“民进党从执政以来，在语言政策方面动作频频，也引起许多争议。从通用拼音与汉语拼音之争，宣布英语为官方语言，到近日‘行政院’通过后又收回的《语言平等法》，表面上是为了追求语言平等，尊重各族群的文化，并建立台湾乡土文化的特色，实际上却是为了消灭‘国语’达到‘去中国化’的目的。”②

一系列关于台湾社会语情及语言态度的调查研究，通过

① 郑锦全：《语言典藏：台湾多元文化互动的空间》，载《语言政策的多元文化思考》，“中央研究院”语言研究所，2007。

② 刘新圆：《荒唐的语言平等法》，人民网，2003 年 2 月 24 日。

一组组数据清晰描述了台湾社会语言生活的现实状况。台湾大学生都把“国语”选择为最熟悉的语言，作为母语，以及把“国语”与其他族群语言一起共选为母语，除功利性考量，台湾大学生“母语转变”的这一现象说明，中华文化已通过“国语”这一通用语形成了难以磨灭的世代影响。

纵观台湾1945年光复以来开展的“国语运动”，如何评价其历史意义和推行成果，除了正面意见，也可以听到一些不和谐的杂音。我们认为，语言是文化的载体，蕴含着维护国家和民族统一的力量，日本殖民当局竭力摧残台湾的汉语言文化，其目的在于剥夺台湾民众的民族主体性，试图从精神上彻底切断台湾同祖国大陆的联系。多年的“皇民化”已给台湾带来语言“沦陷”的灾难，推广国语自然成为台湾光复后文化重建的一项首要任务。在当时的形势下，台湾当局的“国语政策”和推行方式确实存在某些强制性成分，但结合当时历史来看，应该正确认识非常时期实施“重典”的必要性和相对合理性。现今的台湾，“国语”仍是台湾的通用语，拥有其他方言所未有的强势地位，而两岸共同拥有“一语”的现状，也使两岸民众在交流中直接感受到“同声相应”的亲切和便利。这正是几十年“国语运动”带来的成果。台湾推行“国语”的历史和现实意义应予以充分肯定。

第二讲

“一语两话”

——两岸视角下民族共同语的历史和现状

以北京音为标准音，以北方方言为基础方言的现代汉语，是通行于海峡两岸的通用语。这一通用语一般被称作汉民族共同语或民族共同语。虽然称之为汉民族共同语，在功能和语言地位上，它并不仅限于汉民族内部，而具备作为中华各民族共同语的“超民族性”。

五四运动到二十世纪四十年代末这段时间内，台湾地区汉民族共同语也叫“国语”，经过几十年的发展演变，“国语”分化为两个大的变体：“(大陆) 普通话”和台湾“国语”。“国语”在五十年代以前就有了分化的迹象，其分化的时间可能与解放区建立并形成规模的时间有关，可以确定的是，1949 年以后，分化在两岸出现了加速的态势。“国语”分化之后，现代汉民族共同语呈现出以两个变体为基础和主干的新形态，我们把这一新形态概括为“一语两话”。“一语两话”的构成可图示如下：

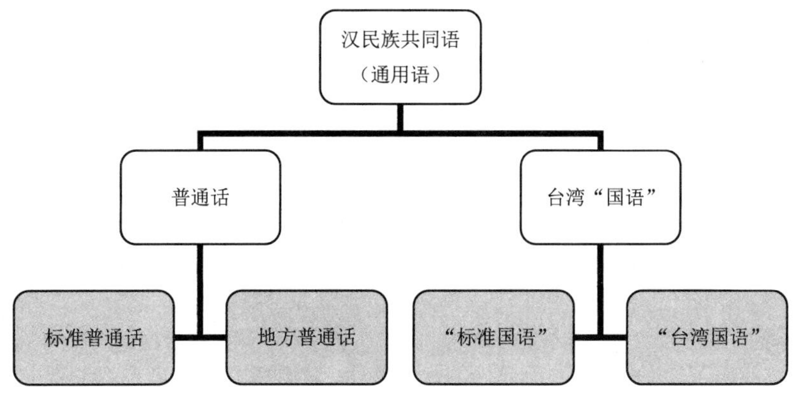

一、早期国语的分化

关于现代汉语通用语的定义，有两种说法，一是“一体说”，一是“分化说”。“一体说”不强调现代汉语的变体差异，把汉语通用语看作是一个整体，其名称因地而异，如国家语委的官方网站对通用语名称的说明：

这三种称说（普通话、国语、华语）指的都是我国全国通用的普通话，在大陆称“普通话”，在台湾称“国语”，在新加坡等一些国家的华人社区称“华语”。三种称说，名称不同，但实质相同。①

台湾学者有人也持“一体说”。在台湾一般不用“汉民族共同语”的说法，现代汉语通用语被有些台湾学者称作“现代标准汉语”：

① 摘自《语言文字百问》，见中国语言文字网。

现代标准汉语是普通话、国语、华语的统称，指通行于中国大陆和香港、澳门、台湾、海外华人的共通语文，是联合国官方语言之一，为国际人士学习汉语书的主要参照。现代标准汉语在中国大陆称为“普通话”，台湾称为“国语”，东南亚称为“华语”。①

相对于“一体说”的是“分化说”，认为从上世纪三十年代起民族共同语开始产生分化，分化后出现两种不同的变体。刁晏斌在他的“国语的分化与变迁”的研究课题中定义“国语”：“指的是民国时期的全国通用语，特别是上个世纪二三十年代的汉语。”他认为“海内外的汉语都是由当初的国语分化而来的”，普通话和台湾的“国语”的形成就是这一分化的结果。②

按语言史理论，社会的分期一般不能等同于语言的分期，但在上个世纪四十年代前后，汉语通用语与当时社会密切的共变关系是一个事实。1949 年以后由于两岸的社会制度、生活环境的差异，以及双边规范机构无协调的规范化政策的实施等因素，两岸标准语日趋分化。语言演变一般有一个渐变的过程，1949 年被看作是国语分化的一个标志性历史时间点，但国语的分化可以追溯到更早一些时间。

刁晏斌分析认为，现代汉语大致在五四时期最终确立，到二十世纪二三十年代随着国共两党的对立以及分而治之，逐渐开始分化，最终形成两条发展线索，一条是由红区/苏区/解放区直到中国大陆地区的普通话；另一条是由国统区

---

① 舒兆民：《华语文教学讲义》，（台湾）新学林出版社 2010 年版，第 14-16 页。

② 刁晏斌：《现代汉语史概论》，北京大学出版社 2006 年版，第 54 页。

到中国大陆以外其他国家与地区的国语/华语。郭熙持相近的看法，在时间上也把国语分化的起始点定在20世纪30年代（郭熙，1992），他以一系列文献资料证明分化的起因与苏区、解放区的建立以及共产党大力推行新的文风有关。

国语的分化发生在国语的成长初期。五四时期开展的国语运动和白话文运动，推动了文言退出，白话登台，彻底改变了当时的语言生态。但现代白话文在初创阶段还没有形成一个可为全社会接受的书面语规范，这个时期甚至被学者称作“无法可依”的时期。为了创建“理想的白话文”，学界和社会上有各种主张，如傅斯年就鼓励“取外国的榜样”，接受“欧化的影响”的“以外为法”。（刁晏斌，2006）

民国政府在语文政策的制定和推行方面也做了一些工作，但都属于“宽法”“弱法”，而且也都未得到很好的贯彻落实。如1928年的国语统一筹备会制定的几项任务：“议定国音国语标准”，“议定方音符号及关于国语文字上各种符号”，“审定关于国语国音的图书，视察纠正国语国音的教学”等。这些工作即使都能完成到位，也不会给现代汉语的基本面貌带来实质性的变化。

“无法可依”的状况，影响了早期国语的发展，加之中国社会日益尖锐的政治对立，作为通用语的国语很难保持稳定状态。20世纪30年代以来在国统区和解放区形成的新文风，是促使国语分化的重要原因。

我们只需要从苏区/解放区一方面进行考察，就足以了解早期国语出现分化的苗头。20世纪30年代，解放区对文化建设就有了明确的要求，作为文化建设的一项内容，建立新文风的问题受到新政权的重视。1931年9月，湘鄂赣省在“苏区文化工作方针”中规定，学校教育方面：1. 反对帝国主义基督教育；2. 反对国民党文化教育；3. 反对复古教育和私塾教育。在苏区创办《时事简报》时，毛泽东就指出：“地方的《时事简报》要完全用本地话……红军《时事简报》不会写本地的土话，也要用十分浅白的普通话。”① 1938 年毛泽东在中共六届六中全会上的政治报告《论新阶段》中就提出“废止洋八股”，要求“代之以新鲜活泼的，为中国老百姓所喜闻乐见的中国作风和中国气派”。

为革命斗争而建立新文风的要求，在共产党领导的苏区很快得到落实。从 1930 到 1933 年，共产党办的报刊就有 61 种（郭熙，2013）。红军最早的机关报《红星报》在根据地时期发行量为 17300 份。1931 年创刊的《红色中华》（后改名为《新中华报》）发行量高达 45000 份。《青年实话》是共青团苏区中央局主办的刊物，它于 1931 年 7 月 1 日创刊于瑞金，至 1934 年 9 月 30 日，共出刊 3 卷 113 期。它最初为半月刊，后改为旬刊、周刊，因版面新颖，内容丰富，在革命根据地里影响很大，发行量多达三万份。

到 20 世纪 40 年代，随着中共延安根据地的建立以及解放区的不断扩大，一种“标准化的革命工作语言”逐渐形成。1942 年毛泽东的《在延安文艺座谈会上的讲话》一文不仅改变了作家的文学观念，确立了新的文艺路线，在创造新的语言与形式方面也提出了方向性要求。40 年代左右在解放区创办的报刊，虽然大多数坚持的时间不长，但是一种不断“推陈出新”的局面。如 1939 年《新中华报》

① 见《中央苏区革命文化史料汇编》，江西人民出版社 1994 年版。

改组为中共中央机关报，兼陕甘宁边区政府机关报，结束了在这以前延安没有中共中央机关报的状况。1939 年 10 月，中共中央主办的党内刊物《共产党人》(月刊) 创刊，出至 1941 年 8 月，共 19 期。1939 年 1 月，八路军政治部创办《八路军军政杂志》(月刊)，出至 1942 年 3 月，共 39 期。1939 年 4 月，《中国青年》(半月刊、月刊)，出至 1941 年 3 月，共 3 卷 5 期。1940 年 3 月 25 日，大众读物出版社创办通俗报纸《边区群众报》，出至 1948 年改为《群众日报》。1941 年，延安报刊进行了一次调整，将《新中华报》和《今日新闻》合并，创办了中共中央大型机关报《解放日报》(延安)。当时党的一切政策，都经过《解放日报》向全国宣传，从 1942 年 9 月起，《解放日报》还兼作中共中央西北局机关报。

1942 年延安整风以后，解放区文学创作进入一个高潮时期，这个时期的中长篇小说就有柯蓝的《抗日英雄洋铁桶》(1947)，赵树理的《李家庄的变迁》(1945)、《小二黑结婚》(1943)、《李有才板话》(1943)，欧阳山的《高干大》(1947)，柳青的《种谷记》(1947)，孙犁的《荷花淀》(1945)，马烽和西戎的《吕梁英雄传》(1944)，以及后来获得斯大林文学奖的《太阳照在桑干河上》(1948) 和《暴风骤雨》(1948) 等。这一批文学作品充实了现代白话文著作的容量，在语言运用和语言风格的审美追求上对现代汉语的发展也产生了极大影响。

由于领导者对新文风的大力提倡和身体力行，解放区很快开辟了一片新的“语言区”。新政权的宣传语言完全使用来自群众的“大白话”，而且成为风气。1942 年 3 月 9

日,《解放日报》发表了一篇由胡乔木撰写、经毛泽东修改的社论《教条与裤子》，文章批评某些领导干部和留苏知识分子在整风运动中不能触及自己:“他们高叫道，大家要洗澡啊，大家要学习游泳啊，但是有些什么问题发生在他们的贵体下，他们总是不肯下水，总是不肯脱掉裤子。”“有些好心的同志说，裤子是要脱，但是只能秘密地脱，在群众面前脱不但有伤大雅，而且敌人和反共分子还会在旁边拍手。”一篇社论全篇大白话，而且使用了过去认为不登大雅之堂的土话俗语来打比方。有人认为“粗鄙”，但群众喜闻乐见，受到群众的欢迎，也被知识分子所追随。

在1942年撰写的《反对党八股》中，毛泽东对语言学习问题提出更明确的要求:“为什么语言要学，并且要用很大的气力去学呢？因为语言这东西，不是随便可以学好的，非下苦功不可。第一，要向人民群众学习语言。人民的语汇是很丰富的，生动活泼的，表现实际生活的。我们很多人没有学好语言，所以我们在写文章做演说时没有几句生动活泼切实有力的话，只有死板板的几条筋，像瘪三一样，瘦得难看，不像一个健康的人。第二，要从外国语言中吸收我们所需要的成分。我们不是硬搬或滥用外国语言，是要吸收外国语言中的好东西，于我们适用的东西。因为中国原有语汇不够用，现在我们的语汇中就有很多是从外国吸收来的。例如今天开的干部大会，这‘干部’两个字，就是从外国学来的。我们还要多多吸收外国的新鲜东西，不但要吸收他们的进步道理，而且要吸收他们的新鲜用语。第三，我们还要学习古人语言中有生命的东西。由于我们没有努力学习语言，古人语言中的许多还有生气的东西我们就没有充分地合理地利用。当然我们坚决反对去用已经死了的语汇和典故，这是确定了的，但是好的仍然有用的东西还是应该继承。”①

这种新的语言变体的逐渐形成，给现代白话文注入新的生命，赋予它异于早期国语的新的面貌。郭熙分析了国统区和根据地的语言使用差异后指出：“如果说‘五四’文白之争的尾巴还只是给汉语后来的分化留下了一个诱因，而苏区的建立已埋下了汉语分化的种子的话，那么，中共延安根据地的建立以至整个解放区的扩大和蓬勃发展则使得汉语的分化日趋明显了。”②

二、从国语到普通话

从20世纪50年代起，大陆的“国语”（1955年后改称普通话）和光复后在台湾开展的“国语运动”所推行的“国语”，虽然在“一语”的框架之内，但语音、词汇和语法上已经多见差异，记录汉语的文字也分为繁简两个系统。随着社会的发展，加之一系列规范化政策的落实，普通话作为国语新变体的面貌更为清晰、完整。

语文规范化的实施是对语言运用的管理，具有影响语言发展方向的强作用力。两岸语文规范化的各立章程，各行其是，加剧了“国语”在两岸的分化。大陆的语文规范化启动于新中国成立后不久。首先是舆论上开始对语言运

① 毛泽东：《毛泽东选集》第三卷，人民出版社1991年版。
② 郭熙：《中国社会语言学》第3版，商务印书馆2013年版。

用乱象的批评。1951 年 6 月 6 日《人民日报》发表社论，把维护语言的纯洁和健康问题上升到政治的高度。与此同时，《人民日报》开始连载吕叔湘和朱德熙的《语法修辞讲话》，这是对全社会进行的一次大规模语文教育，该《讲话》以语言示例的形式为社会提供了现代汉语标准语用语规范。

1955 年 10 月召开的全国文字改革会议和现代汉语规范问题学术会议，将汉民族共同语的正式名称正式定为“普通话”。1956 年 2 月 6 日，国务院发出关于推广普通话的指示，把普通话的定义确定为“以北京语音为标准音，以北方话为基础方言、以典范的现代白话文著作为语法规范”的汉民族共同语。从此，“国语”，即现在的普通话，在语音、词汇、语法三个方面有了明确的标准。

1956 年“暂拟系统”的制订也是语文规范化史上的一个大事件。1956 年人民教育出版社出版《语法和语法教学——介绍“暂拟汉语教学语法系统”》(“暂拟汉语教学语法系统”简称“暂拟系统”)，为配合“暂拟系统”，上海新知识出版社出版了《汉语知识讲话丛书》。“暂拟系统”是为了在汉语教学中对语法体系达成一个比较一致的意见而拟定的一个汉语语法系统。该系统努力贯彻语法形式与语义相结合的原则，继承了前人语法研究的成果，又吸取了 1949 年后词类讨论和主宾语讨论的成果，构建了中国语法学发展史上影响最大的教学语法体系。说是“暂拟”，但它以中学汉语课本的形式通行全国，使语法科学深入到社会的各个方面，长时间影响着中小学乃至大学的汉语言教学，也为普通话语法提供了规范标准。

从《语法修辞讲话》到“暂拟系统”，当时所推行的语言规范，并不是单由专家研究拟定的规范，也不可能在这么短的时间内形成一套成熟的规范。20 世纪 50 年代初提倡的规范，应该是解放区延续下来的新文风孕育的成果；延安时期倡导的新文风，在 1949 以后得到了一个更为广阔的展现平台。我们同意这样的看法：20 世纪 50 年代所确立的规范即是大陆地区汉语的规范，而大陆地区的普通话实际上是以延安时代形成的“革命化的工作语言”为源头的。从这个意义上说，建国初期的《语法修辞讲话》的“语法”应该就是延安形成的“现代汉语”的语法，后来提出的“典范的现代白话文著作”的主体，由于种种原因，实际体现的也是延安风格。借助于《人民日报》这样的媒体传播开来的《语法修辞讲话》的重要贡献之一，就是使得延安形成的新一代的、与口语极为接近的白话书面语得以普及，成为统一的新的书面语。①

词汇是语言要素中最活跃的部分。词汇方面，1949 年以后由于政治制度、社会生活、思想观念的巨大变化，通用语进入了一个汉语词汇发展史上的重要时期。此后的几十年时间内，大量新词、新义井喷而出，普通话的词汇系统被迅速刷新。仅据一本辞书的统计，1949 年到 2009 年，新出现的词语近 8000 条（沈孟璎，2009），这个数量占《现代汉语词典》65000 条收词的 12%（实际占比可能还要大一些）。

关于现代汉语词汇与 20 世纪 50 年代前国语词汇的联系，苏新春以对权威性辞书的比较给我们提供了考察线索。1937 年，由黎锦熙、钱玄同主编中国第一部现代汉语词典《国语词典》出版。这本词典被认为反映的是 20 世纪 50 年

① 见郭熙：《中国社会语言学》第 3 版，商务印书馆 2013 年版，第 305-306 页。

代前的词汇面貌。在《国语词典》之后，大陆的《现代汉语词典》和台湾《重编国语辞典》分别代表大陆和台湾的现代汉语词汇系统。这种比较研究有多方面的意义，但可以说明两点：1. 两岸同源的“源”是上世纪前半段的“国语”。2. 在此后的半个多世纪里，“国语”分化并形成了具有各自词汇系统的两支变体。用苏新春的话说：“它们形成了这样一个纵向的时间对比：《国语》与《现汉》《重编国语》；它们又构成了这样一个横向的跨地区的空间对比：《现汉》与《重编国语》。①

语音方面，因一系列规范化措施的制定和实施，普通话与早期国语之间也产生了读音细节方面的差异。1950 年代以后，大陆对普通话的语音标准进行了多次修订，先后进行过两次普通话审音工作。1985 年由国家语委、国家教委、广播电视部联合发布《普通话异读词审音表》，被确定为普通话语音的现行国家标准；为了完善普通话语音规范标准体系，促进普通话推广工作，2011 年又一次组建普通话审音委员会，这标志着大陆将开展第三次普通话审音工作。

普通话审音，从两岸角度来看，特别强调这样的原则，即“以北京语音系统为审音依据，北京话口语是审订普通话的唯一标准”。审音定音要“充分考虑北京语音发展趋势，同时适当参考在官话及其他方言区中的通行程度”。例如对某些入声字归调的处理，凡有异读的尽量依从北京话的读音。对于北京话里清音入声字的归调，普通话异读词审音委员会（1963）规定：“古代清音入声字在北京话的声

① 苏新春：《论〈现代汉语词典〉与〈重编国语辞典〉词汇比较研究》，《青岛海洋大学学报》2006 年第 4 期。

调，凡没有异读的，就采用北京已经通行的读法。凡是有异读的，假若其中有一个是阴平调，原则上采用阴平。”这样一来，“咄、击、唧、浃、疖、拙、鞠、掬、昔、息、熄、惜、叔”等一大批清入字因两岸审音原则不同造成两岸读音不同，普通话读阴平，“台湾国语”则读阳平。再如中古浊声母平声字（包括次浊），演变分化后现代多读阳平，但北京话多有特例，如“帆、拈、涛、危、淑”等都读阴平，普通话接受了北京话的特例，这组字都读作阴平。台湾按一般演变规律，遵照《国音常用字汇》把上古浊声母平声字读为阳平。

与词汇相比，普通话与国语以及“台湾国语”在语音方面的差异相对要小。普通话语音规范工作的不断强化，对普通话语音的影响，主要在个别字的读音方面，如文白异读的取舍、个别入声字的归调、轻声和儿化的处理，等等，而对1932年的《国音常用字汇》所确定的标准语音系并无根本的触动。语音本身相对的稳定性和两岸共有的音系基础，决定了两岸标准语语音面貌“大同小异”的现状。

三、从国语到台湾“国语”

台湾地区自光复以后开始推行国语。当时国语在台湾的推行完全是零起点。1937年日本发动侵华战争，随即把台湾“并入”日本版图，并开始了所谓的“皇民化运动”。殖民当局把日语定为“国语”，不仅公务活动、传媒、教学一律使用日语，连日常生活交际也必须用日语。1937年6

月开始，所有台湾中文报刊都改版为日语或被取缔。“皇民化”的结果是，台湾的汉语言文化遭到极大的摧残。当年609万台湾人中有420万使用日语。30岁以上的知识分子懂中文的据说是“百里挑一”，20岁以下的不仅不会说国语，连自己的方言也说不好。在这样的形势下，光复以后“去日本化”，推行国语成了文化重建的首要任务。经过几十年的努力，“国语运动”取得了显著成就，使“国语”在全台湾得到普及。

从台湾推行“国语”的情形来看，与大陆普通话相比较，台湾的“国语”具备了更多的“守成性”。光复后，大陆的国语通过国语运动照搬到了台湾，国民党来台以后进一步加强了“国语”的推行。正如刁晏斌所说的：“国民党政府到台湾以后，不但继续使用‘中华民国’的国号，同时也保留了它的‘国体’和‘政体’，这样在政治生活上就保持了相当的连续性，而这使得语言同样也保持了相当的连续性。”①

实际上，台湾的“国语”如果细分为“标准国语”和“地方国语”，其“标准国语”与大陆普通话的差异并不大，两岸汉语的差异，往往是大陆普通话与包括台湾地方“国语”在内的地区通用语整体语言差异。

台湾学者曾把通行于台湾的“国语”分成三类（Chenqing Li，1989）。第一类为“标准国语”。20世纪30年代以来，这种国语一直是法定的“官方语言”，但被认为到80年代后（或更早一些），除了用于少数教学机构，教授学汉语的外国人，台湾已很少有人讲这种“国语”。第二

① 刁晏斌：《现代汉语史概论》，北京大学出版社2006年版，第24页。

类为“标准台湾国语”，其主要特征是不用卷舌音，词汇上带有更多本地化、现代化色彩。这种“国语”通行于台湾，已成为实际的“标准国语”，它不仅使用于各级学校，台湾的广播、电视等大众传媒也是这种“国语”。80年代初的30岁以下的年轻人，不管原来省籍如何，都能讲这种台湾“国语”。第三类为“次标准台湾国语”。1949年以后大量大陆移民涌入台湾，外省方言对台湾地区和当地闽南语都产生了很大影响。讲“国语”的人越来越多，方言特点也带进了“国语”。同上述第二类的“标准台湾国语”相比较，“次标准台湾国语”在语音上背离“标准国语”发音规则更远，一些新的语法现象也无法以“国语”的规则加以解释。这种“次标准台湾国语”，随着20世纪70年代以来台湾社会的发展、教育水平的提高越来越接近“标准台湾国语”。[①]

台湾本地的其他学者也有类似的划分。共同的一点，都认为台湾地区已经形成了一种“地方国语”，被称作“台湾国语”或“台湾华语”，而且这种“台湾国语”（台湾华语）已成为地区口语通用语。

上述“标准台湾国语”“次标准台湾国语”或“台湾华语”，我们不加区分，统称为“台湾国语”。这种地方国语类似大陆的地方普通话，是一种语言学习过程中的“中介语”。与大陆地方普通话稍异的是，“台湾国语”主要受闽南语影响而形成，作为标准语的中介语，“台湾国语”内部的同质性要强得多，而且在各语言层面形成了一系列“等同化”的特征，语言形态更为单纯。

尽管关于台湾通用语的现状各家说法不同，但不少人

---

① 仇志群、范登堡：《台湾语言现状的初步研究》，《中国语文》1994年第4期。

持有这样的看法：随着“台湾国语”的形成，“标准国语”在台湾语言生活中已经趋于衰退、边缘化。

我们认为这种看法失之偏颇。被看作“不是一种活的语言”的“标准国语”，其实是“五四”以来的国语在台湾的延续。经过台湾光复以来行政当局的大力推行，几十年时间里已成为服务台湾族群交际、维系中华文化认同的重要工具。

1945年台湾光复以后，“标准国语”一直是台湾的教学语言，语言地位上占有不可动摇的优势。台湾的学校教育在小学阶段对国语的掌握有明确规定。《国民中小学九年一贯课程纲要语文学习领域（国语文）》在“说话能力”部分要求“能正确发音并说流利国语”“能正确使用国语说话”“能妥适运用国语，与人良好沟通”。

以“标准国语”为教学内容的台湾的对外华语教学，更是反映了“标准国语”的强势存在和影响。据台湾“世界华语文教育学会”统计，有60多个国家在大学中设有华文课程，有800多所大学设有华文系所。（台湾）侨务统计资料显示，在海外由华人经办的各级中文学校3880所，华裔学生超过200万人。这些教学单位、教学机构的华文教学很大一部分仍然是以台湾的“标准国语”为讲习内容的。我们不能无视“标准国语”在台湾的这一强势存在。（王天昌，2012）

另一方面，虽然“国语”在台湾落地生根，由于与大陆的长期隔绝，“国语”在台湾所处的是一个特殊的社会环境，必然会发生“在地化”的演变。正如本地学者所分析的，在地区方言的影响下，一种台湾的地方国语经过几十年发展演变逐渐形成。这种主要受闽南话影响的台湾地方“国语”，被称作“台湾国语”（或叫“台湾华语”）。需要说明的一点是，在两岸语言对比研究和对台湾地区通用语言的介绍中，我们也往往把与大陆普通话相对的台湾的“国语”称作“台湾国语”，而这一用法的“台湾国语”与我们特指台湾“国语”地方变体的“台湾国语”同名异实，含义不同；与普通话相对的台湾地区通用语台湾“国语”是涵盖“标准国语”和“地方国语”的一个上位概念，而“台湾国语”只作为台湾通用语台湾“国语”地方变体的一个特指的概念。

早在上世纪80年代，国外和台湾本地学者就对“台湾国语”的形态和使用情况进行了分析研究，注意到了汉语通用语的这种新变体。进入新世纪以后的第一个十年里，有更多本地学者肯定了“台湾国语”（台湾华语）的形成，认为“台湾国语”（台湾华语）已成为“在台湾独特的语言生态下所产生的新生语言”，而且“已是许多台湾人的母语和第一语”。①

“台湾国语”的形成，在几十年时间里是一个分步完成的过程。光复以后开展的推广国语运动，主要任务是帮助台湾民众学会讲国语。本地学者认为，台湾民众当时学习掌握的是带有“泾浜语”（即洋泾浜 pidgin）特色的地方国语，被称之为“泾浜国语”。② “泾浜国语”的环境以及“国语政策”下的语文教育，孕育了通行于整个台湾地区的

① 何万顺：《语言与族群认同：从台湾外省族群的母语与台湾华语谈起》，Language & Linguistics 10.2，2009。

② 同上。

“台湾国语”（台湾华语）。这是对“台湾国语”形成过程的一个概略性表述。

“台湾国语”地位之所以逐渐得到认可，是因为在各语言层面形成的“等化”（leveling）特征。所谓“等化”，即某些外来的语言特征在一个语言系统中稳定下来，而且为不同族群背景的语言使用者所掌握的变化。许慧如在《台湾华语的几个等化现象》（许慧如，2005）通过分析台湾不同世代与不同族群间的华语语音变化，回答“华语（按，即“台湾国语”）在台湾是否已等化”以及若在台湾已等化，“此等化过程如何进行”的问题。该项研究分析了四项声音变量——调域、轻声发生的频率、双元音弱化以及音节末鼻音合流现象。研究结果显示，外省人及本省人之间的“国语”口音差异，于20世纪50年代即已开始等化，并于大约三十年间完成。“上述四项声音变量，除了调域之外，皆于1951年至1960之间出生之受试者间等化。换言之，现今（2005）45岁至54岁，出生于台湾、成长于台北的受试者，无论本省或外省族群，使用轻声的频率、双元音弱化以及音节末鼻音合流等现象，皆无明显差异”。

尽管台湾的地方“国语”已成为90%以上的台湾民众运用于口语交际的通用语，这种“台湾国语”只是“（台湾）国语”的一类下位变体，与台湾的“标准国语”共同构成台湾的通用语，没有脱离“一语”的框架。如果根据语言担负功能角色的不同，“标准国语”属于言语社区的“高变体”，运用于口语、非正式场合的“台湾国语”为“低变体”。在现代双言制社会里，高低变体之间没有可截然分开的界限。低变体的“台湾国语”在语音、词汇和语法上没有独立的系统，而高变体也一直采取开放的态度。词汇层面，高变体的“标准国语”通过吸收“台湾国语”的大量口语词汇，丰富、发展自己的系统，也拉近了与口语实际的距离。

四、华语变体的层次及“两话”在全球华语谱系中的地位

20世纪80年代以来，日益强劲的全球化趋势推动英语在世界范围进一步扩展，英语甚至被视为一种“全球通用语”。为满足促进全球化语境下国际交流的需要，英语变体研究成为热门课题。美国社会语言学家卡齐鲁（Kachru）针对英语在世界上的传播方式和范围，提出了世界英语同心圈理论。以英语为母语的英国、美国、加拿大、澳大利亚和新西兰等被称为“内圈”（the inner circle）国家；以英语为官方语言或官方语言之一的新加坡、印度、马来西亚、坦桑尼亚和尼日利亚等30多个国家属于“外圈”（the outer circle）国家；中国、日本、俄罗斯等则属于“扩展圈”（the expanding circle）国家，这些国家把英语作为国际交际工具，把英语作为第二语言来学习或使用。

卡齐鲁认为内圈为“规范提供”（norm-providing）者。其中英国英语和美国英语在英语学习者和使用者眼中比澳大利亚和新西兰等区域的英语更为“规范”。外圈为“规范发展型”（norm-developing），缺乏内在中心规范，但本地规范中已有比较牢固的语言和文化特征（比如新加坡英语、印度英语等）。发展圈为“规范依附型”（norm-dependant），其

规范主要来自英国英语和美国英语。①

卡齐鲁的“世界英语同心圈”理论也影响到汉语的变体研究。新加坡的吴英成教授参照卡齐鲁的“同心圈”把“全世界的华语”依据其扩散的种类、它在居留地的社会语言功能、语言习得类型等因素，也划分为内、中、外三大语言圈。② 他的“内圈”指以华语为母语或者全国共同语（common language）的“中原”地区，包括中国大陆与台湾，前者将华语称“普通话”，后者则称“国语”。内圈的特点是华语为政治、经济、法律、科技、学术、传媒等领域与正式场合的强势主导语言，同时也是学校的主要教学媒介语。中圈指以华语作为共通语（lingua franca）的海外华人移民地区。中圈的主要特征是在多语社会中，华语成为海外华人族群的标志及日常使用语言之一。例如：马来西亚华人在华文小学与独立中学便需要学习三种语言（马来语、华语、英语）。在中圈里，新加坡是最重视华语的地区，华语为新加坡四大官方语言之一，而且华裔学生在校必修的“母语”课程。所谓“外圈”是指以华语作为外语学习的非华人地区。学习方式包括在本国选修华语作为外语课程，或到中国大陆、台湾等地学习。对照一下可以看出，吴英成的三大圈，与卡齐鲁的三大圈基本是重合的。

还有构成成分与此不尽相同的划分。徐大明等首先划定一个“全球华语社区”，然后把全球华语社区分为“核心华语社区成员”“次核心华语社区成员”与“外围华语社区

① 姜亚军：《近二十年 World Englishes 研究述评》，《外语教学与研究》1995 年第 3 期。

② 吴英成：《全球华语的崛起与挑战》，载郭熙编《全球华语研究文献选编》，商务印书馆 2015 年版；原载《语文建设通讯（香港）》2003 年 2 月第73 期。

成员”。凡是讲华语、直接认同华语的都被他们划入核心圈，包括中国大陆、台湾、新加坡、马来西亚等地。“次核心华语社区成员”包括那些虽然不讲华语，但讲汉语方言的成员，他们间接认同华语；“外围华语社区成员”包括那些虽然不会说华语或汉语方言、但是思想上却认同华语的成员，他们通常分布于海外，其中许多人愿意学习华语，计划或已经开始学习华语。[①] 徐大明对汉语变体关系和地位的处理与卡齐鲁的原则不同，他划定的全球华语社区不受地域的限制，而以对华语的认同和使用为标准。按他们的说法，“虽然（全球华语）也可以分成同心的嵌套型三圈结构，即内圈、中圈与外圈，但是与地理位置和其他非语言标准联系不大”。

随着汉语在全球范围内影响和研究视野的不断扩大，“全球华语”的概念为更多人所接受，以全球华语为视角的研究得到更多关注。2010 年《全球华语词典》出版，2016 年又出版了《全球华语大词典》。两岸合编的《中华大辞林》、李行健主编的《两岸常用词典》《两岸通用词典》及《两岸差异词词典》等也应归入这个系列。这类词典力求反映“大华语”或者“大华语”主干部分的词汇面貌。

关于华语或大华语的构架，有学者“以普通话为基础”（陆俭明，2005），有的“以现代汉语普通话为标准/核心”（郭熙，2004），有的以二者同为标准（张从兴，2003）。说法不同，其中都含有层次的概念。以何者为基础或核心尽管认识分歧，但也有共识，即：由诸多变体构成的大华语不是单层次的、平铺排列的。

① 徐大明等:《全球华语社区说略》,《吉林大学学报》2009 年第 2 期。

“一语两话”所展示的不是“大华语”谱系的全部，而是“大华语”的主体部分。“一语两话”把“普通话”和台湾“国语”置于共同语的第一层次，相当于卡齐鲁的“世界英语同心圈”的“内圈”。汉语不同于英语，能占据“内圈”的成员，只有大陆和台湾。这样处理的主要原因除考虑“两话”的历史渊源，再就是因为它们都属于“规范提供者”。这是卡齐鲁赋予内圈成员的重要特征。卡齐鲁理论中被置于“外圈”的新加坡英语、尼日利亚英语和印度英语等英语变体，被列为“规范发展型”一类。我们认为汉语缺乏这一层次，没有这样一个“规范发展型”，或者没有明显的“规范发展型”。港澳及新加坡、马来西亚等地的汉语社区只能看作是“规范依附型”（norm-dependant），其规范主要来自大陆普通话和“台湾国语”。在这些地区，汉语/华语的地位、声望和使用情况不支持它们与普通话和“台湾国语”平起平坐。我们应正视华语内部各社区“语言社情”存在的巨大差异。

例如港澳地区。香港现在是两文三语。两文，即中文、英文；三语，即粤语、普通话和英语。教育方面，当今香港的中文中学基本上是以母语（粤语）教学。在香港公务领域，目前普通话虽被定位正式用语，但使用有限。香港政府通常以英语和粤语召开记者招待会、发布消息，内部会议则用粤方言。苏金智对香港语言社区多层次双言格局的分析，认为现今的香港与汉语相对待的关系中，英语仍属高变体，汉语属低变体。① 澳门在1999年回归前一直是

① 苏金智：《香港言语社区两文三语的格局及其变化》，《云南师范大学学报（哲学社会科学版）》2010年第3期。

“葡语独尊”的状况。1992 年起中文被确定为与葡语并列的官方语言，但直到 1999 年回归以后，普通话在行政、司法、立法部门的官方地位仍与葡语差距不小。澳门教育的教学媒介语言，特别是语文课，目前仍然是粤语。

港澳地区以外，华人较多的马来西亚，是以马来语作为马来西亚的国语和官方语言；在行政、工商业、科技、教育、社会服务和媒体等方面则以英语为通用语言。华语和泰米尔语只是分别在华裔和印度语族群社会中使用。教学媒介语的地位规划是影响地区语言生活、语言发展变化的一个最重要的方面。按照马来西亚的 1996 年教育法令，马来西亚教育的终极目标是发展一个以马来语为主要教学媒介的国家教育制度。目前，马来西亚政府规定所有政府中学都必须以马来语为教学媒介语，尽管有种种不同声音，政府决心不变。在这样一个趋势下，华人社团中青少年一代华语能力的弱化以及华语学习的边缘化将更加难以控制。①

新加坡虽然把华语列为官方语言，但在新加坡 1965 年建国以来“英语为主，多语并重”的政策仅给母语（包括华语）有限的空间。英语是第一语言，华语只能为第二语言，英语作为“高变体”的语言地位日益加强。在新加坡华人群体甚至没有一处真正意义上的华语学校。2001 年新加坡国立大学社会学系的一项调查显示，新加坡华人的语言态度和语言使用情况的调查研究表明，新加坡的华人从情感上仍认为方言最亲，华语次之，而从功利的角度则认

① 见 2007 年 8 月 16 日教育部官方网站：《中国语言生活状况报告（2006）》。

为英语最有用、最具有权威，方言最差。①

我们认为，这些地区的华语，从在地区所处的地位和对华语规范的贡献来看，不仅不能与大陆普通话和“台湾国语”相提并论，甚至也不能与大陆的地方普通话和台湾的地方“国语”等区域变体相提并论。如果要划圈的话，它们只能放在核心圈外，在“两话”的下位层次上担任华语家族中的成分角色。

“一语两话”语言观是对华语认识视角的一种调整，既着眼于“两体”之间密切联系的历史，也面对汉民族共同语本体在大华语圈内的共时表现。李宇明在新近的一项关于“大华语”的研究中指出：“大华语的语言内核，各华语语言变体的公约数，便是普通话/国语。这一共同的语言内核，这一语言公约数，使得各华语社区可以相互通话。”（李宇明，2017）这一论述与“一语两话”的说法实质上是相通的。在大华语的系统里，“两话”变体的基础性的、核心的地位得到了充分肯定。我们注意到，2016年出版的《全球华语大词典》序言部分把“大华语”定义为“以普通话/国语为基础的全世界华人的共同语”，而2010年版的《全球华语词典》这一定义则为“以普通话为基础的华人共同语”。这一文字上的调整，被该词典的主编说成是“在多年探讨、多人研究的基础上得到的一个共识性表达”。按照这一项突出华语基础性变体的定义，“一语两话”可以看作是取自全球华语“谱系”全景中的一个主体部分的“截图”。

① 郭熙：《中国社会语言学》第3版，商务印书馆2013年版，第362页。

五、建立“一语两话”视角下的现代汉语新体系

在“一语两话”的视角下，现代汉语的体系应该从语音、词汇和语法各层面全面反映“一语两话”的语言现状。

语音层面，两岸因读音规范实施情况不同，造成声韵调的读音差异，在涵盖两岸的语文词典里对这些差异应该有所提示。单以《通用规范汉字表》中的6500一级字和二级字计算，其中完全是声调差异的就有100多个。

再如多音字在两岸的音项数量和音读的差异情况。两岸读音差异的字，多音字占比最大。以“台湾国语”为例，有因文读白读并录形成的多音，如“百”的bǎi和bó、“导”的dào和dǎo的两读；有“正音”和“又音”带来的多音，如“慑”的zhé和shè读音；有“据义分读”导致的多音，如“颇”的pō、pǒ，后者为“颇”副词义的读音。

一部跨“两话”的辞书应该全面反映两岸的读音规范，这不仅有益于两岸的语言沟通，也为在交流中消除差异，促进融合提供了从违取舍的参照。

在词汇层面，20世纪50年代以后，两岸通用语词汇系统相对于三四十年代的国语，都是新的“改版”，分别产生了大量新词语，包括新生外来词、新吸收的方言词。台湾一地还活跃着在大陆一边已经沉寂罕用的一批古语词。

大陆编纂的《现代汉语词典》《现代汉语规范词典》和台湾地区的《重编国语辞典》《新编国语日报辞典》等，分别反映20世纪50年代后大陆和台湾两地的现代汉语词汇

系统，两个系统的内容既有重合的交集，也有非重合的差异部分。“一语两话”的语言观认为，两岸通用语词汇系统的“交集”和“差异”共同构成了现代汉语通用语词汇的丰富集合。其中被视为差异词语的新生部分，也是汉民族文化成长的语言表现，同样对“一语”词汇系统的发展做出了贡献。这样一个集合应该通过词典编纂得到反映。在这一方面，大陆“两岸中华语文词典编写组”近年来已取得一系列开创性成果。如《两岸常用词典》收词 35000 条，除两岸共有词语，还收进两岸差异词 5000 多条。这类辞书为体现“一语两话”词汇面貌的辞书编纂提供了模板。但这样一部“大汉语”词典的编纂，我们认为在记录、反映“两话”词汇系统方面，词典内容还需要进一步的开拓。

从大陆一方来说，现在某些有影响的语文词典，如《现代汉语词典》第 6 版，也收进了一批来自台湾地区的词语，并用“多用于台湾地区”或“台湾地区指”等提示语加以标示。但一方面现在关注到的仅是进入普通话的部分词语，还远不足以展现“两话”丰富的词汇内容，另一方面，缺少对大量基本义相同的“两话”共有词语用法的差异描写，这些差异包括语义、语用差异以及语法功能差异。例如“旗帜”一词，在《现代汉语词典》和《现代汉语规范词典》里一义为“旗子”，一义为“榜样”或“有代表性或号召力的某种事物”；台湾《重编国语辞典修订本》只有“旗子”一义。普通话里，“内功”一义指与“外功”相对的一种功夫，另一义指人“内在的能力和修养”；“台湾国语”的用法没有第二层含义。

还有大量词语，两岸在语义和用法上的细微差异也需要进一步的发掘、描写。例如“人士”在大陆一般指“在社会上有影响或地位的人物”,《现代汉语词典》解释“人士”:“有一定社会影响的人物。”举例:“民主人士、各界人士、党外人士、爱国人士”。《现代汉语规范词典》释为:“在社会上有一定影响或地位的人物。”举例:“权威人士”。方清明教授曾对“人士”在“语料库在线”的308例,用Aantcon软件进行了分析,发现普通话中的“人士”绝大多数是中性的或者褒义的,不能用于贬义词;在台湾,“人士”可作“社会上一般人的统称”(《重编国语辞典修订本》),而且也指个体,例如:“一名伤残人士”“犯罪人士”。①

一部呈现现代汉语通用语全貌的“大汉语”词典,对上述现象应有充足反映,不仅要收录已经进入一方词汇系统的词语,也要收录仅用于一方尚未“两话”通用的词语和用法。这一方面,国外已有可以为典范的先例。对一种语言词汇变体的收纳,在国外词典编纂中已成常规,多种词典收有英式英语、美式英语、美国英语、加拿大英语、澳大利亚英语、南非英语等十几种变体英语的形式。例如有些词典对英语“两话”(英式英语和美式英语)的收释处理。汉语的“两话”有“名实相异”现象,英语的“两话”的差异词也有“同实异名”(same object, different names)和“同名异实”(same word, different meanings)的情形。词典对这些词语在英语“两话”中的差异表现,通过提示说明做了用法和语义辨析。

语言诸要素中最为稳定的语法部分,半个世纪以来在两岸通用语中也产生了若干差异,这类差异内容也应该包

① 据方清明教授给笔者提供的资料。

含在“一语”的语言体系中。刁晏斌教授曾对“台湾国语”中明显异于普通话的若干现象进行了描写分析，展示了“两话”语法差异的具体表现。如“离合词”的使用。比较“两话”的离合词发现，一些在大陆通常要“离”用的词，在台湾地区经常要“合”用，例如（括号内为大陆一般形式）：小时候父母曾带他到日本及东南亚度假过（度过假）｜他竟然有时也会发呆起来（发起呆来）｜我什么时候开玩笑过（开过玩笑）。高频率使用的趋向动词在“台湾国语”中常见有异于大陆的用法，例如：有钱人想要上去天堂，就如同骆驼想要穿过针孔一样难｜你出来这个社会做事情，你必须要有很好的本事｜女儿常带她出去餐厅吃饭。此外，助动词、名词、代词、量词、副词、连词等各类实词和虚词“台湾国语”都有自己独特的用法。句法方面，“台湾国语”中的把字句、被字句和比较句也都有不同于普通话的差异项。语法方面的这类差异都应该看作现代汉语通用语的正常语法现象，需要通过词典编纂或现代汉语教材的编写加以收容。张世平和李行健曾指出：“在对外汉语推广和教学上，也应把普通话和台湾国语看作一个统一体。在安排教学内容、编写教材时，应该注意到两岸常见的一些差异和特点。”（张世平、李行健，2014）这一建议不仅适用于对外汉语教学，也适用于以汉语为母语的语言教学和教材编写。

六、“一语两话”的语言观与新时期的语言规划

语言规划一般指国家职能部门对一个语言社区内语言

文字的使用进行管理而做的工作，规划一般要靠相关政策去实施、推行。为了促进两岸语言的融合，国家的语文规划理应把两岸的语言问题纳入规划内容。虽然事涉两岸的规划不可能是直接的干预，但应该做出针对性的设计，应有一个统筹的考虑。

（一）在观念上解决如何看待差异的问题

观念在语言规划中直接影响政策。两岸通用语的差异，主要表现为词汇差异。对这样的语言现象，传统的语言规划往往把差异看作是没有任何积极意义的“累赘”，看作是“问题”，把规划的方向确定为尽快弥合差异，以达到最终的“化异为同”。如果把语言视为资源，就会认识到语言不仅有工具性还有文化资源价值，越来越多地从资源的角度对待差异，通过政策去“开发”资源。“一语两话”的“两话”，宛如并蒂而生的语言之花，凝结着中华民族多元文化的智慧，记载着汉民族精神成长的历史，也是研究汉语发展变化的丰富材料。新的语言规划应在不弱化沟通功能的同时，着力于考虑这一资源的保护、开发和利用，探求构建未来“和谐语言生活”多样化的弹性的规划模式。

（二）把“一语两话”列为地位规划中的一项

语言规划包括本体规划和地位规划两个主要方面。“一语两话”即是地位规划中对两岸语言关系的定位。这样的定位，既面对汉民族共同语本体在一个大范围内的共时表现，也着眼于“两话”一脉相承的关系。最重要的一点是“一语两话”两岸语言观所蕴含的社会意义。

社会语言学的一个常识认为：语言地位的规划不能背离政治的关注，甚至被认为是语言政治学研究的范围。任何语言地位的规划都是结合语言“本体”的实际和国家根本利益的需要这两个方面来考虑、安排的。世界上这样的例子很多，语言和方言的划分以及通用语、官方语言的地位规划都是如此。当前以至将来很长一个时期，我国语言规划的新设计也要贯彻时代的精神，遵循国家的大政方针，其中很重要的一个内容就是要努力落实“语言文字规划纲要”，把两岸的语言文字研究的最终目标定位在增强民族认同感和凝聚力，营造和平统一的文化基础上。语言规划，包括本体规划和地位规划，理应为促进国家统一、民族认同（族群认同和文化认同）发挥积极作用。这是我们在两岸文化交流不断深化的形势下应该具有的共识和策略。

“一语两话”的地位规划，在当前更具有强烈的现实意义。20 世纪 80 年代以来，对台湾的通用语，台湾的某些学者提出一种“独立发展说”。有人把“国语”分为“中国意识的国语”和“台湾意识的国语”两类，后者包含两个概念：一是“强烈的台湾意识中的国语”，岛上所有的母语皆属于此类“国语”，北京话只是一个方言。（实际上是“国语多元化”的一个说法）另一类概念的“国语”则指“台湾国语”，是“台湾地区不同的语族四十年来自然而然整合出来的”一种“独立自主的语言”。[①] 也有人把两岸通用语划分为两个类型，“台湾华语”（“台湾国语”）属“海洋文化类型”，而大陆普通话属“规范取向类型”，前者是

① 见黄宣范：《语言、社会与族群意识》，（台湾）文鹤出版有限公司 2008 年版，第 5 页。

在台湾社区环境印象下形成的具有海洋文化特征的语言。① 这一说法正好与“大陆属于大陆文化，台湾属于海洋文化”的伪命题相呼应，旨在构建不同于大陆的台湾文化格局，区隔两岸语言文化的血缘关系，从包括语言在内的每个文化要素证明：台湾已形成特定的文化共同体。

我们的“一语两话”语言观认为，“两话”是汉语通用语这“一语”在由于两岸的政治对立形成的不同空间内发展演变的结果。台湾的地方“国语”只是以“标准国语”为目的语的一类“中介语”。从历时的角度来看，“一语”也可以指“两话”的母体早期国语。“一语两话”揭示了两岸通用语的渊源关系。“台湾国语”绝非“台湾地区不同的语族四十年来自然而然整合出来的”一种语言，也不能视为“在台湾社区环境影响下逐渐演变成的具有‘海洋文化类型’特点的语言”。

（三）以协调原则处理包括两岸在内的华语区语言问题

随着汉语的迅速走向世界以及“全球华语”概念的形成，华语社区之间的语言问题迫切需要协调解决。协调有利于全球华语各变体的生存和发展，促进汉语的健康发展，而中华民族共同语的丰富也需要各变体健康发展的支撑。“一语两话”涉及尚未统一的两岸，语言规划的工作更需要采取协调的措施。协调工作应当成为中国语言规划的一项重要任务。

笔者认为，两岸形成差异的原因，“除了社会因素外，

① 郑良伟：《台语口语及书面语的活力》，载《语言政策的多元文化思考》，“中央研究院”语言研究所，2007。

主要是由于两岸语文规划和政策理念的差异，今后要从促进两岸融合的方面多考虑，尽可能协调两岸的语文规划，力求减少已有差异，不再产生政策性新差异”。（李行健，2014）

有大陆学者谈到今后规范标准应建立的一个原则：“中华民族走向统一的历史进程，必然使语言文字上存在的歧异逐渐减少，趋于统一。国家制订各项语言文字规范标准，都必须考虑这样的总趋势。缩小（至少不扩大）两岸的分歧”。[①] 这个原则适用于语音、文字等各方面的规范标准的制订。

跨社区的语言协调首先是确定工作原则，郭熙提出有关课题研究的几项原则，包括合作性、通用性、多样性、迫切性。对于两岸来说，首先要解决好如何贯彻合作性原则的问题。我们把“两话”的地位关系平等地看作“一语”的基础性变体，体现了坚持合作原则的最大诚意。两岸多年的合作实践表明，民间合作是比较成功有效的合作方式。2009 年以来两岸开始合作编写语文词典，被视作世纪文化工程的《中华语文大词典》在两岸学者的努力下已完成了《两岸常用词典》《两岸通用词典》等阶段性成果。这种交流合作在台湾也得到热心于中国传统文化的人士的认同和参与。《中华语文大词典》的台湾版参编者将近 150 人，动员组织了台湾学术界、出版界的很大一部分力量。台湾中华文化总会秘书长杨渡在该词典前言部分以“为断裂的历史搭起语词的桥梁”的评价称赞两岸的这项重大合

① 晁继周：《海峡两岸异形词处理的比较》，载周荐、董琨主编：《海峡两岸语言与语言生活研究》，商务印书馆 2008 年版。

作。该词典出版以后，国台办发言人在一次例行记者会上也表示，两岸合作编写中华语文工具书是两岸共同传承和弘扬中华语言文字的良好开端，目前已基本形成交流合作机制，希望双方持续推进这项工作，取得更多成果。

因为一部词典涉及政治、历史、经济、制度、习俗等社会生活的方方面面，两岸合编辞书也为在求同存异的原则下解决两岸之间的认识分歧提供了丰富的案例。例如从《两岸常用词典》到《中华语文大词典》，编写中若干疑难问题和敏感词语的处理，通过对话协商，共同寻求解决之道，都取得了令人满意的结果。正如时任台湾当局领导人马英九在 2016 年 4 月 20 日举行的《中华语文大辞典》发布会上所说的，该辞典的编写成功表明两岸在“九二共识”达成后，“在许多方面要推动搁置争议、求同存异、互惠对等、共创未来就比较容易”。

开展协调工作，还需建立有效的协调机制、确定协调的首要任务。两岸的语言问题的协调以及各华语社区之间的交流合作是一项涉及面广、政策性强的文化工程，应该建立相应的协调机构，有了机构才能保证协调、合作的常态化。2013 年，大陆成立了“两岸语言文字交流与合作协调小组”，这个小组可以帮助两岸学者和有关部门、华人社团做更多合作与交流的工作。

协调原则的贯彻往往要结合具体的项目和任务来完成，可以延伸到各个领域，如华语变体的研究，语料库的开发、运用、共享，以及上述的词典和各类工具书的合作编纂。“其他如：人名、地名、专业名词术语的华语翻译，华语教育及汉语国际教育的交流协同，中华文化的对外传播”等等，都是协调、合作的内容（李宇明，2017）。未来在规范标准的审定方面也可以进行协调对话，通过建立更多对接点为促进融合创造条件。

进入21世纪以来，“大华语”的概念日益深入人心。“华语”加上“大”来称说，就是要强调看待华语的全球视角、全球意识。按照“以普通话/国语为基础的全世界华人的共同语”这一“大华语”的定义，“两话”处于华语系统中的基础地位。如何协调各华语区的语言政策、语言教育和语言研究等问题，推动华语文化迅速走向世界，是我们面临的、迫切需要解决的策略问题，而从两岸入手是解决这些问题的不二选择。

参考文献

1. 李行健、仇志群：《一语两话：现代汉语通用语的共时状态》，《云南师范大学学报（哲学社会科学版）》2014年第2期。

2. 李宇明：《大华语：全球华人的共同语》，《语言文字应用》2017年第1期。

3. 陆俭明：《关于建立“大华语”概念的建议》，《汉语教学辑刊》(第一辑)，北京：北京大学出版社2005年版。

4. 郭熙：《论华语》，《暨南大学华文学院学报》2004年第2期。

5. 徐大明、王晓梅：《全球华语说略》，《吉林大学学报》2009年第2期。

6. 吴英成：《全球华语的崛起与挑战》，新加坡华文研究会编，《新加坡华文教学论文三集》，新加坡：新加坡泛太平洋出版社。

7. 周清海：《大华语的研究和发展趋势》，《汉语学报》2016年第1期。

8. 尚国文、赵守辉：《华语规范化的标准与路向》，《语言教学与研究》2013年第3期。

9. 张从兴：《华人、华语的定义问题》，(香港)《语文建设通讯》2003年第74期。

10. 刁晏斌：《新时期大陆汉语与海外汉语的融合及其原因》，《辽宁师范大学学报》1997 年第 4 期。

11. 刁晏斌:《从两个距离差异看两岸共同语的差异及其成因》,《杭州师范大学学报》2013 年第 3 期。

12. 刁晏斌:《现代汉民族共同语的多元观》,《云南师范大学学报（哲学社会科学版)》2016 年第 48 卷第 5 期。

13. 曹逢甫:《正字标记，从何贴起——标准国语的重新厘定此其时矣》,《国文天地》1991 年第 6 期。

14. 李振清:《台湾的国语标准化问题和趋势》，华语社区的语文现代化和语言规划会议，1989 年。

15. 曾心怡:《当代台湾国语的句法结构》，台湾师范大学华语文教学研究所硕士论文，2003 年。

16. 胡维庭:《标准语与日常语音的距离——以台湾华语为例》，台湾政治大学华语文教学硕士学位学程硕士论文，2012 年。

17. 曹逢甫:《台式日语与台湾国语——百年来在台湾发生的两个语言接触实例》,《汉学研究》2000 年第 18 卷特刊。

18. 许慧如:《台湾华语的几个等化现象》，台湾师范大学英语学系学位论文，2006 年。

19. 何万顺:《论台湾华语的在地化》,《澳门语言学刊》2010 年第 1 期。

20. 徐杰、王慧:《现代华语概论》，新加坡，新加坡八方文化创作室，2004 年。

21. 刁晏斌:《现代汉语史概论》，北京：北京大学出版社 2006 年版。

22. 王天昌、李鍌、林良等:《国语运动百年史略》,（台湾）国语日报社 2012 年版。

23. 郭熙:《中国社会语言学》(第 3 版)，北京：商务印书馆 2013 年版。

24. 郭熙:《全球华语研究文献选编》，北京：商务印书馆 2015 年版。

25. 李宇明:《全球华语大词典》，北京：商务印书馆 2016 年版。

第三讲

台湾言语社区的双言现象及双言制格局的形成

一、引言

社会语言学理论认为，所有的语言都存在内部变异，或者说存在许多变体。一种语言就是各种变体的总和。从语言在交际中担负的功能角色来看，语言变体承担功能角色的状况，决定了言语社区的语言格局。美国语言学家查尔斯·弗格森于20世纪50年代提出“双言制”(diglossia)理论，主张从语言功能分配的角度考察语言变体的关系和语言格局。这一理论认为：如果一个社会有两类差异明显的语言变体，一类用于正式场合，另一类用于不那么正式的场合。那么这个社会的语言格局就是双言制的。用于正式场合的语言变体叫“高变体”或“高势语”（High variety），用于不那么正式的场合的叫“低变体”或“低势语”（Low variety）。

对于弗格森提出的“双言制”，后来有学者在适用范围上做了扩展，打破了弗格森理论原来主张的具有“遗传关系”的语言的限制，主张两种无遗传或亲缘关系的语言也可以分别充当高变体和低变体。这一新的理论被称为“扩展的双言制”理论。

近二三十年来，通行汉语的言语社区双言现象和双言制理论的研究，也积累了可观的成果。进行该领域的研究，对于认识一个言语社区的语情，厘清不同社会环境里语言变体的关系、语言变异产生的条件，以及探索如何建立新的语言规范观，制订华语区语言协调的策略，都具有重要的理论和实践意义。在两岸语言对比研究中，“双言制”理论也为我们提供了观察分析台湾言语社区语言格局的一个新的角度。

二、台湾言语社区的双言现象

双言制是语言交际中语言功能分配的社会现象，台湾地区言语社区的整体语言格局显示，台湾地区已形成典型“双言制”。构成双言制的变体，一为“标准国语”，一为“台湾地方国语”，后者往往被称作“台湾国语”或“台湾华语”。考察台湾言语社区的双言现象，首先需要了解“标准国语”在台湾的现状。

（一）台湾的“标准国语”

台湾师范大学李振清教授把通行于台湾的“国语”分成三类。第一类是“标准国语”。他认为20世纪30年代以来，这种“国语”一直是法定的“官方语言”，但到80年代后（或更早一些），台湾已很少有人讲这种“国语”，除用于少数教学机构，教授学汉语的外国人。第二类为标准“台湾国语”，其主要特征是不用卷舌音，词汇上带有更多本地化、现代化色彩。这种“国语”通行于台湾，已成为实际的“标准国语”，不仅使用于各级学校，台湾的广播、电视等大众传媒也是这种“国语”。从使用的社会层面看，20世纪80年代初的30岁以下的年轻人，不管原来省籍如何，都能讲这种“台湾国语”。第三类为次标准“台湾国语”。1949年以后大量大陆移民涌入台湾，外省方言对台湾地区的“国语”和当地闽南语都产生了很大影响。讲“国语”的人越来越多，方言特点也带进了“国语”。同上述第二类的标准“台湾国语”相比较，次标准“台湾国语”在语音上背离标准“国语发音规则”更远，一些新的语法现象也无法以“国语”的规则加以解释。这种次标准“台湾国语”，随着70年代以来台湾社会的发展、教育水平的提高越来越接近“台湾国语”。（李振清，1989）

政治大学的何万顺教授的划分为四类：1.“国语”：教育事务主管部门依据北京话所颁订的标准语，“其内涵与北京话相似……不是一种活的语言”。2. 华语：世界各地，包括中国大陆、台湾和港澳地区及东南亚华人所使用之共通语言，是各地各具特色的在地华语的通称。3.“台湾华语”：台湾人民所普遍使用之华语。“虽然台湾华语在台湾内部一般称之为‘国语’，但前者是多数台湾人实际使用的语言，后者应指政府所颁订的抽象标准”。经过超过 60 年的演变，“台湾华语”已经脱离北京话而发展成为一个独立的语言。4.“台湾国语”：带有浓重河洛语口音与句法表现的台湾华语。第 4 类的“台湾国语”并不是一个完整独立的语言，而是在语言习得理论里所称的中介语（inter language）。[①] 何万顺的分类与维基百科使用的名称和含义相近。维基百科所谓“中华民国国语”条目中提到的“台湾华语”指的是在“口语使用上”与“政府之规范存有部分差异的国语”；“台湾国语”则指具有“带有闽南语音韵的国语”。这种“国语”“带有浓厚台湾本土闽南腔调及用法”。

值得注意的是，以上分析认定“台湾华语”已脱离北京话发展成为一个独立的语言，而“台湾国语”只是语言习得理论中的“中介语”，二者有质的区别。

以上关于台湾“国语”的定位在台湾颇有代表性，但我们不同意“标准国语”在台湾语言生活中已被边缘化的看法。

台湾的“国语”体现为：1.“标准国语”，2. 台湾的“地方国语”，后者多被称作“台湾国语”或“台湾华语”。被看作现今“很少有人讲”的“标准国语”，其实是“五四”以来早期国语的延续。经过光复时期以来行政当局的大力推行，“国语”运动在台湾取得了巨大成功，几十年时

---

① 何万顺《语言与族群认同：从台湾外省族群的母语与台湾华语谈起》，《语言及语法》，2009 年第 10 卷第 2 期，第 375-419 页。

间里国语成为服务族群交际、维系中华文化认同的重要工具。

1945年台湾光复以后,“标准国语”一直是台湾的教学语言。台湾的学校教育在小学阶段对国语的掌握有明确规定,《国民中小学九年一贯课程纲要语文学习领域(国语文)》在“说话能力”部分要求:“能正确发音并说流利国语”“能正确使用国语说话”“能妥适运用国语,与人良好沟通。”① 我们比较了台湾翰林五年级上“国语”课本第十三课《爱心伞》和台湾圣严教育基金会制作的心灵环保儿童生活教育动画片《爱心伞》,二者内容基本相同,但前者的语言是“标准国语”,后者是通过画面展现故事情节、非常口语化的动漫片,语言是“台湾国语”。动漫片里的人物语言出现了典型的“台湾国语”句法,如“台湾国语”的“有”字句:“——你也拿太多爱心伞了吧。——不是啦,我只有拿一把。”此外还运用了大量“台湾国语”的语气词,如“喔、耶、啦”等。从语气方面来看,“啦、喔、耶”是“台湾国语”语用标记的特色,是台湾腔调的代表。这个例子也可以说明台湾的“标准国语”和“台湾国语”在不同语域里的角色分工,作为语言能力培养的主要渠道,台湾的中小学语文教学要求讲授规范的“标准国语”。

学校“标准国语”的语文教育,也得到了社会的积极配合。《国语日报》在光复以来的几十年时间里坚持“国语”教育,在台湾推行“国语运动”中发挥了巨大作用。出版注音读物也是《国语日报》一项主营业务。1964年《国语日报》社设立出版部,印行了大量注音读物。2013

---

① 据台湾“教育研究院”网站:www. naer. edu. tw。

年的一份《〈国语日报〉最新图书资料总表》列出300种读物，其中174种为注音读物，占比58%。面对中小学生的读物，几乎都是注音的。[①] 台湾出版儿童刊物的出版社有100多家，从各家出版数量的综合统计看，基本是逐年增长，在20世纪80年代末就达到900余种。注音读物起到的“国语”正音教育的作用，不可低估。台湾儿童读物的一个特色就是追求教科书化。如明山书局的《中国儿童大百科全书》，力求全套书的字句、注音、译名规范化，标准化，为避免以往一些儿童读物出现的字、词甚至知识性的错误。他们组织了80多位专家任各学科的编辑顾问，同时，除本出版社实行五次校对外，还特约外校两次。这些读物，在使孩子们受到愉悦的人文教育的同时，也使他们受到了良好的“标准国语”的语文教育。[②]

台湾以“标准国语”为教学内容的华语教学更是反映了“标准国语”的强势存在和影响。高校附设的华语文教学中心是台湾地区华语文教育的主要教学机构。1956年，台湾第一所高校开办的“华语”文教学中心在台湾师范大学成立，之后，台湾辅仁大学、东海大学、逢甲大学等高校也相继成立了华语文教学中心。2000年以来，随着学习华语人数的增多，台湾各大华语文教学中心在数量和招生规模上都有了很大的发展。截至2016年12月，台湾地区具有外籍学生招生资格的各大高等院校附设华语文教学中心达到52个。为满足教学的需要，台湾师范大学国语中心

---

① 见《国语日报最新图书总表2013-09-05》，http://www.docin.com/p-1160350415.html。

② 关于台湾出版儿童读物的各项数据，引自王立柱:《台湾出版的儿童读物》，《中国出版》1991年06期。

等教学团队编写了一系列“华语”教材，如《当代中文课程》《实用中文读写》《新版实用视听华语》等。与此同时，台湾各大华语文教材出版公司还开发了一批数字“华语”文教材以及网络华语学习平台。例如，蒙恬科技开发的《中文学习通》、文鼎科技开发的《文鼎笔顺小博士》、旭联科技开发的《智慧大师网络教学系统》等。近年来台湾“华语”文教育领域数字化有不断增强的趋势。2008 年，台湾“侨务委员会”成功启用了“全球华文网”，使之成为推广“华语”文数字教育的重要网络平台，为“华语”文学习者和研究者提供了大量数字教材与课件。截至 2015 年底，该网首页点击次数累计超过 1797 万次。此外，随着移动互联等新媒体技术的不断成熟，移动应用软件与云计算服务正开始成为台湾“华语文”教育数字化资源的新亮点。① 值得注意的是，这些教学单位的华文教学以及进行“华语”教学的网路平台，都是以台湾的“标准国语”为讲习内容的。

通过台湾师大国语教学中心关于《当代中文课程》的编写理念的说明，我们可以从传统的语文立场上了解到，“标准国语”处于什么样的地位。该教材的编者介绍说，教材内所运用的语言以当下台湾社会所使用的标准“国语”为主，由于各地语言标准不一，身为台湾的编辑仅能以自己所熟悉的语言进行编写。编者所使用的“台湾的国语”与一般所谓的“台湾国语”有所区别，前者是标准语言，由教育事务主管部门“国语推行委员会”（2013 年改名为

① 见蔡武、郑通涛：《21 世纪以来台湾华语文教育发展现状及两岸合作展望》，《云南师范大学学报（对外汉语教学与研究版）》2017 年 9 月第 15 卷第 5 期。

“终身教育司”）所规范；后者指受闽南方言影响形成的具有台湾特有的语音、词汇及语法特征的“地方国语”。在该教材中，编者对规范语言的特征通过具体用例做了说明，认为语文教学所教授的语言，应该是“标准国语”，而规范的“标准国语”要拒绝、排除“不标准国语”的成分。①

（二）从地方变体到语域变体——“台湾国语”的形成过程

台湾学者把在台湾发生变异的“国语”分为“台湾华语”和“台湾国语”（何万顺，2009），或分为“标准台湾国语”和“次标准台湾国语”（李振清，1989）。对以上划分，我们不作区别，把与“标准国语”相对的“地方国语”统称为“台湾国语”。

台湾现代“双言制”的形成有一个过程，这个过程伴随着“台湾国语”的形成过程。开始阶段的“台湾国语”（台湾华语），只是“标准国语”在当时语言政策和社区语言环境影响下产生的地方变体，经过几十年时间，演变成为与“标准国语”相对的一个“国语”变体。

早在20世纪80年代前后，国外和台湾本地学者就对“台湾国语”的形成进行了分析研究。郑良伟研究认为，“台湾华语”（“台湾国语”）是一种语言的变体，已不同于北京官话；当时情况，80%的人口以台湾话（闽南语的变体）为母语，把“国语”作为第二语来学习和使用，而北京官话则被认为是“标准国语”。“台湾华语”（“台湾国语”）是台湾人在多数人的共同母语影响下，以北京官话为

① 见台湾师范大学国语教学中心策划，邓守信主编《当代中文课程》，（台湾）联经出版公司2017。

目标语所发展出的“中介语”。（郑良伟，1985）

“台湾国语”最终演变成为一个所谓的“独立语言”，在几十年时间里是一个逐步完成的过程。在新世纪的第一个十年里，“台湾国语”（“台湾华语”）已被认定为“在台湾独特的语言生态下所产生的新生语言”，而且“已是许多台湾人的母语和第一语”（何万顺，2009）。

回顾这一过程，可追溯到20世纪40年代中期。光复以后开展的推广“国语运动”，其推广任务既包括书面语也包括口语，对台湾民众的要求主要是学会如何讲“国语”。研究者认为，台湾民众当时学习掌握的是带有“泾浜语”（即洋泾浜 pidgin）特色的地方国语，被称之为“泾浜国语”（何万顺，2009）。“泾浜国语”的某些特征稳定下来以后逐步形成带有克里奥尔语性质的“台湾国语”（或叫“台湾华语”）。“台湾国语”正是在“泾浜国语”的环境以及“国语政策”正规教育的影响下形成的。这种“台湾国语”，纵使使用者的族群背景不同，但其内部各层次的特征却相当稳定，不因族群背景的差异而表现差异（许慧如，2005）。这是对“台湾国语”形成过程的一个概略性表述。

曹逢甫对这一过程提供了更多细节，显示这个过程也是台湾现代“双言制”形成的过程。据他的研究，1949年以后从大陆来台的人员“多半会使用国语而不会台闽语。政府机关、学校与军队都使用国语，而一般老百姓居家做生意则使用台闽语，客家语或少数民族语。因此是个以国语为高语言而以本地语为低语言的双言社会，但同时会使用这两种语言的双语人又非常的少，因此当时的台湾社会可以说是‘双言但非双语’的社会”。作为一个“双言”

社会，那是一个以“国语”为高变体，以当地方言（闽、客等）为低变体的“双言”社会。然后是“双言又双语”阶段（diglossia with bilingualism）。“在这样一个社会里有不少人除了母语之外，还能透过学校教育学会了的第二语言——国语来进行沟通交际。”“这种情形也是引发一种新变体的最佳环境。因此就像台式日语一样，在这几十年间也在台湾产生了一种国语的全新变体，这就是一般人所说的‘台湾国语’。”（曹逢甫，2000）

由于台湾当局几十年坚持不懈地推行“国语”政策，而“国语”作为标准语的推行又是实施于一个相对封闭的、以闽南语为口语交际强势语的语言环境里，长期以来自然形成今天这样一个双言制格局。回顾这一过程，开始是“以国语为高变体，以当地方言（闽、客等）为低变体的双言社会”，随着“台湾国语”的形成，“双言制”的高低角色也发生了变化。“标准国语”仍居于高变体位置，“台湾国语”则充任了低变体角色。①

在台湾本地学者看来，“台湾国语”地位之所以得到认可，是因为在各语言层面形成的“等化”（leveling）或称“等同化”特征。所谓“等化”，即某些外来的语言特征在一个语言系统中稳定下来，而且为不同族群背景的语言使用者一致掌握的变化。一项语言特征、一个用法，呈现群体性、稳定性，成为一项等化性特征，有一个复杂的被称之为“在地化”的演变过程。台湾学者较早注意到这种现象。有的研究从现状和历史等层面论证了“台湾国语”

① 按照黄宣范的看法，台湾的实际情况是，高低变体之间还有一个闽客等方言构成的中间层。

演变成为一种新变体的过程，他们从语言的层面归纳“台湾国语”在语音、语法与词汇的特性，“证实其自主性”（按，“自主性”即不同于“国语”的人为标准，也不同于北京话的特性）；同时“从历史的层面检视‘台湾国语’从始至今发展的时空及人口背景，证实其为台湾的新生语言，经过四个世代的传承已经充分在地化”（何万顺，2010）。

有的研究通过分析台湾不同世代与不同族群间的“国语”语音变化，回答了“国语在台湾是否已等化”以及“此等化过程如何进行”的问题。研究结果显示，外省人及本省人之间的“国语”口音差异，于20世纪50年代即已开始等化，并于大约三十年间完成。2005年对当时45岁至54岁出生于台湾、成长于台北的一批人进行测试，无论本省或外省族群，受试者使用轻声的频率、双元音弱化以及音节末鼻音合流等现象，皆无明显差异。大量语言事实证明：经过几代人的时间，“台湾国语”已演变成为一种带有混合语性质的“共同语”，并在“双言制”语言格局中担当了低变体的角色。（许慧如，2006）

三、双言制格局中“台湾国语”的形态和演变趋势

一种标准语与方言接触，相接触的语言中间会产生新的变体。新变体由若干小的语言变体组成，呈现出以标准语和方言为两端的一个连续面。由于“连续体”的一端与标准语相邻接，随着标准语影响的扩大，靠近“连续体”

的次变体有可能变得像标准语。

“台湾国语”也可以看作是一个位于“标准国语”和闽南方言之间的连续面。这个连续面体现于语音、词汇和语法各个层次。台湾学者邓守信运用“连续面”(continuum)概念，分析了在句法结构层次“台湾国语”的表现（邓守信，2002)。邓的连续面图示如下：

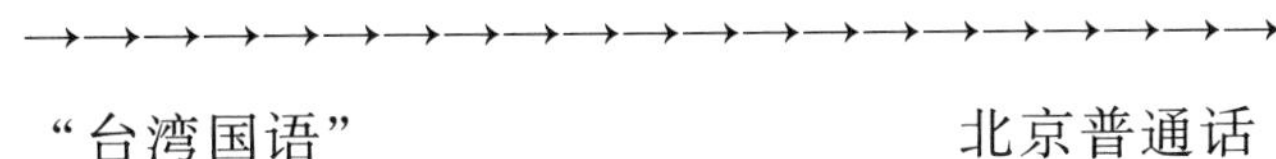

在连续面中与北京普通话（即台湾的“标准国语”）相邻接的部分是由无数次变体连缀而成的“台湾国语”，愈往左端受方言句法结构影响愈大。[①]

他以“有”为例分析了连续面上“台湾国语”的具体表现。“有”的组合用法有四个类型的“台湾国语”结构，可以用来判断是“台湾国语”还是“标准国语”：1.“有+动作动词”(我真的有看到她进来)；2.“有+状态动词”(水有热了｜外面还在下雨，不过没有很大)；3.“有+进行态”(那时候，你有在工作吗)；4.直接把闽南话的“u”转化为“有”，结构不变（有够贵｜两件衣服摸起来有差)。第4类是最低层次的“台湾国语”，位于连续面的最左端。“连续面”反映了源自方言的“有字句”结构和句法功能进入“国语”的程度的深浅。

① 邓守信“连续面”中“没有摆脱方言语法结构”的“台湾国语”，类乎李振清的“次标准台湾国语”。本文中与台湾“标准国语”相对待的“台湾国语”，包括了“标准台湾国语”和“次标准台湾国语”，英文为Taiwan Mandarin。

再如“台湾国语”的“说”的用法。邓守信（2001）认为“台湾国语”中的“说”是受河洛话影响产生的新结构，一共有两个类型。曾心怡又增加一个类型：

R1　补语句标志：开第一家店时从没有想象说会开那么多分店。

R2　句末语气词：想想台湾的 921 又快要到了一年了说。

R3　句首言谈标志：说下星期又有一个台风要来耶。

按她的分析，“说”的连续面最右边的是 R1，可能没有人不用它。左边一点的是 R2，年轻人常用，特别在 BBS 上。R3 最少为人使用，比较少见。

曾心怡（2003）以“说”为例做了一个总结：“说”这一新成分的运用有三个规则，可能讲话人 A 三个都接受了，但 B 接受两个，C 只接受 1 个，我们不能说 A 说的是“台湾国语”，C 说的不是，他们说的都是“台湾国语”。只是 A 比较接近闽南语，C 比较接近“国语”，A、B、C 三人士对新规则接受度的不同，使“台湾国语”显示出一个由无数小变体组成的连续面。

对语言接触演变产生新变体的研究，也一直受到大陆学者的关注。苏金智曾对汉语与其他语言或方言间的语言接触进行考察（2015），建立了一个以五个语言变量组成的连续体模式，解释当前我国语言接触中所形成各种语言变体。其连续体模式的构成为：

普通话+地方普通话+混合语+新派方言+老派方言

刘俐李、唐志强（2017）根据当代汉语普通话和方言的共存状态与相互关系的分析，又提出一个“四阶连续体”。普通话与方言分布在连续体两端，其中间是“地方普通话”和“趋普方言”。其构成为：

普通话+地方普通话+趋普方言+方言

把他们的连续体与邓守信等人的“连续面”叠合在一起发现，“台湾国语”的连续面大致相当于刘俐李的“地方普通话+趋普方言”或苏金智的“地方普通话+混合语+新派方言”。我们把以上几种连续体中标准语和方言的中间部分叫作“中间变体”。邓守信对“台湾国语”这一中间变体的描写，只是从整体上看作是一个连续面，没有再作等级划分。它们的“中间变体”，不管分与不分，或者怎么分，其内涵是相同的。

作为台湾通用语的“台湾国语”，它既有稳定性，又是一个动态的存在，而且其发展演变是一个逐渐靠近“标准国语”的趋势。这是由一系列语言内部和外部的原因决定的。

一方面，中介语性质的语言变体一般会出现“石化现象”，即“台湾国语”中某些新的特征会在共时平面上稳定下来。正如“台湾国语”口语实际所显示的，语音上它已具有多项支持其足以构成一种“国语变体”的稳定化、普遍化特征。这些特征如：平舌翘舌不分；卷舌的［er］发成［e］，“二”“饿”两字同音；［eng］作［en］、［ing］作［in］；［eng］音节出现在［b、p、m、f、w］等唇音后时，发音作［ong］；儿化与轻声近乎消失等。“台湾国语”的四声读音也异于“标准国语”和大陆普通话，如“台湾国语”中的阴平字调值大多为44，略低于普通话的阴平；“台湾国语”中的上声字多为低降或中降调型，很少出现普通话上声调的升调尾。台湾学者曾认为："'台湾华语'（按，即"台湾国语"）这一华语的变体是绝大多数台湾人日常生活时所采用的语言，作为华语中独立的分支也是语言学界公认的事实，然而台湾的华语教学界鲜少讲'台湾华语'的发音视为学习标的。华语教师教学时所使用的语言和台湾人民日常使用的语言存在显著断裂。"[①] 这段话反映"台湾人日常生活时所采用的语言"与"标准国语"已经存在很大差异，而语音上的这些差异已经稳定下来成为"台湾国语"的标记性特征。

另一方面，双言制格局中语言变体所维持的稳定、平衡的关系只是相对的。由于"台湾国语"呈连续面形态，连续面一端与"标准国语"联系在一起，随着语言接触的深化，二者在互动状态中会扩大融合的面积。在"标准国语"影响下，作为低变体的"台湾国语"，其来自方言的标志性特征会逐渐磨蚀，而为满足现代语文生活交际的需要，高变体也逐渐采取开放的态度。表现在词汇层面，"标准国语"通过吸收"台湾国语"的大量口语词汇，丰富自己的语言系统，拉近与语言实际的距离。如台湾师范大学国语教学中心 2004 年编写的华语教材《迷你广播剧》，为反映语言多样化、情景化，辑录的每篇故事都联系台湾的社会生活，加入了一些"时尚词汇"，如"阿里郎、阿兜仔、英英美代子、红豆泥、机车、卡哇伊、凸槌、逊、LKK、OBS"等。他们对此做了说明：台湾是个多语言的地区，有方言、英语、日语、俗话以及外来语融合本地方言所创

① 胡维庭《标准语与日常语音的距离——以台湾华语为例》，台湾政治大学华语文教学硕士学位论文，2012 年。

造出的新词汇，年轻人常使用。

在辞书编纂上，一些有影响的词典在新的修订版中吸收了不少低变体的词语。如收录在《重编国语辞典》中的“杠龟、黑轮、便当、秀逗、幼齿、鸡婆、菜鸟、甜不辣、芭乐票、搓圆仔汤”等。有些新收录的词语如“逗阵、抓狂、歪哥、好康、强强滚、大俗卖”等，则注明来自“闽南方言”。这样区别处理，给人的印象是未标注的词语已进入“标准国语”，不需要注意其方言来源了。

在这样一个语言格局下，加之语言接触所产生的连续面的变体形态，“台湾国语”逐渐靠近“标准国语”是一个大概率事件。苏金智（2015）和刘俐李（2017）等学者对大陆语言接触演变的分析，也肯定了这样的趋势。刘俐李、唐志强（2017）描述的当代汉语“四阶连续体”，以普通话与方言分布在连续体两端，其中间是“地方普通话”和“趋普方言”。“从语言接触视角看，两种中间样态是动态的。不稳定的，地方普通话是以普通话为目标语的中介语，趋普方言是因普通话的优势渗透而出现的异化方言。”“方言向普通话靠拢是主流……（其路径为）方言异化为趋普方言，趋普方言或方言转换成地方普通话，地方普通话最终趋同于普通话。”（刘俐李等，2017）对演变的具体途径和语言变体的性质看法可能不尽一致，但对演变的方向的判定是有共识的。

现代社会语言学理论把双言制环境里形成的一种变体称作“克里奥尔语连续体”，如英语的克里奥尔语与标准英语接触时形成的多种小变体组成的连续体。随着克里奥尔连续体范围的增大，标准英语对它们的影响可能会越来越大，结果有些变体就变得像标准英语了。这种过程被称作“去克里奥尔化”（罗纳德·沃德华，2009）。如上分析，“台湾国语”也可以看作是一个“克里奥尔语连续体”，也存在一个靠拢标准语的“去克里奥尔化”的过程。刘俐李在他们研究中描写的苏州地方普通话，其内部等级划分相当于普通话水平测试的二级甲等到三级乙等，拉开一个高低参差的连续面，随着本身的来自方言的典型特点的减少，与标准普通话的距离越小，越接近标准普通话。

中介语或“中间变体”向高变体的靠拢，除语言本身提供的动力，还有外部原因。台湾师大李振清教授曾把“台湾国语”分为“标准台湾国语”和“次标准台湾国语”两类，并认为，这种“次标准台湾国语”，随着上个世纪70年代以来台湾社会的发展、教育水平的提高越来越接近“标准台湾国语”。社会发展和教育水平的提高，必然会影响“台湾国语”的发展演变。曾心怡也是同样看法：“决定这个连续面的重要因素是语言背景和教育程度。”（曾心怡，2003）

同时，两岸各领域、层次的密切接触，也会促使“台湾国语”更接近“标准国语”。因为大陆普通话和台湾“标准国语”的差异很小，对于“台湾国语”，来自“标准国语”的影响，也可以说是台湾“标准国语”和大陆普通话合力的影响；“台湾国语”演变的这一正向活动，也标志着两岸通用语由异趋同地走向融合的演变。在两岸的文化交流中，我们积极推动交流的“自觉性”正是源于这样的认识。促进两岸语言文字的融合发展，既是和平统一事业的需要，也符合语言内在的规律。事实证明，强化“外部”

的能量具有积极效应。20 世纪 80 年代末，两岸关系出现历史性转折，拉开了两岸交流的序幕。语言层面也体现出两岸经贸文化交流对两岸语言的影响，大量的两岸差异词语进入双方标准语，成为汉语词汇发展史的一幅新景观。短短二三十年形成的这一局面，正是以交流促融合所收获的成果。

同时我们也应看到，台湾本土文化认同的需要，也会不断强化“台湾国语”的某些标志性特征，“融合”和“异化”两种力量的作用，会一直影响双言格局下的“台湾国语”，但这不会影响“台湾国语”演变的正向发展，也不会改变两岸语言融合的大趋势。

参考文献

1. A. 弗格森：《双言现象》，《国外语言学》1983 年第 3 期。

2. 苏金智：《香港言语社区两文三语的格局及其变化》，《云南师范大学学报（哲学社会科学版）》2010 年第 3 期。

3. 苏金智：《语言接触中语言演变的连续体模式》，《新疆师范大学学报（哲学社会科学版）》2015 年第 36 卷第 1 期。

4. 刘俐李、唐志强：《论当代汉语四阶连续体》，《中国语文》2017 年第 6 期。

5. 阎喜：《澳门汉语双言制研究》，《“一国两制”研究》2014 年第 4 期。

6. 吴英成：《开放中国属性：海外华人圈华语变体切片》，华人地区语文生活与语文计划国际学术研讨会论文》，2002 年。

7. 包智明、洪华清：《双言现象的量化研究》，《中国社会语言学》2005 年第 1 期。

8. 李行健、仇志群：《一语两话：现代汉语通用语的共时状态》，《云南师范大学学报（哲学社会科学版）》2014 年第 46 卷第 2 期。

9. 刁晏斌：《从两个距离差异看两岸共同语的差异及其成因》，《杭州师范大学学报》2013 年第 3 期。

10. 刁晏斌:《现代汉民族共同语的多元观》,《云南师范大学学报(哲学社会科学版)》2016年第48卷第5期。

11. 曾心怡:《当代台湾国语的句法结构》,《台湾师范大学华语文教学研究所硕士论文》,2003年。

12. 胡维庭:《标准语与日常语音的距离——以台湾华语为例》,台湾政治大学华语文教学硕士学位学程硕士论文。

13. 曹逢甫:《台式日语与台湾国语——百年来在台湾发生的两个语言接触实例》,《汉学研究》,2000年第18卷特刊。

14. 许慧如:《在族群与语言接触下形成的台湾华语——从声学分析的结果看起》,*Language and Linguistics*,15(5)635-662。

15. 许慧如:《台湾华语的几个等化现象》,台湾师范大学英语学系学位论文,2006年。

16. 许慧如、谢国平:《台湾华语的声调等化现象——从台北华语看起》,《语言学研究》2009年第7期。

17. 何万顺:《语言与族群认同:从台湾外省族群的母语与台湾华语谈起》,*Language and Linguistics*,10.2,2009。

18. 何万顺:《论台湾华语的在地化》,《澳门语言学刊》,35.1:19-29,2010。

19. 何万顺:《台湾华语与本土母语:冲突抑或相容?》,《海翁台语文教学季刊》,2009年春季号。

20. 尚国文、赵守辉:《华语规范化的标准与路向》,《语言教学与研究》2013年第3期。

21. 李宇明:《大华语:全球华人的共同语》,《语言文字应用》2017年第1期。

22. 李行健等:《两岸合编词典研讨集》,高等教育出版社2016年版。

23. 刁晏斌:《现代汉语史概论》,北京大学出版社2006年版。

24. 郭熙:《中国社会语言学》(第3版),商务印书馆2013年版。

25. 罗纳德·沃德华:《社会语言学引论》第5版,复旦大学出版社2009年版。

26. 苏金智:《Diglossia in China:Past and Present 中国双言现象的过去与现在》,《中国社会语言学》2013年第2期。

27. 苏金智:Language contact and morphosyntactic borrowing:The case study of Hong Kong Written Chinese,HongKong Polytechnic University,2008。

28. 郑良伟：A comparison of Taiwanese，Taiwan Mandarin，and Peking Mandarin. *Language*，1985，61. 2：352-377。

29. Chenqing Li（李振清）. Problems and Trends of Standardization of Mandarin Chinese in Taiwan,《台湾的国语标准化问题和发展趋势》，华语社区的语文现代化和语言规划会议，1989 年。

第四讲

两岸共同语语音系统的差异

20世纪初，作为汉语通用语的“官话”被定名为“国语”。50年代以后，“国语”在海峡两岸两个相互隔绝的空间演变发展，经过几十年时间，在语音、词汇和文字等方面都产生了不同程度的差异。比较起来，两岸标准语的语音差异较小，一方面因为语音本身相对的稳定性，一方面因为两岸标准语具有共同的音系基础。

“国语”最初的规范化工作就是“定音正音”。1913年召开的“读音统一会”议定了汉字的国定读音即“国音”。“五四”以后，国语运动进入推行期。其中一项主要工作是调整“国音”标准。经过反复酝酿、研讨，最后决定以北京语音为标准音，并由教育部于1932年公布了体现新国音的《国音常用字汇》。这个“新国音”是海峡两岸通用语规范标准的基础。

一、大同小异是两岸共同语语音系统的现状

虽然两岸有近半个世纪互不往来的这样一个历史阶段，但都以北京音系为标准音的普通话和“台湾国语”，在语音方面并无大的差异。20世纪50年代初期，大陆和台湾两地标准语，在语音以及词汇、文字等层面上还是“一家之言”。1954年的《新华字典》第一版的字音几乎完全依据《国音常用字汇》。大陆的语文基础教育也一直强调北京音系为国语标准音。1950年《小学语文课程暂行标准（草案）》就有规定：“所谓语文，应是以北京音系为标准的普通话和照普通话写出的语体文。”《小学语文教学大纲草案（初稿）》（1955）再次强调：“教给儿童的语言必须是规范化的汉民族的共同语言。这种语言就是以北京语音为标准音、以北方话为基础方言、以典范的现代白话文著作为语法规范的普通话。”1955年10月召开的全国文字改革会议和现代汉语规范问题学术会议，把汉民族共同语的正式名称命名为“普通话”，并同时确定了它的规范依据，即“以北京语音为标准音，以北方话为基础方言”。1955年10月26日，《人民日报》发表题为《为促进汉字改革、推广普通话、实现汉语规范化而努力》的社论，文中提到：“新中国的共同语，就是以北方话为基础方言、以北京语音为标准音的普通话。”1956年2月6日，国务院发出关于推广普通话的指示，并补充了对普通话的定义：“以北京语音为基础音，以北方话为基础方言、以典范的现代白话文著作为语法规范。”这个定

义从语音、词汇、语法三个方面确定了普通话的标准。

台湾自 1945 年光复以来，坚持数十年开展“国语运动”，标准语一直沿用“国语”这一名称。因日本殖民者长期的“皇民化”教育，到 20 世纪 40 年代在台湾地区汉语已被基本废除。光复后，国民政府认识到，文化重建的首要任务就是要统一语言，推行国语。1946 年以魏建功先生为主委的“台湾国语会”在台湾成立。“国语会”成立后立即着手编订《国音标准汇编》，并把《国音常用字汇》收入《国音标准汇编》，以此作为推行标准国语的根据。《国音常用字汇》有“说明”26 条，其中第 3 条指出：“国音就是普通所谓官音。这种官音本是北平音……它靠着文学与政治的力量，向各地推行，六百年来早已成为全国的标准音了……本书所定的音，是以现代的北平音为标准的。”

《国音标准汇编》由台湾省行政长官公署公布，作为地方政府法令施行。当地电台也编排了标准国音读音示范的节目。据记载：从 1946 年 5 月 1 日起，国语会成员“每日在清晨 7 时，在电台担任国语读音示范，播讲民众国语读本、国语会话，国民学校国语、常识、历史、各种课本，供学国语的人收听，匡正语音”。[①] 当时的学校教师现听现学现教，使广大的学生也能及时学到“国语”，学习标准的国音。各县市成立“国语”推行所，设立“国语”讲习班，举办讲习会，训练了大量的“国语”师资。“国语运动”覆盖整个台湾地区。

从台湾推行“国语”的历史来看，到 20 世纪 90 年代，

---

① 房祖燊等：《六十年来之国语运动简史》，载程发轫主编：《六十年来之国学》，台北正中书局 1972 年版。

经过近半个多世纪的努力，“国语”已经深深植入台湾社会的语言生活，成为台湾一地跨族群的通用语。在“国语”推行者的努力和政策的鼓励、推动下，台湾社会可以说受到了很好的包括“正音”内容在内的“国语教育”。在两岸的语言交流中，我们可以深切地感受到时隔五十年两岸仍然拥有的语言沟通的坚实基础。这一成就的取得主要是台湾几十年“国语运动”的贡献。

二、两岸通用语的语音差异

语言随社会共变，深受社会发展变化的影响，语音也无例外。对语音的影响因素包括人为和自然的两个方面，前者指语言规范机构的施政行为，在两岸分隔的历史状况下，各自进行的语言规范化工作决定了各自规范的方向和策略；后者指标准语作为一种社会方言受到的其他地域方言的影响，在台湾主要是闽南方言对“国语”的影响。所以，我们对两岸语音的考察可以分为两个层面，一是两岸语音的规范标准，一是两岸的口语实际。

《中华人民共和国国家通用语言文字法》规定普通话是国家通用语言，推广普通话被写入《中华人民共和国宪法》。大陆在推广普通话工作中，已经具有了测试定级的成套标准和实施条例，普通话水平测试已趋于成熟。国家人事部和教育部、语委等部门不但提出对普通话的行业要求，对公务员也有具体要求。整体来看，大陆的标准语在实际运用层面由于规范教育的有效引导和多种方式的强化而具有较高的一致性。台湾的情形有所不同，虽然“国语”一直保持着岛内通用语的权威地位，但双语人口的构成以及长期隔离于“国语”基础方言的状况，使台湾一地的“国语”不可避免地受到地区强势方言的影响，以至于这种影响下形成的某些发音特征构成了支持“台湾国语”被看作一类“国语”变体的重要元素。但必须认识到，其间的各色语音差异还在一个音系的变体范畴内，不能改变这样的事实：台湾“国语”和大陆普通话都源自国语，从共时角度，它们是现代汉语通用语的两个变体。“一语两话”就是大陆学者对两岸语言现状的一个简短、准确的表述。

我们对两岸语音进行的常规性研究，往往以两岸的规范标准为考察项，所得的结果直接反映的是两岸不同规范的差异。当前依据两岸语音规范标准（包括直接体现规范的某些语文工具书）对两岸语音差异所做的比较，因不同视角而形成多种分类。1992 年李青梅将台湾《国语辞典》与大陆《新华字典》的语音进行对比，将差异字音分为八类：1. 通用音义；2. 文言音义；3. 方言音义；4. 地方形式音；5. 行业科技用字的音；6. 翻译音；7. 近代俗语音义；8. 特殊音义。[①] 2007 年台湾师范大学华语文研究所的一项研究，将两岸语音对比与《现代汉语通用字表》相结合，仔细对比了台湾《国语一字多音审订表》(1999）和大陆《普通话异读词审音表》(1985）的差异，将两岸语音规范标准差异分为十一种类型，分别为：1. 声母不同；2. 韵母不同；3. 声调不同；4. 声母、韵母不同；5. 声母、声调不同；6. 韵母、声调不同；7. 声母、韵母、声调皆不同；

① 李青梅：《海峡两岸字音比较》，《语言文字应用》1992 年第 3 期。

8. 具体词不同；9. 音项不同；10. 字形及音项不同；11. 通假字；12. 台湾未审字。[①]

台湾学者黄沛荣以《普通话异读词审音表》和《国语一字多音审订表》为依据，将两岸语音差异分为声调不同及声母、韵母或声调不同的两大类。[②] 为了概括地说明两岸语音的趋势性差异，我们参照黄沛荣的分类把两岸标准语语音差异分为：1. 单音字声韵调音读的不同；2. 多音字读音和音项的差异；3. 轻声和儿化的不同。需要说明的是，这里不包括因字形因素造成的差异。如“体”的 bèn 音为“体”本来的读音，该字被大陆用作“體”的简化字后，“体”有了 tǐ 和 bèn 两个读音，这种情况不视为两岸读音的差异。

按照现在的分类，我们选取了《通用规范汉字表》中的一级和二级字，合计共 6500 字，作为对两岸语音进行对比分析的一个范围。字的具体读音，台湾方面，主要根据《国语一字多音审订表》（以下称《审订表》），也参照《重编国语辞典修订本》网络版和《新编国语日报辞典》；大陆方面则依据体现大陆语音规范的《现代汉语词典》第 6 版与《现代汉语规范词典》第 3 版单字的读音。两岸现代标准语的语音差异，可从以下方面考察。

（一）单音字声韵调音读的不同

声调差异字：（斜线前后分别表示大陆普通话调类和“台湾国语”调类）

① 南基弘：http：//handle. ncl. edu. tw/11296/ndltd，2007。

② 黄沛荣：《由两岸语文差异谈海外华语文教学》，文载《汉字教学的理论与实践》，台北：乐学书局 2003 年版。

一级字（43个），如：

拙1/2、椰1/2、丫1/2（“枝丫”。台湾作枒）、息1/2、熄1/2、惜1/2、昔1/2、薇1/2、微1/2、危1/2、突1/2、凸1/2、鞠1/2、唧1/2、击1/2、淑1/2、帆1/2、跌1/2、拥1/3、夭1/3、剖1/3、夕1/4、播1/4、咄1/4、伐2/1、雌2/1（台又音2声）、穴2/4、萎3/1、紊3/4、伪3/4、曙3/4、企3/4、敛3/4、讽3/4、蹈3/4、绩4/1、迹4/1、嵌4/1、掷4/2、筑4/2、镣4/2（台又音2声）、贮4/3、眯2/3（“沙土进入眼睛”一义大陆读2声，台湾读3声。“眯”大陆又读1声，义为“眼皮微合”。此义台湾写作“瞇”，与大陆同读1声）。

二级字（57个），如：

倬1/2、涿1/2、棁1/2、糌1/2、菽1/2、戕1/2、颟1/2、鞫1/2、掬（匊）1/2、榻1/2、沨1/2、藩1/2、掇1/2、浃1/2、疖1/2（台又音1声）、噫1/4（台又音读1声）、魆1/4、翕1/4、窣1/4、倏1/4、钋1/4、剽1/4、擢1/4、桉1/4、穹2/1、哐2/3、玡2/4、禧3/1、铵3/1、蹼3/2、谝3/2、酩3/2、懵3/2、蠓3/2、琏3/2、砟3/4、莠3/4、(台湾又音3声)、獭3/4（台又音4声）、鳎3/4、踮3/4、俾3/4、诤4/1、肿4/1、瘙4/1、嘌4/1、焖4/1、坳4/1（台又音4声）、胺4/1、讧4/2、蚴4/3、氩4/3、煦4/3、俵4/3、鞡　轻声/1。

声母差异字：(斜线前后分别为普通话读音和“台湾国语”读音。下同)

一级字（3个），如：

酵jiào/xiào、淆xiáo/yáo、暂zàn/zhàn（台以zàn为

“读音”）。

二级字（6个），如：

幞 fú/pú、牁 kē/gē、蛲 náo/ráo、桡 ráo/náo、隼 sǔn/zhǔn、谑 xuè/nüè。

韵母差异字：

一级字（6个），如：

坯 pī/pēi（台又音 pī）、聘 pìn/pìng、艘 sōu/sāo（台又音 sōu）、携 xié/xí（台以 xié 为“语音”）、癣 xuǎn/xiǎn、崖 yá/yái。

二级字（9个），如：

钹 bó/bá（台又音 bó，台《审订表》并读为 bá）、壑 hè/huò、唛 mài/mà、埒 liè/lè、拎 līn/līng、聒 guō/guā、睚 yá/yái、曳 yè/yì（台以 yè 为“读音”）、挦 xián/xún（台又音 xián）、捽 zuó/zú（台以 zuó 为语音）、

声韵调组合不同的差异字：

一级字（4个），如：

弛 chí/shǐ（台又音 chí）、垃 lā/lè、括 kuò/guā、厦 shà/xià（台以 shà 为“语音”）、蜗 wō/guā。

二级字（13个）：

瘈 chì/qì、嗲 diǎ/diē、圾 jī/sè、庋 guǐ/jǐ（台又音 guǐ）、邳 pī/pēi、髂 qià/kà、箐 qìng/jīng、毹 shú/yú（台又音 shú）、慑 shè/zhé（台又音 shè）、蓿 · xu/sù、羧 suō/zuī、羰 tāng/tàn、栉 zhì/jié、

（二）多音字读音的音项差异

两岸读音差异的字，多音字占比最大。造成多音字音

项差异数目和读音差异的原因很多，以“台湾国语”为例，有因文读白读并录的多音，如“百”的 bǎi 和 bó、“导”的 dào 和 dǎo 的两读；有“正音”和“又音”带来的多音，如“慑”的 zhé 和 shè 读音；有“据义分读”形成的多音，如“颇”的 pō、pǒ，后者为“颇”副词义的读音。我们的多音字一组，仅包括“据义分读”这类与语义相关联的多音现象。对比两岸这一类多音字，或普通话音项多于“台湾国语”，或“台湾国语”多于普通话。还有一种情况，音项数虽相同，但至少其中有一项读音不同。如“和”字两岸都是 6 个音项，但台湾连词的“和”读 hàn，同时又少一 huó 音。“和面”中的“和”大陆读 huó，台湾读 huò。有个别字音项数目相同，读音也相同，但仅在某一个词上读音不同，如“说”字两岸都有 shuō、shuì 两音，差异仅表现于“说服”一词，大陆读 shuō fú，台湾读 shuì fú，这种情况我们不列入多音字音项差异。

两岸因音项不同形成的多音项差异字，究竟有多少难以获得准确的统计数。有学者统计，大陆比台湾多音的多音字共有 427 个，台湾多于大陆的有 331 个，两项加起来有 758 个字。[①] 从技术角度看，这个统计因比较文本的限制（仅以台湾的《审订表》和《现代汉语词典》比较），其结果可能与实际有出入。如“绿”字，按台湾《审订表》lǜ 和 lù 并读为 lǜ，但台湾的辞书表现就比较复杂。《新编国语日报辞典》（2000 年版）“绿营”“绿林”等词仍读 lù。《重编国语辞典》统读 lǜ，“鸭绿江”这个地名中的“绿”仍读 lù。“柏”字，统计认为除了共有的 bó 音，台湾少 bǎi、bò

① 杨书俊、戴红亮：《两岸读音比较研究》，《语言文字应用》2015 年 2 期。

两音（据台湾《审订表》）。去声的“柏”，用于“黄柏”，台湾作“黄檗”，大陆现在也写作“黄檗”，这种仅因字形对字音分担不同形成的差异，我们不看作是两岸语音的差异。再如：“追”字台湾《审订表》有 zhuī、duī 两音，后者词例为“追琢”，此处“追”字通“雕”，“追琢”即“雕琢”。类似这种情况被认为是两岸读音差异也是不合适的，只能说是台湾的审音字表与大陆一部语文词典的差异。即使大陆的同类型、规模的语文词典在义项设置上也不尽相同，从而影响到音项。例如“数”的 cù 音（细密义），有统计认为与台湾相比是大陆缺少的音，这是以《现代汉语词典》为参照，而《现代汉语规范词典》就收有 cù 音。

多音字与义项相关联的音项差异，可以从两岸在同一词语的读音表现上进行比较分析，如“侍从”一词，其中“从”台湾读 zòng，大陆依统读原则读 cóng。因为在“侍从”一词中的读音差异，字头“从”的读音在两岸具体表现为音项数目和读音的差异。“从”在大陆为单音字，在台湾为多音字。

多音字下同一条词语的两岸读音差异，同单音词一样，也可以从声调和声韵母构成进行分析比较。

声调不同的例如：（斜线前后分别为普通话读音和台湾“国语”读音。下同）

从 cóng/cóng；cōng；zòng。按：“从容”的“从”台湾读 cōng（“侍从”“仆从”台湾读 zòng）。

淋 lín；lìn/lín。按：lìn 为“淋病”中“淋”的大陆读音，台湾统读 2 声。

匹 pǐ/pǐ；pī。按：“马匹”中的“匹”台湾读 pī。

颇 pō/pō；pǒ。按：副词义的“颇”台湾读 pǒ。三 sān/sān；sàn。按：“三思而后行”中的“三”，台湾读 4 声。

索 suǒ/suǒ；suó。按：“干脆”义上，台湾读 suó 音，如“索性”。

玩 wán/wán；wàn。按：“古玩”“玩忽”“玩世不恭”“玩物丧志”等词语中的“玩”台湾读 4 声。

柚 yóu；yòu/yòu。“柚木”，大陆读 yóu mù，“柚子”，读 yòu zi。台湾统读 yòu。

声母不同的例如：

似 sì；shì/sì。按：词语后面的助词“似的”，大陆读 shìde，台湾读 sìde。

数 shù；shǔ；shuò/shù；shǔ；shuò；sù. 按：“数珠”，大陆读 shù zhū，台湾读 sù zhu。

蹊 qī；xī/xī。按：“蹊跷”大陆读 qī qiāo，“蹊径”中“蹊”读 xī。台湾统读 xī。琢 zhuó；zuó/zhuó。按：“琢磨”在反复思考义上“琢”字大陆读 zuó，台湾统读 zhuó。

韵母不同的例如：

胳 gē；gé；gā/gē。按：“胳肢窝”中“胳”的大陆读 gā，台湾读 gē。

抹 mǒ；mā；mò/mǒ；mò。按：擦拭义的“抹”大陆读 mā，如“抹桌子”“抹布”，台湾读 mǒ。

芫 yán；yuán/yán。按：“芫荽”中的“芫”，大陆读 yán，台湾统读 yuán。

声韵调组合不同的例如：

暴 baò/baò；pù。按：“暴露”一词中，台湾读“暴”

为 pù。

曝 bào；pù/（台湾）pù。按："曝光"一词中大陆读"曝"为 bào，台湾读 pù。

吃 chī/chī；jí。按："口吃"中的"吃"台湾读 jí。大陆通读 chī。

从 cóng/cóng；cōng；zòng。按："侍从"的"从"台湾读 zòng。

靓 jìng；liàng/jìng。按：liàng 为"靓"的方言音。"靓女"(漂亮的女子）的"靓"大陆读 liàng，台湾读 jìng。

卡 kǎ；qiǎ/kǎ。按："关卡、哨卡、兵卡"等词大陆读"卡"为 qiǎ，台《审订表》均读 kǎ。

括 kuò/guā；kuò。按：据台湾《审订表》kuò 一音仅限读于"括约肌"一词，其他均读 guā。

魄 pò/pò；tuò。按："落魄"一词中的"魄"，台湾读 tuò，同"落拓。"

从以上举例来看，两岸读音差异的单音字，包括声韵调各单项的差异和声韵调整个组合的差异，一级字和二级字共有 136 个字，约占大陆 6500 个一级字和二级字总数的 2%。另据陈茜对《两岸常用词典》的考察统计，其中有字音差异的字头 399 个，仅占词典字头个数（约 7000 个）的 5.7%。[①] 如果抛去三级字，应与我们的统计相差不多。单音字读音差异现象显示，两岸声调差异的单音字占了较大比例，以上统计的 136 个有差异读音的一级和二级字里面，96 个为声调差异字。

---

① 陈茜：《两岸语音差异及对语音审定标准的思考》，载《语言文字应用论文集Ⅲ》，语文出版社 2014 年版。

关于多音项字某义项的读音差异，有统计显示，两岸“义项不同的多音字”共383个，①如按大陆现代汉语中型语文词典的收词原则划定一个范围，现代汉语多音字实际没有这么多。很多字的差异音，如“等待；接待”义的“迟”的zhì音，“依据”义的“放”的fǎng音之类，都不是进入现代汉语的现代音义，虽然台湾的一般语文辞书也收录了（如《重编国语辞典》），只能看作是不同文本中因义项设置选择表现出差异音，不能算作两岸标准语的差异音。

（三）两岸标准语轻声和儿化的差异问题

轻声字音读在普通话和“台湾国语”的语音比较中被看作是一项重要指标。从台湾的小学“国语课本”来看，对“绝对轻声”（也叫“自然轻声”）的处理两岸较为一致，如“的、着、了、们”这类词缀，以及趋向动词、方位词等等。除此之外，比较大陆的《现代汉语词典》和台湾的《重编国语辞典》，可以发现轻声音读处理的分歧，例如“打量、主意、任务、说合、早晨、喜欢”等为数不少的双音词，大陆各词的第二个音节都读轻声，“台湾国语”都不读轻声。轻声问题在“台湾国语”里是一个难点。一方面，大陆一边没有可靠的依据。1957年中华书局出版的《北京话轻声词汇》（张洵如编）共收轻声词4351条，1963年商务印书馆出版的《普通话轻声词汇编》（中国文字改革委员会编）共收轻声词1028条，《现代汉语词典》1996年

① 张岚：《海峡两岸现代汉语通用语语音差异对比研究》，华东师范大学硕士学位论文2009年。

3 版单独立目的轻声词 3275 条，《普通话水平测试大纲》（1994）收轻声词 1205 条，其间不仅数量悬殊，同一字读法也不一致，一处的“必读轻声词”在另一处则非。对台湾教育事务主管部门来说，处理起来其难度可以想见。大陆为轻声的如“东西”“漂亮”“衣裳”等词有的台湾辞书注为轻声，而“学生”“时候”“事情”等词却不注轻声。另一方面，台湾本地实际口语交际与书面规范也有所背离。据大多数台湾学者的看法，轻声在通用的“台湾国语”里已基本消失。20 世纪 80 年代末，郑良伟在比较北京话和台湾话（这里指台湾闽南语）轻声异同的时候甚至认为，按北京音的标准，“台湾新生代的国语”在轻声方面比台湾话还“倒退了几步”。①

儿化词也是一种体现语言特色的复杂语言现象，在两岸语音音质性差异因素中，儿化韵是比较明显反映出两岸语音差异的一项。儿化词的规范，对于推广普通话以及两岸语言交流等方面都具有重要意义。1990 年语文出版社出版的《北京话儿化词典》（贾采珠编）收录儿化词近 7000 条。2005 年商务印书馆出版的《现代汉语词典》第 5 版收儿化词近 900 条。儿化词与轻声词一样，数量大，多数无明显规律可循，掌握起来比较困难，是学习普通话的难点，在“台湾国语”里更是呈萎缩状态。对照大陆的《现代汉语词典》《现代汉语规范词典》和台湾的《重编国语辞典》，大陆的某些儿化词如“小孩儿、聊天儿、离谱儿、面条儿、走调儿”，台湾都不作儿化标记。有的词如“老头儿、遛弯

---

① 郑良伟：《北京话台湾话轻声出现的异同，历史由来和台湾新生官话的形成》，《语言研究》1987 年第 1 期。

儿、玩意儿、走神儿、大伙儿”,《重编国语辞典》标记为儿化词，但据调查这些书面记录已与语言实际有了差距，这些儿化词“台湾国语”口语一般不读儿化。有的词如“遛弯儿”被认为只是大陆的说法。

普通话通用词语读音及轻声、儿化的规范研订，在新世纪里大陆已经取得初步成果。新的成果将会为普通话的推广、汉语的国际传播，以及两岸语音的融合确立引导性规范。

三、两岸语音形成差异的原因

两岸语音产生差异，主要是由于不同语言规范的引导、约束以及特定环境下语言自身演变两方面的原因造成的结果。为了厘清差异形成的原因，我们从规范标准和口语实际两方面分析说明。

(一) 体现于语音规范标准上的差异

1. 语音规范化的理念、原则的差异。我们很多对两岸语音差异的研究，实际是对两岸语音规范标准的研究，包括对依据规范编纂的语文辞书的对比研究。两岸的语音规范标准分别体现于两个审音表：大陆的《普通话异读词审音表》和台湾的《国语一字多音审订表》。严格体现大陆语音规范的是《现代汉语词典》和《现代汉语规范词典》等中型语文词典。从两表的制订情况来看，两岸语音规范的差异首先是规范理念和规范方向的差异。

普通话审音，其目的是规范现代汉语语音、方便普通话的学习推广、满足便捷高效地进行汉字信息处理的要求。普通话审音工作宣传与意见征集研究课题组《关于开展新世纪普通话审音工作的调查报告》将现阶段审音工作明确定位为“普通话语音规范工作”。新拟定的语音审订原则，强调了普通话的审音依据和对普通话使用者的读音习惯的尊重：普通话审音要“以北京语音系统为审音依据，北京话口语是审订普通话的唯一标准”，“充分考虑北京语音发展趋势，同时适当参考在官话及其他方言区中的通行程度”，“以往审音确定的为普通话使用者广泛接受的读音，保持稳定”。审音的任务范围包括很广，但《审音表》只提供一个基本规范，《审音表》将与其他专题语音规范一起构成完整的普通话语音规范体系。这些专题规范包括姓氏、人名、地名、专业术语、古诗文特殊读音、轻声儿化词语等。按照这样的设计，《审音表》的功能范围应限制在现代汉语通用词范围内，不能兼顾或只能允许极为有限的延伸。在审订内容上，普通话语音审订，对象主要是普通话有异读的词和有异读的作为“语素”的字，与字典、词典形式不同，不列出多音多义字的全部读音和全部义项。

台湾的《国语一字多音审订表》的编订，总目的是为了“解决一字多音在教学及使用上之困扰。审订目标在于使多音字标准化、简单化，以降低教学及日常使用中于多音用法莫衷一是之情形。”

台湾 2012 年公布的《国语一字多音审订表》审订字为 5266 个，其中利用了“单音字参考表”4003 个。列入审订表的是 1263 个字。关于审订的原则，1999 年审订表公布时附有说明。“多音字的审订细节”部分对“语音、读音之审订”“正读、又读之审订”“歧异音义之审订”“通假字音”等皆有所规定。如“语音、读音之审订”原则是：语、读二音，现今分读划然，并无混淆现象者，则仍分之。语、读二音，今读已混，可取一音者，则订为一音。无法决定者则付诸问卷。对“通假字音”并不一律排斥，“凡属口语及文言文中常用的通假字音，予以保留，列入‘通假说明’栏”。

2. 理念、原则的差异造成审订结果的差异。理念和原则决定了规范的内容、方向和目的，从而产生细节处理上的分歧。具体反映在以下方面：

（1）对文白异读的处理方式不同造成差异。“宕江曾梗通”五摄入声字有文白异读，被视为北京话的一个重要特点。大陆对文白异读字的整理有一个逐步就位的过程。大陆早期的某些影响较大的语文辞书，如 1953 年版的《新华字典》，也保留了较多的文白异读音，如“白、黑、酷肉、药、勺、凿、宅、窄、摘”等字，同时收有文读音和白读音。在台湾的《新编国语日报辞典》里这些字也都提供了“读音”和“语音”两种读法，两岸表现基本无歧异。1998 年版的《新华字典》通过审音整理，上述字并读为单音字。《现代汉语规范词典》和《现代汉语词典》也都收有文白异读音，所录常用文白异读字如“薄、剥、差、澄、逮、给、虹、嚼、壳、勒、露、馏”等（前者对某些文白读音还有特别的分辨提示）。除了两岸语音面貌相同的这些字，台湾保留了一批为大陆现代汉语语文词典剔除的文白异读音，如：“撞、抓、豉、百、白、我、黑、麦、帅、肉、

酪”等字的文读音；“避、含、茧、框、鹤、倾、脓”等字的白读音。（见《新编国语日报辞典》《重编国语辞典修订本》）

两岸对于文读和白读在并读处理或主流音的确定时，其选择有各自的考虑，人为性很强，结果自然差异。台湾辞书中的文读多出自《广韵》，白读一部分出自古音，一部分出自《国音常用字汇》。“酪”字两岸都有 lào 音，台湾还保留一文读 luò，古韵书为卢各切。lào、luò 两读也都见于《国音常用字汇》。《重编国语辞典》以 luò 为主流音，词例都读 luò，台湾《审订表》也拟定为 luò。再如“暂”字，《国音常用字汇》收有文读 zàn 和白读 zhàn，文读来自《广韵》藏滥切，大陆取文读，台湾依据《国音常用字汇》取白读 zhàn 音。值得注意的是台湾正在修订的《国语一字多音审订表》已把上面所列举的“撞、抓、豉、百、白、我、黑、麦、帅、肉”等字的文读音与“避、含、茧、鹤、倾、脓”等字的白读音全部并读为与大陆相同读音的单音字，这可以看作是两岸语文的积极靠拢。

（2）对入声字归调的不同的处理结果也形成读音差异。古入声字的归调方面，清入字的分派一般没有清晰的规律，北京话里清入字归调还有自己的表现。主要是有异读的清入字，在北京话和普通话之间因为人为干预等因素也表现出差异。普通话异读词审音委员会（1963）规定：“古代清音入声字在北京话的声调，凡没有异读的，就采用北京已经通行的读法。凡是有异读的，假若其中有一个是阴平调，原则上采用阴平。”这样一来，“咄、击、唧、浃、疖、拙、鞠、掬、昔、息、熄、惜、叔”等一大批清入字两岸读音不同，普通话读阴平，“台湾国语”一律读阳平。

入声归调的差异，审订过程中涉及“从俗从法”的问题，“从法”指遵从历史的演变规律；“俗”指北京话的口语实际。“从俗从法”取向不同，直接影响审订结果。如清入字“绩”，大陆普通话读4声，台湾读1声。“绩”在历史上仅读阴平一音，无去声读音，直到1932的《国音常用字汇》才出现去声一读。《新华字典》1990年2月第7版，《现代汉语词典》1996年的第3版才修订改为现在的去声读音。[①]“绩”字最后定为去声，是因为“绩字北京音去声念法已普遍熟习”[②]。

再如中古浊声母平声字（包括次浊），分化后现代多读阳平，但北京话多有特例，如“帆、拈、涛、危、淑”等都读阴平，普通话接受了北京话的特例，这组字都读阴平，徐世荣先生认为这就是从俗从众的结果。台湾没有这样“从俗从众”的基础，往往避开北京话的这类特例，按一般演变规律确定音读，以上古入声字归调读为阳平。

（3）大陆规范语文辞书删减了大批“又音”和“旧读”，仅有少数保留，两岸保留程度不同形成差异。“又音”一般理解为也是被采纳的音，如《现代汉语词典》（下称《现汉》）里，“嘏”gǔ，又音jiǎ；“酾”shī，又音shǎi。《现代汉语规范词典》（下称《现规》）里，未录这些“又音”。台湾一些流行的中型语文词典，如《新编国语日报辞典》收有大量的“又音”（以下斜线右边的为“又音”）。如：造zào/cào；搽chá/cā；峥zhēng/chéng；抢qiāng、qiǎng/

① 《汉语大词典》的“绩”的读音仍注为阴平。

② 徐世荣、严学军：《普通话异读词审音表释例》，高等教育出版社1997年版。

chuǎng；尴　gān/jiān；逅　hòu/gòu；皖　wǎn/huǎn；嵘　róng/hóng；械 xiè/jiè；嗟 jiē/juē，等等。

不同于“又音”，“旧读”是被排除的读音。如“长物”，《现汉》用括注提示：旧读 zhàng。“衣锦还乡”，《现汉》和《现规》的注音提示：（衣）旧读 yì。何谓“旧读”，一般语文词典都没有说明，大陆这一次审音工作讨论过程中有人提出应对“旧读”作出一个术语界定。较早提到“旧读”的是 1979 年版《辞海》，对“又读”“旧读”和“文白异读”分别做了说明。按王力先生的说法：“旧读指旧有的读音，一般符合反切演变规律，有历史根据，但与现代普通话的实际读音不合”，一个字“本有两音义，今音合流，具中一音为旧读。如‘三’①sān 苏甘切。②sān（旧读 sàn），苏暂切。”[①] 大陆辞书中一个字头下或一条词语中标明“旧读”，即提示这是一个经审定不取而被新音取代的读音。在《现汉》和《现规》里提示“旧读某”的如“长”的 zhàng 音、“胜”的 shēng 音、“衣”的 yì 音、“期”的 jì 音、“瞿”的 jù 音（瞿然）、叶（葉）的 shè 音、“哑”的 è 音（哑然失笑），等等。在台湾的辞书里，如《新编国语日报辞典》和《重编国语辞典修订本》，这些读音都是多音字中的一个音。

（4）方言和口语音在两岸的复杂表现，也造成两岸读音的差异。两岸语音差异除历史性因素，也与这类现代因素有关。大陆辞书中收有的方言音一部分是大陆独有的。如：（括号内为该读音所使用的词语举例）烊 yàng（打烊）、忒 tuī（忒小、忒贵）、蹍 niǎn（用脚蹍死虫子）、抹 mā

① 《王力古汉语字典》凡例。

（抹桌子）、靓 liàng（靓女）、节 jiē（节骨眼）、叨 dáo（叨咕）、吵 chāo（乱吵吵），等等。台湾一般的现代语文辞书收录方言音很少，常见的如：介 gà（煞有介事）和 hàn（我和你）。

口语音方面，台湾仅保留了少数原为《国音常用字汇》中收录的北京话的口语音，如隔 jiè（隔壁）、索 suó（索性）等。大陆采纳了较多的不见于台湾辞书的口语音，如：揣 chuāi（揣在怀里）；胳 gā（胳肢窝）；悄 qiāo（悄悄）；券 xuàn（打券）。

（5）对通假字音的取舍，是两岸语音的另一个差异点。按“台湾国语”的字音审订对通假字音的态度“凡属口语及文言文中常用的通假字音，予以保留，列入‘通假说明’栏”。对照两岸的审音字表可以发现，台湾保留了大量普通话中型语文词典不取的通假音。按我们的统计，台湾《国语一字多音审订表》审订后保留的通假音多达 247 个。常用字中如“不”的 fǒu 音、“北”的 bèi 音、“匿”的 tè 音、“原”的 yuàn 音、“句”的 gòu 音、“均”的 yùn 音、“被”的 pī 音、“内”的 nà 音，等等。

概括分析，两岸语音从两地语音规范的成果来看，形成差异的根本原因，在于两岸审音的目的、方向的不同，决定了任务的各有所重和操作中技术细节处理上的差异。除了不同的规范理念，两岸迥异的语言和社会环境也是重要的影响因素。审音依据一是传统，一是口语实际，即“从法从俗”的问题。根据两岸审音传统，“法”还可分“远法”“近法”，前者指《广韵》等古韵书，后者以 1932 年的《国音常用字汇》为代表。光复初期“台湾国语”推广运动的正音标准即是《国音常用字汇》。两岸分隔以后，“俗”在两岸有了不同状况。大陆曾于2012年由专业团队对500多北京人结合审音表进行发音调查，即使如此的规模还被认为覆盖面不够，而这样的调查对台湾一方就有很大的操作难度。在台湾一地，因受限于台湾本地的口语实际，在标准语上要体现北京音系，很大程度上只能靠向《国音常用字汇》。所以台湾标准“国语语音”规范的“从俗”，实质上还是“从法”，即依据《国音常用字汇》这个“近法”。如“栉”字大陆读zhì，台湾取jié音，按《广韵》阻瑟切，今音应为zhì，台湾辞书读jié，也是“从俗”，因为《国音常用字汇》定为jié音。再如“褐”字，大陆读hè，来自胡葛切。台湾读hé，没有古反切依据，但该音为《国音常用字汇》所收录，台湾从《字汇》读hé。据统计，《现汉》1507个音项，与《国音常用字汇》相同的有881个，比例为58.46%，台湾的《新编国语日报辞典》1976个音项，有1719个音项与《字汇》相同，占比87%。可见“台湾国语”受“近法”《国音常用字汇》的影响要大于普通话。这也是在台湾标准语所处的社会环境制约下的自然选择。

（二）两岸通用语口语实际的差异和形成原因

考察分析两岸标准语的语音差异，需要兼顾相应的规范标准和“台湾国语”的口语实际两个层面。大陆学者曾提出“一语两话”的两岸语言观，两岸语言学家已经具有这样的共识：“两话”中的“台湾国语”已经具备了不同于标准国语的若干语音、词汇和语法特征，正是这些特征支持着“台湾国语”已经形成一种“国语”地方变体的事实。

据台湾师范大学李振清教授的分析，经过50年的时间，台湾的“国语”已经发展演变为三种形态。①

第一类为标准国语。20世纪30年代以来，这种“国语”一直是法定的“官方语言”。但到80年代后（或更早一些），台湾已很少有人讲这种“国语”，它只用于少数教学机构，教授学汉语的外国人。第二类为标准“台湾国语”，其主要特征是不用卷舌音，词汇上带有更多本地化、现代化色彩，表现出台湾新一代的文化精神。这种“国语”通行于台湾，已成为实际的“标准国语”，不仅使用于各级学校，台湾的广播、电视等大众传媒也是这种“国语”。从使用的社会层面看，20世纪80年代初的30岁以下的年轻人，不管原来省籍如何，都能讲这种“台湾国语”。第三类为次标准“台湾国语”。1949年以后大量大陆移民涌入台湾，外省方言对台湾地区和当地闽南语都产生了很大影响。讲“国语”的人越来越多，方言特点也带进了“国语”。同上述第二类的标准“台湾国语”相比较，次标准“台湾国语”在语音上背离标准国语发音规则更远。这种次标准“台湾国语”，随着20世纪70年代以来台湾社会的发展、教育水平的提高越来越接近“台湾国语”。

从台湾通用语的口语实际来看，上述第二类所描述的标准“台湾国语”，语音上已具备多项支持其足以构成一种国语变体形式的“等化”（leveling）特征，如维基百科“台湾华语”（我们称作“台湾国语”）条目下列举的“台湾国

① 仇志群、范登堡：《台湾语言现状的初步研究》，《中国语文》1944年第4期。

语”的语音特征：平舌翘舌不分；卷舌的［er］发成［e］，“二”“饿”两字同音；［eng］作［en］、［ing］作［in］；［eng］音节出现在［b、p、m、f、w］等唇音后时，发音作［ong］；儿化与轻声近乎消失等。所谓的“等化”即指不管族群背景如何，某些发音特征在“台湾国语”里已经稳定化、普遍化的现象。

这些区别于标准国语的语音特征的形成，主要是地区强势方言闽南语的影响。近年来，两岸学者运用实验语音学的手段对两岸语音某些成分进行更为细化的对比研究，也证实了语音上闽南语对国语产生影响的事实。最为明显地表现在声调方面。大陆学者另一项研究①，比较“台湾国语”和普通话的四声调值发现：1.“台湾国语”中的阴平字调值大多为44，略低于普通话的阴平。2.“台湾国语”中的上声字多为低降或中降调型，很少出现普通话上声调的声调尾。3.“台湾国语”的发音人读阳平字的时候通常会先有一个较大幅度的音高下降，或出现一段相对较长的音高持平，然后再上升。台湾学者冯怡蓁等测得的阳平调值为323，也是开头先有一段下降，尾段有很小幅度的上扬，基本符合上述对“台湾国语”阳平字发音特征的描写②。为了考察这些调值差异产生的根源，熊子瑜的研究对比分析了发音人朗读的闽南方言（发音人出生成长在台湾，母语为闽南语），结果表明发音人的方言声调系统会在一定程度上对其国语的四声调值产生显著影响。如族群背景为

① 熊子瑜等：《台湾国语与普通话的单字调对比研究》，《海峡两岸语言与语言生活研究》，商务印书馆2008年版。

② Fon, j. and Chiang, W. Y. 1999. “What does chao have to say about tones? —a case study of Taiwan Mandarin.” *Journal of Chinese Linguistics*, 32: 249-281。

闽南语的发音人用方言读国语的阴平时，其调值大都实现为44或33，这可以解释为什么“台湾国语”的阴平调测得的数值都低于普通话的阴平调值。发音人用闽南方言读阳平时，是先有一个下降，或一段音高持平，然后是音高上升（323型），所以“台湾国语”阳平的调值不像普通话或标准国语那样的直接上升（35型）。“台湾国语”中的上声字多为低降或中降调型，很少出现普通话上声调的声调尾，也是闽南方言的影响。熊子瑜的四位发音人有一位发音人国语的发音上声字出现声调尾，少了方言影响的色彩，听起来就最接近普通话。台湾学者近期的另一项研究也证实闽南方言对“台湾国语”声调调值的影响。[①] 在一个双语人口（闽南语/国语）占70%的地区，作为通用标准语的“国语”，必然会受到强势方言影响而产生包括语音成分在内的一系列变异特征。

需要注意的是，“台湾国语”具有中介语性质，其目标语为“标准国语”。作为中介语，一方面具有相对稳定的系统，一方面因靠近目标语的程度不同，语音特征呈现“弱等化”。如“台湾国语”上声调尾一般不像标准国语那样明显上扬，但调查中发现有的“台湾国语”发音人上声调尾部有小幅度上扬，平翘舌也并非完全不分，听起来就更接近标准国语。对“台湾国语”口语的语音特征需要保持跟踪，精细观察，以做出准确描写。

① 许慧如：《在族群与语言接触下形成的台湾华语——从声学分析的结果看起》，*Language and Linguistics*，15-5，2014。

四、在两岸语言文化交流中促成两岸语音逐步走向融合

当前两岸都在开展审音工作，为了缩小语音分歧，促进语音上的两岸融合，特提出如下建议：①

（一）两岸共同编订义务教育阶段读音差异表

读音差异表以大陆和台湾地区中小学教育阶段的汉字字表为基础，进行适当整合，并结合两岸中小学语文及历史教科书，将常见的差异读音整理成对照表，供台湾来大陆或大陆赴台湾的学生参考，帮助他们认识两岸读音差异点。现在两岸的“多音字”“异读词”的再审订还没有定案，一旦正式公布，应组织开展各种形式的语音规范宣传活动，两岸读音差异表的编订应是其中一项内容。

（二）制订两岸文言文和历史教科书的异读名词审音表

我国现行字典辞书和《普通话异读词审音表》对古书中词语的特殊读音的处理存在注音取舍不一致、标准不统一的现象，有的主要来源于古代韵书和经籍注疏，有些则主要来源于现代人们的语音和读音。古书中词语的特殊读音在各种不同字典辞书里往往出现互相抵牾的现象，而这类问题的解决不是可以由《普通话异读词审音表》完全承

① 以下建议的（一）、（二）部分，主要参考杨书俊、戴红亮的《基于〈国语一字多音审订表〉和〈现代汉语词典〉的两岸读音比较研究》一文的有关部分。

担的，普通话的审音表无法充分照顾到对这类特殊读音的审订。大陆于 2002 年就启动了“古书中特殊词语的读音研究”，并于 2007 年结项。课题组全面梳理了古书中特殊读音的产生原因和现状，研究了破读音、假借读音、文字形体演变、古诗词、古韵文押韵等造成的特殊读音，探讨了古书中特殊词语的读音与现代汉语读音规范化的问题，提出若干审订的原则。这项工作若能做到两岸协商解决，统一策略，将对民族传统文化教育、两岸的文化交流合作以及中华文化的国际传播产生积极影响。

（三）处理好轻声、儿化问题

处理好儿化、轻声问题，除了利于方言区学习普通话，也可为台湾语音标准的制定提供规范性参照。普通话通用词语读音及轻声、儿化规范于 2002 年立项，2011 年 11 月结项，研究成果为《普通话常用轻声词表》《普通话常用儿化词表》及其研制报告。对于轻声、儿化读音规范问题的解决，课题组拟定了几条工作原则，第一，尊重语言事实。普通话以北京语音为标准音，尊重语言事实就是重视一个词在以北京话为核心的广大北方地区的实际读音。第二，适当照顾系统，即同一类型（包括含有同一语素）的词语在处理上尽量一致。第三，有利于方言地区人学习普通话。第四，注意尽量与已有的国家标准及有影响的辞书一致。从最后形成的两个词表《普通话常用轻声词表》和《普通话常用儿化词表》看来，仅有 333 个轻声词、104 个儿化词，审订结果很好地体现了审订确立的原则。原则的第三条“有利于方言地区的人学习普通话”，实际上也适用于两岸语言的交流和融合。

第五讲

两岸共同语词汇差异及沟通策略

普通话和“台湾国语”的差异如按程度的大小作梯度排列，依次是词汇、语法、语音。词汇是一个开放系统，是语言诸元素中最活跃的部分，普通话和“台湾国语”的主要差异表现在词汇方面。

20 世纪 50 年代大陆发生了翻天覆地的变化，政治制度、经济体制、社会关系、思想理念以及文风建设等都掀开全新的一页，社会的这一巨变，突出地表现在最敏感开放的词汇系统上。旧的话语系统被迅速更新，大量新词、新义井喷而出。这一时期，被很多学者看作五四运动以来现代汉语发展史上具有里程碑意义的一个新阶段。

在台湾则是另一种情况。虽然“国语”在台湾落地生根，但由于与大陆的长期隔绝，“国语”在台湾所处的是一个特殊的社会环境。与“国语”的基础方言的脱离、强势地域方言的影响、不同的语文政策以及迥异于大陆的社会制度，这些因素使同一标准语在两岸的发展和表现呈现出不同的面貌。台湾虽然始终坚持以“国语”为标准语，但长期孤立在一个与标准语的基础方言区隔绝的环境里。这种“孤立远源”的状态，一方面使“国语”在台湾的标准取向，更多靠向了20世纪50年代前底层带有南方官话色彩的书面语。反映在词汇系统上，一方面，文言性传承词（古语词）数量较多，一些在大陆普通话里沉寂的古语词仍活跃在“台湾国语”里。另一方面，处于这样一个社会环境，强势方言加剧了对标准语的影响。台湾人口两千万，其中闽南人占百分之七十多。“国语+方言（闽南语）”的双语人口也达到百分之七十多（黄宣范，2008）。在这样一个双语型社会里，闽南方言在词汇层面上给“台湾国语”打上深深的烙印。

一、两岸词汇差异在几方面的表现

（一）20世纪50年代以来的两岸新生词语

一般认为，1919年是现代汉语与近代汉语的标志性分界点。从1919到1949年整整30年时间，自此以后，现代汉语标准语在声气不通的两个区域内演变发展，结果是生成普通话和“台湾国语”两个变体，形成“一语两话”的局面。从词汇系统来说，“两话”会有一个交集，这个交集我们称作“传承词”，如果加以切割，传承词以外的部分应是两岸新造词。非两岸共有的新造词属两岸标准语的差异词，时间的上限为20世纪50年代左右。

1. 独有的新生词。“独有”的含义指词义反映的内容为一方独有的。大陆的如：“房补、福彩、下岗、离休、回迁、妇联、知青、居委会、汉语拼音”。台湾的如：“民代、泛蓝、泛绿、桩脚、防护团、十八趴、二一退学”。

“独有”也指一方所有而另一方在词汇单位层面上不能建立与之同级对应的词语，虽然语义表达的概念不是“独有”的。大陆的如：“干红、干白、单位、主食、小日子、一条街”等。台湾的如：“夯、奥步、两光、免治、机车”等。“干红”“干白”分别指不带甜味的红葡萄酒和白葡萄酒；“小日子”指人口不多的小家庭的生活，多用于年轻夫妇；台湾的“机车”含有爱挑剔，做事不靠谱等意思。在概念的表达上，两岸没有对等的词汇单位。

两岸共有的一些词语，在一边特指化、熟语化后，也应看作是独有的单位。大陆的如：“插队、管制（量刑的一种）、做工作、泼脏水、撂挑子、能上能下、思想准备、两条腿走路”。台湾的如：“干洗、白手套、不粘锅、开天窗、闹双包、老不修、无感复苏、安全上垒、歹戏拖棚”。

2. 异名同指的新造词。指称同一事物你用A，我用B，即所指相同、词形有异的同实异名词语（或叫同实异形词）。如：“高压锅—快锅、短信—简讯、半决赛—准决赛、出版物—出版品、保修—保固、保证书—具结书、爆炸物—爆裂物、步行街—徒步区、查体—健检、创可贴—OK绷”，等等。

异名词不一定都是一对一的关系。如：“铲车/叉车（陆）—铲运车（台）、搓板/洗衣板（陆）—洗衣板（台）、打印机（陆）—列印机/印表机（台）、半圆仪/量角器（陆）—量角规/半圆规/量角器（台）”。

3. 同形异义词。指词形相同，词义无关联的词语。这类词数量比较少，几乎是可列举的。其中包括：

（1）类别概念相同的异义词：“公车（陆）—公车（台）、工读生（陆）—工读生（台）”。“公车”大陆指供单位人员因公出行使用的公家的车辆，台湾指公交车。“工读生”在大陆指在工读学校接受教育的学生，被看作是有问题的学生。台湾的“工读生”指利用课余时间打工的学生。与“异用词”的主要区别在于，异用词具有两岸共有的一个或一个以上的义项。如异用词“班车”有三个义项：①按固定线路、固定时间行驶的客车。②为职工上下班或接送学生安排的专用车辆。③为某些活动专门安排的人员接送车。①是两岸共有的义项，②和③是大陆特有的（在这两个义项上台湾叫交通车）。“同词异指”的“同词”是相同词形所指不同；“同词异用”的“同词”是指同一个词。

（2）类别意义不同的异义词，即“同名异实”的两岸同形词，如“脱产、破格、机车”等。“脱产”在台湾义为转移或出让财产，例如：为免债务人刻意在过世前二年脱产，法案也规定，在继承开始前二年内所接收的赠予也视为遗产。“脱产”一词中“产”的语素义两岸不同。“破格”除两岸共有义，在台湾还指做出让人不愉快的事；把事情搅乱：我家这几天要办喜事，你不要来破格，说一些有的没的。“机车”大陆仅指用来牵引车厢在轨道上行驶的动力车。台湾国语“机车”一义指“机器脚踏车”，另外还用作形容词，义为爱挑剔；让人讨厌：

她坦承专辑制作时要求高，甚至觉得自己很机车。天气这么热没有冷气、集体洗澡，限时 3 分钟，有的主管很机车，太多不公平的事了，没有人权。

现实中，那些机车骑士有时真的是很机车，他们常常也不管你方向灯打了多久，照样爱在你的车屁股钻啊钻。

（3）具有反义联系的同形词，或叫“同形反义差异词”如“窝心、高姿态、扮白脸—唱白脸”。“高姿态”在大陆指待人处事表现出谦和、宽厚、重在责己的态度。例如：

任何偶像总有谢幕的那一天。把空间留给别人，既是形势所迫，也是一种高姿态。

“台湾国语”里“高姿态”的意思是指自以为优越，不能平等待人的态度。例如：

一对家境都不错、相恋多年的大学生，原计划今年毕业后结婚，没想到双方家长在讨论婚事时，均以高姿态比来比去，互不相让，一桩美好婚事因此破局。

真正的原因，除了本土畜牧业者担心美牛进口影响其生计之外，一般民众对于老美一直以高姿态强逼台湾接受美国的要求，心中感觉不爽以致刻意抵制。

在两岸经贸往来的初期，台湾由于相对经济实力较强，握有较多的筹码，摆出了高姿态。但是，多年来大陆的快速发展，而台湾经济发展却迟缓，筹码已经转向。

（二）两岸方言词

如果以进入“国语”或被“国语词典”收录为标志，这类方言词也称作“方源词”，即被标准语吸收的来源于方言的词语（一部分也许尚未被完全“吸收”，还处在不稳定的中间状态）。联系两岸来看，方言词的情况比较复杂。根据两岸语言社区环境的特点，以“台湾国语”为观察点，可分为两类：一类是一般方言词，一类是闽南方言词。我们对两岸词汇系统进行比较时采取这样的划分，主要是考虑到在台湾这个相对封闭的空间里闽南方言对“台湾国语”的深度影响。

1. 一般方言词

“台湾国语”中的一般方言词指闽南方言以外的方言词，如北方方言、吴方言、粤方言的方言词，包括早已进入早期国语的方言词以及1949年前后由大陆方言区或港澳地区传播过去的方言词。如见于台湾一般语文辞书的“胰子、成心、得劲儿、炒鱿鱼、冲凉、瞅见、别苗头、阳春面、包心菜、驴打滚、拆烂污”等。

我们可以根据两岸辞书对方言词的记录，比较方言词进入标准语的情况，以及两岸标准语词汇系统中方言成分的差异。大陆《现代汉语词典》凡方言词都标记为〈方〉。《现代汉语规范词典》（简称《现规》）是另一种处理方式，比照《现汉》，相应词语要么不收，若收，一部分加提示语“某些地区指”，一部分标记为〈口〉，或不加任何标记。台湾的辞书我们以《新编国语日报辞典》（简称《国语》）和《重编国语辞典》（简称《重编》）作为比较参照。为了论述方便，我们把《现规》的“某些地区指”视为〈方〉。对比两岸的辞书，标准语词汇系统中一般方言词的表现大致有以下几种情况：

（1）台湾《国语》或《重编》不收录，《现汉》标记为〈方〉，《现规》标为〈口〉的，如“添堵、背字儿、备不住、变蛋、宝贝疙瘩”。

（2）台湾《国语》标记为〈方〉,《现汉》《现规》不标记或标记为〈口〉的，如“扯皮、找碴儿、抓瞎、缠手”。

（3）《现汉》《现规》都标记为〈方〉,《重编》用“XX”的别名为释。如“苞米”，玉蜀黍的别名。“包心菜”，甘蓝的别名。《国语》收有“包心菜”，未作标记，未收“苞米（包米）”。

（4）《现汉》标记为〈方〉,《现规》标为〈口〉（或无标记）,《重编》和《国语》均无标记说明。如：“出溜、把家、杯葛、泊车、半晌、天晓得。”

以上一、二两类两岸辞书明显反映不同，台湾辞书不予收录的表示不被认可为“国语词”；大陆辞书已经不设方言词标记而台湾仍标记为方言词的，也应看作两岸的方言差异词。三、四两类，两岸都认为所收收词语已进入标准语词汇系统之内，在“台湾国语”里方言色彩更弱的，可不看作差异词。

还有一种情况,《现汉》标记为〈方〉,《现规》不予收录，如“熬磨、笆篱子、白相、摆平（惩治；收拾义）、包心菜、爆料、吃力（疲劳义）、扁食、宾服（佩服义）、扯白”等。《现规》之所以不收，我们认为《现规》不把这类词语看作“方源词”，仍然视为使用范围窄小的方言词。据统计,《现汉》第4版收录而《现规》拒收的方言词有1139条，占方言词收录总数2677条的43%。两典对方言词的态度不同，以《现汉》为标准或以《现规》为标准，比较的结果就会不同。台湾辞书也不收录或标注为方言的，如“吃力（疲劳义）、扁食、背字儿、爆料”，若以《现规》的判定为准，两岸意见一致（这几个词《现规》未收录，被视为非标准语成分）；以《现汉》为标准，两岸就有差异。

有的学者认为："《现汉》的词汇规范观是广义的大语文规范观，它追求社会需用词汇的最大公约数，力求在通用性与规范性之间寻求词典的普适性的最大空间。"① 而《现规》更强调体现规范，追求规范。反映在方言词的收录上差异很大，比较《现汉》第 4 版和《现规》第 2 版，都标为方言词且义项基本相同的仅 254 条。两岸标准语中方言成分的研究还不够深入，所以，比较一般方言词在两岸标准语中的分布状况，可以做整体性考察，很难划出清晰的边缘。

2. "台湾国语" 里的闽南方言词

"台湾国语" 中方言词的显著特点是多来自闽南方言。姚荣松教授指出："在本文所讨论的台湾当代报刊书面语中的方言成分，我们几乎只找到闽南语的例子。" 口语交际更是如此。(姚荣松，2000)

"台湾国语" 吸收闽南词语的形式不是单一的，我们参照 "本字" 的使用情况分成几个类型。为了称说方便，我们所说的 "本字"，指有文献支持、推荐的或社会常用的字，与传统定义有所不同。记录闽南语的文字比较复杂，有关标准又相当 "宽容"，造成方言用字的纷乱。2001 年起台湾开设乡土语言课程，闽南语是主要内容。鉴于教材和社会方言用字的各行其是，台湾教育事务主管部门于 2007 年 5 月公布了第一批《台湾闽南语推荐用字》，直到 2009 年，前后几批共推出 700 个字。2008 年 "台湾国语

① 李建国：《再论〈现代汉语词典〉与词汇规范》，《辞书研究》2006 年第4 期。

会”编纂推出《台湾闽南语常用辞典》网路版（下简称《常用辞典》）。网络版的推出，目的就是为了方言用字标准化。标准化不仅有利于闽南语的教学和推广，某种程度上也规范着闽南方言词语进入“国语”的形式。

根据方言词的书面表现形式，进入“台湾国语”的方言词有以下几种类型：

其一，在“国语”书面语中，引进的方言词语与其本字一致的，如：“阿祖、阿伯、阿公、牵手、查某、查埔、歹势、撇步、郁卒、白包、斗阵、保庇、黑手、伴手”。这些词语出现在报刊上的形式也是《常用辞典》中用字的形式。但有时报刊有自己的习惯用法，与《辞典》不尽一致。如常见于书面记录的表丈夫意义的“尪”，《常用辞典》采用的是发音完全相同的“翁”。“鸭霸”是媒体多用的形式，《常用辞典》是“壓霸”（《联合知识库》“鸭霸”690笔，“压霸”6笔）。从本字严格的意义上判定，“压”比“鸭”更接近词义，但也很难说就是本字。据有关调查，闽南语中义为蛮横、不讲道理的a-ba，汉字写法就有“亚霸、拗霸、掗霸、鸭霸、偓霸”多种形式。（吴晓芳，2013）

其二，使用训读字。很多方言词语被借义不借音地用于“国语报刊”，选用字与所取代的本字仅在意义上相同或相近。如报刊上常见的“抓～”，如“抓狂、抓龙、抓包、抓猴、抓兔子”。“抓”本字为“掠”，读liah音，在《常用辞典》里，该组词语为“掠狂、掠龙、掠包、掠猴、掠兔仔”。“乌白”（乱来；随便）写作“黑白”，取“乌”与“黑”同义。“走透透”，本字形式为“行透透”，其中的“行”保留了古汉语的本义，即用现代汉语的“走”表达的意义。值得注意的是，一部分只按本字音读的训读字，在台湾和大陆都有了国语音的读法，如“抓狂”读作 zhua kuang 而非 liah kong。

其三，使用假借字（或叫借音字）。见于“国语”媒体的这类字，有“本字”不用，而使用一个与本字音同或音近的字。如方言中的“家婆”改写作“鸡婆”，“家”（白读音）与“鸡”都读作 ke。“四配”（般配）sù-phè 在报刊上一般作“速配”，“速”字仅表方言的读音，与词义毫无关系。有的词语方言与“国语”相同，也取用意义毫不相关只是与方言音近的字，如以“冻蒜”代“当选”。前者按“国语”音来读更接近方言的实际发音。闽南方言里表“戏谑；嘲笑”义的“诙”，“国语”里写成“亏”，该字的“国语读音”与闽南语的“诙”khue 很接近，语义上也有可联想的地方。“啥物碗糕”在报刊上使用频率很高，一般作“虾米碗糕”或“啥米碗糕”。“虾米”“啥米”的“国语音”近似“啥物（什么）”siánn-mih。在《联合知识库》里检索，“虾米碗糕”20 笔，“啥米碗糕”80 笔，借音记写的共 100 笔，而本字形式的“啥物碗糕”未见一笔。有的借音字（假借字）也兼顾了义的方面。如“吐槽”，本字为“黜臭”thuh-tshau，用“吐槽”的写法读音更接近实际发音，而“吐”字也有语义导引作用。正因为“吐”的字面意义，该词在大陆流行开来以后词义又有了新的引申。有的方言词语，其中用字也是常用字，仍然借音记写。如义为“好处、好东西”的“好空”hó-khang，进入“国语”里记写为“好康”（已收入《重编国语辞典》）。用“康”代“空”，按“国语”发音非常接近该词方言的实际读音，而且字面义上前者比后者更容易被社会接受。

其四，利用方言成分在“国语”里二次生成新的词语。“伴手”台湾闽南语的一个词，本身就是礼品的意思，进入到“国语”后又加上一个“礼”，构成“伴手礼”，在《联合知识库》里可找到8000多笔。该词也传播到大陆（大陆闽南语原无“伴手”），在福建很多城市，随处可见作为广告用词的“伴手礼”。闽南方言中一些词缀性质的成分，在“国语”里也很活跃。如“阿”字，多用于表亲属关系，“阿公、阿祖、阿爸、阿娘、阿伯、阿兄、阿嫂”等都进入了“国语”。也可加在名字（名字中的一个字）前表贬抑或无距离感，如阿扁（陈水扁）、阿菊（陈菊）、阿民（王建民，著名运动员）。还可以表某一类人：“阿舍、阿兵哥、阿杜仔”。“尬车”本字为“较车”kà-tshia，即飙车，假借为“尬”，由“尬车”构成“尬网、尬舞、尬球、尬行头”，比拼什么都可用“尬”。“黑白X”（随便；乱来），源自闽南语里的“乌白”（随便；乱来），“国语”媒体里还可以看到：“黑白讲、黑白画、黑白猜、黑白演、黑白弹、黑白唱”。观众还可以“黑白欢喜”。“走透透”中“透透”有完全彻底的程度义，由此有了一系列“~透透”，如“喝透透、玩透透、看透透、吃透透”。甚至握手握得多，可以说“握透透”。

（三）两岸外来词

从50年代到改革开放的1978年，近三十年时间里，大陆普通话词汇系统随社会发展而有了巨大变化。但在外来词方面，由于这一时期基本是一个对外封闭的社会环境，同普通话词汇的其他方面相比较，给人的是一个“滞后”的印象。1978 年版《现代汉语词典》收外来词 366 条，超过 20 条以上的，英语 229 条（注明英文原文的），法文 21 条。不计 19 世纪初大量引进的日语借词，新引进的（带有日源的标注的）仅有 2 条。与刘正埮、高名凯等人 1984 年编纂出版的《汉语外来词词典》以及台湾 1981 年的《国语日报外来语词典》相对照比较，其中的英源外来词基本是 20 世纪 50 年代前引进的。我们比较 1978 年版《现代汉语词典》收录的音节以 A 起头的全部外来词，除了“爱斯基摩人”和“盎格鲁撒克逊人”两条，《汉语外来词词典》按自己的体例未收以外，全部在《汉语外来词词典》的收词范围之内，而后者主要取材于 60 年代以前的文献，其中出现的英源外来词，引进时间要更早一些。

改革开放以后，中外文化和经贸交流进入了新阶段，出现了外来词引进的又一次高潮。2004 年出版的《现代汉语规范词典》收词共 68000 条，外来词 682 条，占总条目的 1%。其中主要是英源外来词。《现代汉语规范词典》外来词收录的数量某种程度上反映了 20 世纪 80 年代以来汉语外来词的发展状况。虽然各语文词典对外来词的认定和收录原则不同，很难对收录条目作精确的量化比较，但对外来词改革开放以后的发展趋势大家是有共识的。《现代汉语词典》第 6 版增收的新词，很大一部分是外来词，如“博客、微博、丁克、晒、粉丝、嘉年华、脱口秀、宅急送、通勤、定食、手账、过劳死”。有些如“宅男、宅女、达人”，也是由日语辗转借用而来的新词。

20 世纪 80 年代以前，台湾在经济和文化交流方面较大陆开放要早，不仅在科技领域，外来词也大量进入大众媒体和民众日常生活。比较显著的两个特点：一是20世纪80年代以后日语借词直接或间接（通过闽南语）被引进到“台湾国语”，一是在外来词影响下产生了一些新的构词成分和构词方式。一些外来词语素化，在“台湾国语”里表现出很强的能产性。如“～族”“～秀”“后～”等。

比较两岸外来词，其间差异在三个方面。

1. 引进结果的差异

广义的外来词分为外来概念词和外来形式词（telephone译作“电话”属外来概念词，早期汉语译作“德律风”，就是外来形式词）。翻译过程中从源语到目的语的这两种转换方式的不同，我们归之为引进结果的差异。如大陆有“克隆”，台湾则用“复制”；大陆的“逻辑”，台湾多作“理则”；大陆的“B超”，台湾作“超音波”；大陆的IP卡，台湾说“电话卡”；大陆的“因特网”，台湾作“网际网路”；derby一词指同一城市或区域内两个代表队之间的体育比赛，也指同一范围内两种力量的竞争。大陆以音译形式“德比”引进该词（已见于《现汉》第6版。港澳也作“打比”或“打吡”），台湾一段时间是缺位状态，可能在大陆或港澳影响下，近年才始见使用。同样，也有很多外来词是台湾独有独用、大陆没有或后从台湾引进的，如“血拼、销品茂、亚克力、优格、幽浮、恩可、芭乐、奶昔、起司、镭射、安非他命”等。

2. 引源的不平衡

“台湾国语”中引进大量日语借词（很多还是经由闽南方言进入“国语”的日语词）。“台湾国语”中的日语外来词可分为三种类型：

（1）采用与日语发音相近的汉字，如“欧巴桑（老大娘）、甜不辣（一种日式食品）、酷索（搞怪；丑化）、写真（拍摄人像）、沙西米（生鱼片）、阿娜达（青年恋人之间的互称）、卡哇伊（可爱的）、阿莎力（干脆；直截了当）、奇檬子（心情）”等。

（2）采用日语词形但不按日语的发音，如“油切（可去除脂肪的）、瓦斯、中古（半旧的；二手的）、料理、便当、鱼干女（不愿意恋爱、建立家庭的女性）、败部复活（失败、落后的形势得到扭转）”等。

（3）源自英语“借道”日语的外来词。如“红不让（英语 home run 全垒打）、拖拉库（英语 truck 卡车）、秀逗（英语 short 脑子不正常）、槓龟（英语 skunk 全盘皆输）、麻吉（match 相配；伙伴）、马杀鸡（massage 按摩，或作马萨基）、hito（英语 hit 流行）”。第三类在台湾闽客方言里较多，相当一部分没能进入“台湾国语”或在新一代台湾人中已经弃用。如“卡棒（提包）、见本（样子、样品）、连斯（镜头）、西林达（气缸）”等。

3. 译写形式的差异

不考虑在外国人名地名的译写上的明显差异，两岸外来词译写形式的差异主要在科技名词术语和一般用词两个方面。如“黑客—骇客、声呐—声纳、的确良—达克隆、艾滋病—爱滋病、迪斯尼—狄斯尼、来复线—来福线、达姆弹—达姆达姆弹、桑拿浴—三温暖、马克思主义—马克斯主义、冰激凌—冰淇淋/霜淇淋”等。

4. 字母词的差异

作为外来词中的一类，按词语形态命名的字母词在两岸“大同”之外也有“小异”。字母词不完全是新品种，20 世纪 30 年代以后，“老国语”也出现少量字母词，但一直被看作是特殊的历史性的个案。20 世纪 70 年代后，“台湾国语”开始涌现出一批西文字母组成的字母词，开始叫“转借词”，如卡拉 OK、PU 人工跑道、H 签证、DIY、E 型女性等。这类字母词不但在台湾繁衍开来，很快也影响到大陆。比较两岸字母词的“小异”，有这样几个方面：

（1）因为所指的独特性而为一方独有的字母词。如台湾的 GMP（“国家优良作业规范”）、CAS（“国家农业标准”）、A 段班、B 段班、X 金卡、Lady's 卡。大陆的如：GB（国家标准）、RMB（指人民币）、A 股、B 股、PSC（普通话水平测试）。

（2）对共有事物或一般概念的字母词个性表达。包括“同实异写”和“同实特称”两大类。“同实异写”指在字母词的汉字部分或字母部分的差异，如：NBA 篮赛（台）/NBA 篮球赛（陆、台）；维他命 C（台）/维生素 C。F16 战机，台湾也写作 F 十六；A 型禽流感或禽流感 A 型，台湾作 H5 型禽流感。有时两岸不对称使用字母词，有些为一边专用的表达共有事物或一般概念的字母词，我们归之为“同实特称”字母词。如台湾的 T 霸（大型广告牌）、M 型社会（贫富两极化的社会）、OK 绷（创可贴），大陆以非字母词表达；大陆的 B 超，台湾相应的是非字母词“超音波”，大陆的 U 盘，台湾多说“随身碟”或“大拇哥”。

（3）方言转写字母词。“台湾国语”使用大量的以西文字母转写方言词语的字母词。一般转写音节的首位字母。如：UK（幼齿，义为年轻无知）、SDD（水当当，义为水灵漂亮）、LKK（老扣扣，义为老态十足）、SGB（神经病）等。这类转写式一般按闽南方言词语的方言读音转写。如UK幼齿，闽南语 iù-khí；LKK老硞硞（也作老痀痀，或老扣扣），闽南语 lāu-khok-khok；SGB神经病，闽南语 sîn-king-pīnn。

因为字母词的来源和形式特点，在两岸交流广泛深入开展的今天，其间的差异愈来愈小。我们统计《全球华语词典》中后附的“西文开头的词语”，162条里面，港澳新三地通行的为27个，台湾或台港通行的9个，大陆（包括港澳地区）通行的为28个，从两岸来看，其他98个为两岸通用的。受该词典收录原则和范围所限，这个统计可能不够准确，但可以说明一个大致的趋势。

（四）两岸传承词语的差异——同词异用现象

由于两岸标准语的渊源关系，两岸词汇系统有一个交集。交集部分是两岸共有词语，包括现代汉语传承词和古汉语传承词。两岸的现代汉语传承词，指两岸的语言生活中仍然在共同使用的词语。如“国家、土地、现在、岁月、学习、准备、安静、高兴、已经、大约”等。这是两岸词汇系统中的最基本的也是占比最大的部分。

古汉语传承词，指除保留在文献典籍，在两岸或其中一方的语言生活中不再使用的词语。如：1.（举“客”字头下的词语）客丁、客女、客冬、客岁、客邪、客僧、客槎等；2. 底定、酬庸、关说、倦勤、秘辛、宣导、借箸、随扈等。第一组仅见于古文献或古典风格的书面语中，两岸现代汉语标准语都不再使用；第二组大陆不用了，但仍不同程度地活跃在“台湾国语”里。

通行于现代汉语中的传承词，由于两岸半个多世纪的隔绝，在两岸也有了不同步的演变，主要反映为同词异用现象。这类差异词，有人称之为异用词，或同词异用词、同形同义异用词。

如果把词义结构分为基义和陪义两部分，两岸的差异主要在陪义部分，表现为词义外延大小、情感色彩的反差以及引申演变结果的不同，等等。“夸张”一词，在两岸基本义同，但在台湾不仅指言语夸张，也指行为过度。“干粮”除了两岸的同解部分，在台湾特指宠物的食品。“笼络、充斥”大陆多用于贬义，台湾则呈中性色彩。

按引起词语异用的原因，我们把异用词分成以下类型：

1. 名物概念外延大小的异用

语义学、逻辑学的“外延”指适合于某一概念的一切对象，即概念的适用范围。“干粮”指外出携带的或在家食用的干的面食，“台湾国语”的“干粮”除了指供人食用的食品，还指喂养宠物的固体食品。“小朋友”两岸皆指儿童和用于对儿童的称呼，台湾还指未成年子女。“班车”基本义是“按照排定的时间、路线开行的车辆”，在大陆指客车也指为接送职工上下班和参加某项活动的人员安排的车辆，这一意义上台湾叫“交通车”。“关系”一词义为事物间相关联的状态。在大陆所关联的方面要稍宽一些，还包括个人跟所隶属的组织单位的联系以及反映这种关系的书面文件，例如：组织关系、工资关系、人员调动要转关系。再如“人士”一词，在大陆一般指“在社会上有影响或地位的人物”。方清明教授曾对“人士”一词在“语料库在线”的308例，用Aantcon软件进行了分析，发现普通话中的“人士”绝大多数是中性的或者褒义的，不能用于贬义；[①] 在台湾，“人士”则可作“社会上一般人的统称”（据《重编国语辞典修订本》），而且也可指个体，例如：“一名伤残人士”，甚至可以说“犯罪人士”。

2. 因比喻、借指、特指等引申活动的不同步表现形成的异用

因为“约定俗成”的社会环境不同，同一个词或短语在两岸会有不同的比喻引申，不同的借指或特指用法。如“旗帜、长线、人梯、霸王、干洗、全垒打”。“旗帜”在大陆除一般指称义还指可做榜样的或有代表性的事物。“内功”也指人或团体内在的能力和水平。棒球术语“全垒打”在台湾还借指大获全胜或把事情处理得很圆满，例如：上次“立委”选举，我们在此掉了两席，希望这次能全垒打。“淀粉”指一种碳水化合物，在大陆也特指烹饪用的淀粉（也叫“生粉”“团粉”），即台湾的“太白粉”。

短语通过比喻引申，有了凝固的意义，例如“攻关”（比喻努力突破难点）“割肉”“泼脏水”（比喻把坏名声加给人）“短平快”“吃小灶”等，在大陆都获得了可收条立目的稳定形态。台湾的则如“灌水、漏气、搓汤圆、好兄弟、假投票、开天窗”。这种引申演变在“一语”分为“两话”之后，很少有在两岸同步发生的，从而形成丰富的

① 根据方清明教授提供的资料。

异用词语。

3. 动词表行为动作的相关语义要素的差异

与行为动作相关的语义要素指施动者、关系对象、动作的方式、行为目的等。“夸张”的基本词义是“超过实际程度”，大陆只用于言语行为“言过其实”，“台湾国语”也可用于行为动作“行过其度”。“加入”受英语影响，在“台湾国语”里可带人称代词宾语。“笼络”在“台湾国语”里，其行为手段可以是正当的，行为目的上也不一定是拉拢别人为自己谋取不正当利益。“批判”是大陆普通话的一个常用词，关涉对象为性质严重的错误思想或言行，“台湾国语”里“批判”的对象则为缺点、错误或令人不满意的地方。下面我们以“批判”一词在“台湾国语”中的用例显示两岸的明显差异。例如：

笔者昨日到校后，接连两位学生来电询问作文成绩。阅卷委员在脸书发表感想，批判学生负面思考文化，引发考生恐慌。

有一位建中学生，在校方不知情的老师陪同下，假冒另一位考上台湾大学医学系的同学接受媒体访问，引发社会关注。消息曝光后，引发正反两方的论辩。有媒体连发多则新闻批判该生行为，认为玩笑开过头了，行为不当。

一部分媒体批判当局决策鲁莽失策。

在以色列总统面前，他公开批判以色列的军事行动。

美国总统特朗普宣布退出巴黎气候协议时，同时点名批判印度从这项协议获取不计其数外国援助的利益，引来印度愤怒驳斥。

以上各例，在大陆普通话里都不会用“批判”一词。

4. 表现为情感色彩差异的异用

“叫嚣”在普通话里贬义色彩较强，台湾表达“带着较激烈的情绪大声呼喊”的意思也用“叫嚣”，不一定作贬义理解。如：

蓝绿两营女“立委”巾帼不让须眉，彼此拿着麦克风叫阵，宛如缺乏节奏感的Rap饶舌歌手，场面十分逗趣。……休息时，还不忘拿出喉糖，润完喉再与对方叫嚣。

在红姑面前，任何叫嚣性感的女子都会输得一败涂地。性感一词被她演绎得淋漓尽致。

马英九在亚洲现代美术馆揭幕典礼演讲，……刘姓女学生在会场外叫嚣发传单。

上例中的“叫嚣”，从整体语境来看，使用者并没有贬损的情感倾向。

异用词中某些动词色彩义的对立，往往与行为动作关涉的对象和范围或行为目的相关。“充斥”在台湾其关涉物并不一定是不好的、令人厌恶的东西，从而呈现中性色彩。例如：

民歌运动面对当时台湾岛内西洋音乐充斥街巷的状况，提倡“用自己的语言，创作自己的歌曲”，期间走出了众多知名音乐人。

过程中老板与这名网友的对话充斥着满满的人情味，文一PO出便引来网友大赞，直言太温暖。

闺房中，粉色的电视柜，粉色的衣橱，玫红色的地毯、椅子，行李箱也是紫红色的，就连在家穿的居家服也是嫩粉嫩粉的，充斥着少女的气息。

5. 通用词语在两岸的单方术语化形成异用

“管制”一义为“强制性管理”，在大陆还有作为法律专用语的另一义。《中华人民共和国刑法》规定的“刑罚”种类有五种，第一种就是“管制”，并规定管制的期限为三个月以上二年以下。在法律意义上“管制”和“强制”不同，按《中华人民共和国行政强制法》对当事人施行“行政强制措施”的情况，就不能用“管制”。“地址”一词《规范词典》有一个义项意思是电脑在网络中“所在的地点”，即常说的 IP 地址的“地址”。“地址”因在普通话中的“专指化”获得新的用法，在“台湾国语”里相应的说法是“位址”。动词“默认”作为电脑术语有了专指化的含义，即无人工选择的情况下电脑按照它已经配置好的参数进行设置，这个用法，台湾叫“预设”。

6. 语法功能差异的异用

在“台湾国语”里，“帮忙”“提速”“回去”等词带宾语。动词“说”语法化为类似英语中的具有小句引导作用的 that、which（觉得说、认为说、以为说、知道说）。“透过”用作介词，义同“通过”。（这一用法《现汉》第 6 版标记为〈方〉，《现汉》第 5 版和《现规》未设此义项）形容词“不错”在普通话一般作谓语或在句中做独立成分，但“台湾国语”受闽南语影响，可用于动词之前构成“不错吃、不错看、不错听”的说法。有的学者（徐复岭，2013）对某些词语在两岸标准语里表现出的语法异用现象有比较充分的分析。

7. 在词语使用频率上反映出的异用

有些词语不论是基义还是陪义在两岸都很难说有什么

不同，只是表现为使用频率的差异。最常见的是古汉语传承词在两岸的频率异用。如“关说”（代人陈说；从中给人说好话），常见于古代汉语、近代汉语，早期现代汉语也见使用。在“台湾国语”里“关说”为高频率用词，台湾联合知识库记录有3000多笔。大陆的现代汉语辞书，仅《现代汉语词典》收录，标记为〈书〉，《现代汉语规范词典》未收。[①] 国家语委的《语料库在线》现代汉语部分（2000万字语料）没有一例。CCL语料库中有69条，抛除非结构组合（老关说｜海关说｜咬紧牙关说），共有11例。其中台湾作家高阳小说录2例，来自台湾的报道2例，引《现代汉语词典》2例，金庸小说1例，郁达夫作品《茑萝行》1例，其他三例也非现代汉语的普通用法（如“尝为人关说，帝怫然曰”）。

不仅是古汉语传承词，也有一批现代汉语的频率异用词。如“借条/借据”一组。台湾《重编国语词典》两词都被收录，但根据调查，台湾本地人认为台湾多用“借据”，很少说“借条”，更没有“打借条”这样的说法。据香港泛华语地区汉语共时语料库（LIVAC），“借条”一词大陆的出现率为86%，台湾仅2.21%。

有些传承词在高频使用中，本来的语义在“台湾国语”里也发生了或大或小的变化。如“底定”（达到平定；安定）、“贵人”（地位尊贵的人）、“开讲”（宣讲）、“苦主”（命案中受害人的家属）。“底定”现多用作“确定”义；“贵人”在台湾多指“给人很大支持、帮助的人”；“开讲”

① 《汉语大词典》也未收“关说”，而在“关”字头下的“关营”一词的释文却出现了“关说”：“关说营求”。

即“演讲；演说”；“苦主”多用来指一般受害者、受损者。

8. 由于两岸的制度和习俗文化的内涵差异形成的异用

“客座教授”在两岸共同的一点，都是被某大学聘请而编制不在该校的教授，不同的是台湾的“客座教授”有固定的聘期，在聘期内每周都要按固定的课程安排上课。大陆往往只是挂一个“头衔”，有的同时兼任好几所大学的“客座教授”，讲学、上课不定期，甚至从来没有在聘任单位上过课。“服务员”一词台湾一般在书面语中使用，不做称呼语，如果直呼工作人员为服务员，会被认为是极不礼貌的行为，带有歧视的意味。“告解”从专指天主教的一种忏悔仪式到泛指用法，是台湾的宗教文化的影响作用。

二、两岸词汇差异形成的原因

（一）语言自身的原因

国语从 20 世纪 40 年代末起出现“分道扬镳”的发展态势，在相互隔绝的环境中几十年不通声气形成同一标准语的两支变体。同样文化背景的同一民族使用的同一种语言，演变过程中本来就有非单一性选择的可能。在大陆把“集中使出力量”叫“发力”，在台湾把“爱护照顾”缩略为“爱顾”，这种选择并不是必然性的。在同一语言“社区”里，演变的结果会在规范力量的干预以及“约定俗成”的选择下固定下来，但在不同的“社区”，或者说不同的语言社会里，就像两岸“国语”的处境，就会发生不同步变异，就会在不同的规范干预力量和不同的社会选择下推出不同的演变结果：或构造自己的新词，或同一词语产生异用现象。

有些一方独有的新词语，表达的概念内容并不是一方独有，但概念固化形成语言单位的表现不同，也只能从语言内部因素来解释。大陆的如“干红、干白、发力、反季、试点、二把手、一条街、小日”，台湾的如“飞安、爱顾、两光、失联、机车”等。这类词语的所指固不为一方所独有，但另一方没有唯一性的同级单位与之相对立。大陆用“干红”一词指不带甜味的葡萄酒，在台湾却没有一个可以对应的词语。词对概念的分割因语言而异，是很自然的现象。

（二）语言外部的原因

在影响词汇发展的因素方面，语言外部的原因更为重要。社会环境决定语言的发展面貌，语言内部的原因也往往通过外部的社会环境因素起作用。

1. 思想观念、制度及地域文化差异等因素的影响

两岸长期以来由于制度不同、价值观念分歧、政治见解对立，从 20 世纪 50 年代以来两岸的标准语系统都产生了大量反映各自社会内容的新词或植入旧词语的新的用法。

这些新词语所指的事物、现象等都是一方的“特产”，大陆的如“房补、福彩、下岗、离休、互市、回迁、居委会、黑五类、汉语拼音”等。台湾的如“民代（民意代表）、泛蓝、泛绿、桩脚（指选举时在基层为候选人拉票、稳固票源的人）、防护团、十八趴（指台湾公务人员享受的18%的退休金优惠存款利率）、二一退学”等。这些词语涉及一方语言社区的民俗风情、宗教信仰、社会历史、文化

教育、政治制度等方面。

价值观念分歧、政治见解对立，也导致一些词语，主要是社科词语的异解异用。“资本家”一词，《现代汉语规范词典》：在资本主义制度下占有生产资料并使用雇佣劳动、剥削剩余价值的人。台湾《重编国语辞典》：拥有资金，雇用员工，经营工商企业的人。大陆的释义来自马克思主义政治经济学，按照大陆的观念，资本家属于剥削阶级（见《现规》“剥削阶级”）。“自由主义”，《重编国语辞典》解释：以个人为目的，视国家为工具，反对国家权力对个人自由的干涉，主张解除社会经济势力对个人自由的束缚的一种思想、运动。大陆两个义项，一项两岸基本同义，另一项是：指革命队伍中无组织、无纪律、无原则的思想作风。这就是大陆特有的异用义。

如果我们的一般语文词典收录，两岸对该条的释义肯定也会反映不同的评价差异。两岸辞书都收录的“义和团”，对100多年前的这一历史事件，仍有明显对立的评价差异。可比较《现代汉语规范词典》和台湾《重编国语辞典》。前者：清朝末年我国北方以农民和破产失业的城乡居民为主自发组织的反对帝国主义侵略的团体。后者：清末光绪年间的秘密会党。创于嘉庆时，蔓衍山东，为白莲教之一支，传习拳棒，附托神鬼，诈言可以刀枪不入。清季外侮日深，义和团则乘民间郁愤，倡言扶清灭洋，乃为朝廷守旧派所鼓励、袒护，欲藉以驱除外人，于是焚杀劫掠，横行京津间，导致英、俄、法、德、义、日、美、奥等八国联军陷京师……两岸辞书编者反映的也是两岸历史传统对“义和团”这一组织和运动的不同评价。

2. 不同的文风建设路线的影响

两岸语言差异，从社会的、历史的角度来看，与两岸歧异的文风建设路线有密切的关联、从20世纪30年代起，共产党就在革命根据推行一种新的文风。以毛泽东为首的新文风的实践者要求“文化教育的语言和内容，无论是地方还是军队，在教育中都贯彻下述原则，即反对帝国主义基督教育、国民党文化教育、复古教育和私塾教育”（郭熙，1992）。随着中共延安根据地的建立以至整个解放区的扩大，新文风有了足以支撑自己发展的平台，并蓬蓬勃勃地延续到1949年以后。新文风用语主要特征表现在：政治军事等术语社会化以及个别性词语运用范围扩大化、口语化（例如“抓”从解放区开始用于指着力做好某方面的工作）等方面。这种文风的强劲态势到“文化大革命”时期达到极致，给普通话带来异于老国语也不同于“台湾国语”的新面貌。大陆在某些词语的意义和用法上的差异表现都与此有关，如“矛盾、斗争、突击、吃透、吃大户、开口子、泼脏水、走后门”等。

3. 地域强势方言的影响

台湾地区百分之七十左右的人口讲闽南语，特殊的语言环境改造着“国语”的词汇面貌。台湾的主流文化深受闽文化的影响，“国语”很自然地接受了一大批反映闽南信仰、日常风俗的词语，如“大拜拜、好兄弟、安太岁、阵头、八家将、电音三太子、分灵、分身、本尊、观落阴、烧王船、发炉、收惊、灵媒、跋杯、明牌、尾牙、度晬、伴手礼”等。

特别是饮食文化方面的词语，如“蚵仔煎、米苔目、米血、米血糕、阿给、甜不辣、黑白切、芭乐、割包、刈包、剉冰、黑轮、现捞仔、姜母鸭、烧酒螺”等。这类词语在大陆多半仅囿于相对狭小的方言区，在台湾却折射着社会主流文化的色彩。

选举是台湾的重要社会活动，很多方言词语随之进入扎根到“台湾国语”。因为选举活动中参选者需要通过亲民的举动拉票，尽量示好于选民，所以即便使用“国语”也要加进一些闽南方言词语，包括正反两方面意义的词语。例如“冻蒜、车拼、包粽、死忠、搓汤圆、来乱的、抓包、奥步、看衰、呛声、五四三、歪哥”等。

4. 两岸不同语言政策的作用力

台湾当局的语言政策强化了方言对“国语”的影响。台湾当局 1987 年解除了长达 38 年的戒严，1988 年解除报禁，在这样形势下“国语政策”也在渐渐发生变化。其中影响最深的是语文教育政策的调整。1993 年当局开始允许母语教学，认为过去的单语政策是一种失误，必须纠偏。当年，在新修订的“国民小学课程标准”中增加了学习方言和乡土文化的内容。1996 年起当局开始把“母语教育”以及乡土教育纳入正规的中小学教育之中，要求所有受义务教育的儿童从小学入学起就开始接触方言，熟悉方言。

2008 年起国民党开始执政，语文政策由过激转为平稳，但仍坚持母语教育的推行。2009 年，台湾教育主管部门公布中小学闽南语课程纲要修订草案，要求小学一二年级能听懂并能初步运用闽南语短句，到三四年级能读、写闽南话，五六年级阶段闽南语要达到能听说读写的水平。

在中小学推广乡土语言教学，使母语非闽南语的青少年学生也深受影响。闽南语对“台湾国语”的深度介入，族群的构成因素是一方面，当局的语言政策也是有力的推手。

三、两岸差异词典的编纂和差异词的收释原则

两岸词汇的比较研究在大陆已经做了大量工作。从20世纪80年代末起，大陆学者开始关注两岸语言差异主要是词汇的差异。以辞书形式并专以两岸为内容记录两岸词汇差异，最早的是邱质朴等人的《大陆和台湾词语差别词典》。该词典1988年启动编写，收录台湾差异词2700余条，出版后，受到海峡两岸的好评。台湾媒体评价这本词典“当属第一本比较大陆‘普通话’和台湾‘国语’之间差异的工具书……是一部帮助两岸人民沟通语言隔阂、摒除交流障碍的必要出版品”。该书突破性的意义应予肯定，但现在来看，所收录的很多台湾词语现今已是大陆常见词，其中为《现代汉语词典》和《现代汉语规范词典》收录的就有“笔友、飙车、便所、泊车、巴士、背书（表支持义）、斑马线、不温不火”等。除此之外，还有收词立目上的其他问题。

1994年大陆语言学家代表团访问台湾，双方在合作编写语文辞书方面达成共识，认为面对两岸语言差异的现实，通过合作编写语文词典以“化异为通”已是当务之急。

翌年，台湾组团回访，达成协议，立即启动合作编写一部适合海峡两岸的现代汉语词典。该词典的编写由北京语言大学和台湾的中华语文演习所携手承担。大陆方面由

陈亚川和李行健教授担任主编（陈亚川去世后由施光亨接替），台湾由李鍌任主编。编写工作历时近四年，2003 年 9 月在北京正式出版简体字版，2006 年台湾中华语文出版社出版了繁体字版。除两岸共有词语，词典中的大陆条目有 1300 条，台湾有 1000 条。多义项条目，大陆特有义项 550 条、台湾特有义项 370 条。

受当时学术界对台湾语言状况的研究水平以及当时研究手段的限制，这本词典在对差异词的认识和差异词的收释上都有不能令人满意的地方。但是这本词典内容上也不乏亮点。在两岸语言研究方向以及文化合作交流模式等方面，两岸学者们成功走出了探索的第一步；在记录通用语的中型词典中收录两岸差异词并以特定符号标示差异词使用地区是一创举，也为后来同类辞书的编撰提供了借鉴。

2009 年 6 月 1 日，台湾地区领导人马英九在“第六届全球华文网络教育研讨会”开幕典礼上致词时，提出两岸民间合编两岸通用的语文工具书“中华大辞典”的主张。2009 年 7 月 12 日，在第五届两岸经贸文化论坛（湖南长沙）上，两岸签署了《第五届两岸经贸文化论坛共同建议》，提出“鼓励两岸民间合作编纂中华语文工具书”，“支持两岸学者就术语和专有名词规范化、辞典编纂进行合作”，并就两岸合编《中华大辞典》达成初步意向。2010 年，国家语言文字工作委员会牵头启动了两岸中华语文工具书合作编纂工作。两岸 40 多位专家学者先后在北京、台北进行了六轮工作会商，在两岸分别成立了词典编写组。两岸合编《中华语文大辞典》的项目顺利启动，一系列阶段性成果按计划相继问世。

2012 年 2 月 8 日，由两岸专家共同编纂的“中华语文知识库”高端网络版，在台北和北京同步开通。同年 8 月《两岸常用词典》大陆版由高等教育出版社出版。2015 年《中华语文大词典》的中编本《两岸通用词典》出版。2016 年，在《两岸常用词典》《两岸通用词典》基础上扩充字头和词条编成的《中华语文大词典》(试印本) 出版。对这一系列成果，教育部、国务院台湾事务办公室等部门给予了高度评价。

这一系列语文词典，以收释现代汉民族共同语的两岸通行的常用字、词和固定短语为主，同时收录两岸现行字形、音读和词义不同的条目，以及一部分双方各自特有而常用的词语，反映两岸通用语的词汇异同。

作为延伸项目，从 2010 年开始，以李行健为首的词典编写组开始了《两岸差异词词典》的编写。他们先是在福建组织了一个由十几个人参加的差异词典的编写小组，经过一年多时间搜集了大量资料，完成了编写体例的初稿和样稿编写，拟订出包含一万多词条的差异词词表。根据拟订的词表和体例，词典的编写在福建和北京两地全面铺开。从 2010 年项目启动到 2014 年 5 月出版，前后历时四年。

在体现科学性、时代性、实用性上，两岸词典的编写者总结出反映两岸语言面貌的语文词典应遵循的几项原则：

(一) 植根学术，打好基础

在编写启动之前和编写过程中，两岸词典参编者对台湾语言现状以及两岸词汇差异问题进行了一系列理论研究。单是 2012 到 2014 年初这段时间，由参编人员撰写的关于差异词和差异词词典编纂的文章就有十篇之多，分别发表于各类学术刊物或提交于全国性学术会议。如：李行健等的《汉语文词典编纂的新课题》《两岸词典中差异词的界定及其处理》，徐复岭的《试论两岸同形同义异用词》《台湾国语有别于普通话的几种语法现象或格式》，仇志群的《两岸异用词再认识》《体现“一语两话观”的现代汉语词典的编纂》，林玉山的《海峡两岸辞书编纂研究》，等等。

（二）充分利用现代信息技术提供的各种便利

主编李行健十年前曾参加编写《两岸现代汉语常用词典》，同十年前相比，工作条件已不可同日而语。正是依靠现代信息技术的优势，两岸词典的编纂在选词立目和条目释义上都很好体现了科学性和时代性。例如《两岸差异词词典》中收录的“失联”一词，就是根据语料库的高频率表现提取收录的（联合知识库3300多笔）。该词台湾的《重编国语词典》未收，大陆的《全球华语词典》未收，也不见于台湾2012年出版的兼收两岸四地差异词语的《中华大辞林》。“走路工”一词，有的词典解释为从事某项工作的人员，实际指一种酬金。由于利用语料库从大量的实际用例中考察其用法，弄清了它的确切含义。如：

国民党在投开票所布置的人力是里外共六人，每人的走路工一天1800元，外加便当和饮料。

天道盟桃园永安会成员汤中盛为壮大声势，以提K烟和每人500元走路工，在脸书上招揽四十多名青少年北上。

金门最近出现类似跑单帮的“买酒部队”，在免税店前大排长龙抢购洋酒；经“小三通”将洋酒带到厦门，转手现赚约两千二百元台币的“走路工”。

显然，以上各例中的“走路工”只能解释为酬金或劳务费。

（三）对含有知识性内容的词语、敏感词语，要求严谨、准确、严格把关

差异词分析收释做的是沟通的工作，如果理解不准确，甚至出现严重偏误，就无法完成收释任务，会误导对方。如“粉彩画”这条专业词，有一部词典标记为台湾用词，解释为义同“水粉画”，认为“粉彩画”就是大陆的水粉画。台湾的一部词典也释之为“用水调和粉质颜料画成的画”（这是《现汉》等对水粉画的释义），也认为等同于大陆的水粉画。实际上台湾的“粉彩画”，大陆叫“色粉画”，与水粉画是不同的画种。“色粉画”用特制的彩色粉笔在特制的色粉画纸、布或画板上作画，也叫“彩色粉笔画”。二者作画的工具和材料都不同，色粉画作品完成后必须用特制的油性定画液或透明玻璃纸来保护画面。再如“中原标准时间”，一般认为是与“北京时间”相对应的台湾名称。实际上按台湾“经济部标准检验局”的意见，台湾只有所谓的“国家标准时间”，没有“法定”的“中原标准时间”，后者只是为个别媒体在一段时间内使用。既然北京时间为“我国的标准时”，不宜以“中原标准时间”与之相对称，也不符合台湾的语言实际。

（四）两岸词典编纂应承担促进两岸文化交流的责任

词典可通过文化提示，辅助条目的释义，对台湾地区

的社会制度、历史、教育、民俗、宗教等方面提供必要的说明。除服务于海峡两岸文化背景差异的沟通，也注意揭示两岸传统文化的同质性和密切关联。台湾的一些民间习俗和宗教信仰内容非常丰富，虽然也是中华传统文化的背景，大陆人民却了解甚少。如“分灵”和“尾牙”这类条目的释义,《两岸差异词词典》通过小手的提示栏做了介绍。“分灵”是台湾民间宗教信仰的一项活动内容，信息提示栏着重揭示台湾与大陆在传统信仰方面的密切联系。从大量资料中整理概括出这样的内容：台湾民间信仰的神灵大部分是由大陆“分灵”过去的。“分灵”的主要形式有“分身”和“分香”。早期闽人移民在登船下海前先到当地神庙恭请一尊神像上船，以备到台后建庙供奉，这叫“分身”。有的不请神像只带香火袋或神符，这叫“分香”。台湾信奉的妈祖、观音、关帝、保生大帝等都是由大陆“分灵”入台的。入台后建立的第一座庙宇叫“开基庙”。后来的“分灵”也以“开基庙”为本庙。福建祖庙、台湾开基庙和台湾分灵庙共同构成台湾民间信仰中密切关联的祭拜空间。

（五）注意挖掘常用词在两岸语义的细微差异

两岸词汇系统有一个很大的交集，即共有词语部分。这部分词语在两岸基本义相同，但在语义范围、语义色彩、使用频率、语体风格以及文化视角等方面表现出差异。新的语文词典对此应该有辨析说明。例如对“平易近人”的解释,《现汉》两个义项，一是用于人的态度，一是指文字浅显易懂。台湾的《国语日报辞典》与《现汉》基本相同，但台湾还有既不指人的态度也不形容文字风格的用法。

例如：

安吉丝洗面乳具有温和、保湿、润白三种不同质感的品种，每瓶仅售99元，十分平易近人。

今年台大的健康年菜全部选用当季盛产的新鲜食材，光是种类就超过40种，但价格却很平易近人，满满的一整桌，食材费只花了2500元新台币。

展品都是一般大学生容易搜集到的东西，如玩具、球衣、唱片等，展览总召王力纬说，透过展出平易近人的东西，让民众了解生活中各种收藏都能成为展示品。

今年指考“国文”作文题目“圆一个梦”，不少考生认为题目平易近人，好发挥。

因为看这种节目的人年龄层比较大，主持人最好用平易近人的句子来形容事物。

这类词语我们称之为“异用词”，它们在用法上表现出的细微差别，在以往的研究和词典释义中，往往被忽略。《两岸差异词词典》不满足对这类词语的简单对释，对词语在两岸的用法作了“辨微钩玄”的描写。

还有一种现象值得注意，不为少数的一部分大陆常用词语，也见于台湾的《重编国语辞典》等权威辞书，但台湾本地人以自己的语感判断认为是大陆独用。如表衣服宽窄一义的“肥瘦”《重编国语辞典》有收录，台湾五南的《普通话 vs 国语》一书却把它归入大陆说法。这类词语为数不少，该书认为台湾不说而见于台湾《重编国语辞典》的就有“户主、支柱（~产品、~产业）、扎眼、火烧（一种烧饼）、水平、长法儿、主食、主心骨、长膘、优长、兴许、冰糕、协作、吃独食”，等等。“好使”一词，原《国语词典》和《新编国语日报辞典》收有,《重编国语辞典》(网络版)未收,台湾五南的《普通话 vs 国语》认为是大陆说法。检索台湾中研院的现代汉语平衡语料库 4.0 版(2013),以上的“好使、优长、兴许、扎眼、主心骨”等都不见收录。

这一现象可能与老国语的现代传承词的演变有关视。自 20 世纪 50 年代初标准语(国语)发生“一语两话”的演变之后(李行健,2014),国语的现代传承词在两岸也自然形成了面貌不同的两个变异组。有的发生了同词异用的演变,有的在一方退出了交际领域成了一种单纯的词典“存在”。本来为两岸共有的,可能已演变成为一边独用。我们应该为这一现象提供描写和解释。

(六)原则性和灵活性相结合,处理好敏感词语

一部语文词典的词条牵涉到社会生活的各个方面,两岸的制度、观念和生活方式的差异必然反映到语言交流的各方面。放在两岸叠加的视野中,很多词语的敏感色彩更为凸显。我们的编写实践说明,只要坚守底线的同时,保持灵活务实的态度,抓大放小,都能使问题得到妥善解决。

词语处理一般遇到的有两种情况,一种情况直接牵涉到两岸敏感层面。比如铁路运输用语的“上行”“下行”,国内一般语文词典解释,“上行”指“列车在干线上朝着首都的方向行驶,在支线上朝着连接干线的车站行驶”;“下行”指“列车在干线上背着首都的方向行驶,在支线上背着连接干线的车站行驶”。在“单方”的词典中没有问题,但在两岸合编词典中“首都”一词就得调整说法。

又如两岸字体定名问题，一般把大陆的字叫“简化字”，台湾的叫“繁体字”，实际上并不科学。常用汉字一万多，简化字仅两千多，怎么能统叫“简化字”。台湾用的是原来的传承字，从大陆人眼光看，好像有两千多繁体字，统称台湾用字为繁体字也不恰当。台湾一些人坚持认为台湾的字该叫“正体字”，我们也不能接受。经反复协商，双方同意称台湾的为“标准字体”，大陆整理字体后叫“规范字形”。台湾在汉字整理方面做了大量工作，颁发过“标准字体”范本。两岸合编的语文工具书，台湾本叫“标准字”本，大陆本叫“规范字”本。这样定名一定程度上反映了两岸汉字整理的历史和现实，照顾了双方的立场。这一个案的解决，也说明充分调动政治智慧，发挥合作的诚意，很多难题都有回旋的空间。

还有涉及政策和原则的另一种情况，与两岸关系无关，但观点和立场的对立分歧会在此发生碰撞。以“义和团”这一条目为例，台湾《重编国语辞典》那种完全以否定态度所作的解释，我们不好接受。对这类条目，在不牵涉现实政治的前提下，可以在大陆版和台湾版中做不同处理。通过协调双边立场达到某种妥协和平衡是很有必要的。

有些暂时无法决断的，我们就先搁置起来，比如“国军”一类词。大陆的《汉语大词典》有收，一个义项是用于古籍的“国家的军队”，另一个是“国民党政府自称其军队为‘国军’”。大陆其他语文辞书均未收录。其实这是一个中性词。“国军”早先是“国民革命军”的简称，抗日战争时期，我们的军队名义上也属“国军”的一部分，1947 年起，各地共产党的军队才改称“中国人民解放军”。有意思的是台湾的《重编国语辞典》“国军”一条仅有用于古籍的一个义项。台湾2004年版的《国语活用辞典》把“国军”笼统地释为“以国家总体力量建立的海陆空三军的简称”，这样的解释适合于所有国家的军队了。词语收释的这种情况作为一个类型的问题，可先搁置，留待以后研究解决。

参考文献

1. 李行健等:《一语两话——现代汉语通用语的共时状态》,《云南师大学报（哲学社会科学版)》2014年第2期。

2. 汤志祥:《当代汉语词语的共时状态及其嬗变》，复旦大学出版社2001年版。

3. 黄宣范:《语言、社会与族群意识——台湾语言社会学的研究》，台北文鹤出版公司2008年版。

4. 曹逢甫:《二十年来台湾社会语言学研究》,《语言文字应用》1998年第4期。

5. 吴福祥:《关于语言接触引发的演变》,《民族语文》2007年第2期。

6. 张世平等:《语言规划与两岸和平统一》,《语言文字应用》2014年第1期。

7. 常敬宇:《近十年来新词语的形成及其特点》,《第一届两岸汉语语汇文字学术研讨会论文集》，台北：中华语文演习所，1994年。

8. 许斐绚:《台湾当代国语新词探微》，台湾师大华语文教学研究所硕士论文，2000年。

9. 刁晏斌:《台湾话的特点及其与内地的差异》,《中国语文》1998年第5期。

10. 刁晏斌:《关于海峡两岸语言对比研究的思考》,《语言文字报》2012年第570期。

11. 苏金智:《台湾和大陆词语差异的原因、模式及对策》,《语言文字应用》1994年第4期。

12. 许蕾:《海峡两岸日常生活词语差异及其原因研究》，中国国际广播出版社2014年版。

13. 郭熙:《试论海峡两岸汉语差异的起源》，陈恩泉:《双语双方言》(二)，香港彩虹出版社1992年版。

14. 苏新春:《台湾新词语及其研究特点》,《厦门大学学报（哲学社会科学版)》2003 年第 2 期。

15. 李行健等:《汉语文词典编纂的新课题》,《辞书研究》2012 年第 6 期。

16. 李行健等:《两岸词典中差异词的界定及其处理》,《语言文字应用》2012 年第 4 期。

17. 徐复岭:《试论两岸同形同义异用词》，第二届两岸四地现代汉语对比研究学术研讨会，2013 年。

18. 竺家宁:《两岸同形异义词探索》,(澳门）两岸汉字使用情况学术研讨会论文集，2013 年。

19. 王惠:《日常口语中的基本词汇》,《中国语文》2011 年第 5 期。

20. 郑良伟:《台语里的训用字》,《走向标准化的台湾话文》，台北自立晚报出版社 1989 年。

21. 颜秀珊:《台湾华语中的闽南方言词初探》，台湾《新竹教育大学人文社会学报》创刊号，2008 年。

22. 毛忠美:《台湾书面语中的闽南方言特点初探——以台湾报刊语言为例》，华东师范大学硕士学位论文，2007 年。

23. 吴晓芳、苏新春:《台湾国语中闽南方言词汇的渗透与吸收》，第二届两岸四地现代汉语对比研究学术研讨会，2013 年。

24. 姚荣松:《论台湾闽南方言词进入国语词汇的过程》,《华文世界》2000 年 95 期。

25. 谢菁玉、陈永禹:《国语中的闽南语借词对国语所产生的语意影响》,《第二届台湾语言国际研讨会论文集》，台北文鹤出版公司 1998 年。

26. 谢菁玉:《从社会语言学的观点看国语中的台语借词》，台湾辅仁大学硕士论文，1994 年。

27. 姚荣松:《台湾现行外来语问题》,《台湾师大学报》1992 年第 37 期。

28. 李行健:《两岸常用词典》，北京：高等教育出版社 2012 年版。

29. 李行健:《两岸差异词词典》，北京：商务印书馆 2014 年版。

30. 台湾国语会:《台湾闽南语常用词辞典》，2011 年网络版。

31.《大陆用语检索手册》,“行政院”大陆委员会编印，1997 年。

32. 王翠华:《普通话 vs 国语》，台北：五南图书出版公司 2008 年版。

第六讲

两岸共同语语法差异析要

目前我国台湾地区通行的共同语是“国语”。早在20世纪40年代中期光复后，台湾就开始推广“国语”，到60年代初基本普及，所以“国语”在台湾有比较深厚而广泛的基础。然而，“国语‘唐山过台湾’，四十多年来，在台湾落地生根，自行发展，已逐渐与海峡对岸的‘大陆普通话’有些不同，形成了‘台湾国语’——一些外国语言学家所称的Taiwan Mandarin”。[①]

经过近50年的发展，“国语”在台湾发生了较大的变化，据台湾师范大学李振清的划分，[②] 有三种类型的“国语”：第一类是标准国语，即20世纪30年代以来法定的官方语言，台湾已经很少有人使用这种国语，它有被“非标

① 曹铭宗：《台湾国语》，联经出版事业公司1993年版，第4页。

② 仇志群、范登堡：《台湾语言现状的初步研究》，《中国语文》1994年第4期。

准国语”取代的趋势；第二类为“标准台湾国语”，主要特征是不用卷舌音，词汇上有更多本地化色彩，它通行于台湾，已经成为实际的“标准国语”，台湾的广播、电视等大众传媒用的都是这种语言；第三类为“次标准国语”，它在语音上背离“标准国语”更远，带有更多、更明显的方言特点，比如语法上常用“有+动”句等。

以上三种类型的“国语”，实际上代表了传统国语在台湾所经历的三个不同发展阶段，而当今这三个阶段的“国语”还在一定程度上并存。

第一类在实际的语言交际中已经基本不用，但是作为台湾“标准国语”的标准，至今仍在一些教学机构使用，用于教授学习汉语的外国人，[①] 另外，在一些母语教学及研究中，也有人坚持这一标准，比如笔者2012年赴台参加一个语法学研讨会，有一位台湾同行宣读的论文就批评当下在台湾比较流行的“有+VP”句是病句，最主要的理由就是传统国语中没有这样的形式。

第二类大致可以认为是当今“台湾国语”实际使用的规范形式，比较典范的书面语以及“标准口语”大致仍以此为标准。但是，此类“国语”仍在发展，这就是一步步地向第三类靠拢，目前的实际情况是，第二类与第三类越来越接近，因而二者实际上已不太容易划分清楚。我们在研究中考察的报纸语料基本反映第二类即“标准台湾国语”的实际，而小说语料中的人物对话则主要反映第三类即“次标准国语”。考察结果显示，二者之间大同小异。比如，

① 李行健、仇志群：《“一语两话”：当代汉民族共同语的共时状态》，《云南师范大学学报》2013年第2期。

前边提到的“有+VP”形式，在台湾报纸语料中较多出现，小说中这一形式使用频率更高，而这种频率的差异也就是二者的不同。

一、两岸语法差异在几个方面的主要表现

在两岸民族共同语的对比研究中，词汇方面的成果最多，而语法方面的成果则不太多，甚至是很少。到目前为止，学界对“台湾国语”语法的总体面貌及其与大陆差异的所有方面都还没有进行过系统全面的研究，因此我们还无法提供一个全面而完备的总结和描述，只能是就已有的相关研究成果（主要面对两岸有较为明显差异的语法项目），来进行一个概要性的叙述。

（一）实词方面

1. 动词及动词性词组

动词及动词性词组比较独特的表现有以下几点：

（1）及物动词

“台湾国语”中，及物动词的范围比普通话广，有一些动词在普通话中明显属于不及物动词，而在台湾却可以带宾语使用，例如（本部分的所有用例均取自近年的台湾报刊及文学作品，为了节省篇幅，一律不加出处）：

台湾之星……360度全方位启动虚实通路接口与消费者沟通护眼观念。

（单车骑士们）沿途也会停留观音庙紫竹寺、二空

凉面、北极殿、连环泡有芒果，最后抵达终点玉井果菜市场。

每位参赛者最多能投稿三部作品，将邀请专家学者评分。

台湾银行首度邀约爱好摄影者一同较劲技艺！秀出最具创意、吸睛及感动人心的“台湾生命力”主题照片。

不仅单个的动词，也有一些动词性的四字格可以直接带宾语，例如：

她们一度都迷上红木家具，发疯的奔走相告哪里看到一张可能是真的檀木的明式椅子。

好比谈环保，就得疲于应付一堆财经官员或中小企业主的辩解。

曾经在台被遣返还想再来工作的，都会口耳相传这种假身份申请旅行证件的“小撇步”。

（2）离合词

大陆普通话中的离合词数量较多，使用频率也比较高，而“台湾国语”中则正好相反，所以有一些在大陆通常要“离”用的词，在台湾经常要“合”用，例如（括号内为大陆一般形式）：

小时候父母曾带他到日本及东南亚度假过。（度过假）

他竟然有时也会发呆起来。（发起呆来）

我什么时候开玩笑过。（开过玩笑）

请问来台最殷勤的日本客曾在夜市露脸过吗？（露过脸）

他请马英九先生不要再“拢系假”了，赶快回来台北市关心真正需要帮助东星住户。（回台北市来）

（3）可带双宾语的动词

台湾可以带双宾语的动词比大陆多，比较典型的是“提供”，它经常出现在双宾语句中，做述语动词，例如：

本次直播活动为蛋黄酥节首次结合在线直播，提供粉丝们限时优惠。

国泰也致力于整合集团福利资源，汇整出五大福利面向，分别为“学习发展”“亲子家庭”“健康休闲”“社交活动”“理财置产”，提供员工从工作到休闲健康的全方位照顾。

其他用例再如“灌输学生民族观念、指示我们正确的方向、报告我们外界的消息、她从没瞒过儿子他的生父是谁的事实”。

（4）虚义动词

台湾常用的虚义动词不及大陆多，比如“搞、干、弄、整”等就较少使用，即使使用，也多含有与大陆不一样的感情色彩，即主要用于贬义，其中以“搞”为最明显，常见用例如“搞不明白、搞笑、搞砸了”等。但是，有两个虚义动词的使用频率却比大陆高，这就是“做/作”，比如以下的例子：

市府也正在规划客家文创中心，以客家生活中的百工百艺，诸如客家的竹编、蓝染、美食等传统为主题，与文化馆的文学、音乐性质做区别，让台湾的客家文化复兴从桃园开始。

台中机场国际航厦将在十日正式启用，会要求相关单位就机场内部动线与旅客舒适度问题再做最后加强。

调查显示，即使在台湾口语中，“做/作+动”用得也比较多，另有“做/作一个+动”也时能见到。我们看到的类似用例再如“做充分的了解和安排、做一定的安排、做最后拍板、做选择、做比较、做除渣、做家庭访问、做研究、做努力、做修改、做类似打扮、做深度旅游、和我又作了一番团聚、作最后的摄影、作一个结合”等。

（5）表示指称

动词的功能主要是陈述，但是有一些也可以用于表示指称，台湾这种情况更多一些，即有更多的动词可以直接或不加标记地处于一般名词性词语所处的位置（主要是做宾语），例如：

她偷偷瞄了他绷得死紧的下巴一眼，然后暗暗的吞下恐惧与害怕。

电视是电来时我们唯一最直接对外面大千世界的接触。

热夏季即将到来，来一杯冰凉饮品成为消费者的最爱。

我或许因为远离了自怨自艾，而比较容易看清楚这些旧时的心结。

（6）直接受副词修饰

“台湾国语”中，有一些动词不用于表示动作行为，而是与程度副词组合后表示与原词义相关的性质状态，例如：

社会上的恶霸，连警察都要对他们低头。这是很讽刺的事。

电价未来要不要上涨？三组候选人的态度都非常保留。

回台湾，有些陌生人见到他，还会发出“哼”的一声，让他相当受挫。

这块土地本来就是太鲁阁人所有，所以这点我很坚持。

泡脚技巧：冬天泡脚最防病，睡前泡脚最养生。

类似的组合形式比较自由，也比较多见，再如“最反讽、很善意、更加认识候选人理念、比较滞后、非常促进同志权益、太习以为常、过于跳跃、最被压低、特别无效、相当叛逆、如此挣扎的表情、很爆笑、那么不能并存、比较好转、太泄气、不太游玩的地方、非常妥协、最惹是生非、最为苛求、很间断、最打拼、很速配、非常入世、比较抱歉”。

(7) 趋向动词

两岸趋向动词在用法上有一定的差异，主要是一些搭配形式及其使用频率的不同，例如以下的用例通常不见于普通话中：

有一个男人，很喜欢她。但她为什么不能喜欢回去？

找出最正确目标，把冷淡的民心温暖回来，再造2008年成功经验。

其间的链接，颇值玩味。它以制度的方式鼓励出一个表面又样板的绿化。

他很少会对对方有兴趣到询问她们的家人。

当家长发现到属于儿少不宜的成人网站时，可透过“色情守门员”在线漏网申诉系统进行检举。

(8) 助动词

台湾有几个助动词与大陆有较大的差异。

一个是“要”。

两岸差异主要表现在否定用法中。在表示否定做某事的意愿时，大陆通常不用“不要”，而台湾却经常用到“不要”，意思与大陆的“不想、不愿意”基本相同，例如：

她和自己一样，总是不要别人知道自己在哭。

当初我如果听你的话，不要和他交往，也不至于从八楼摔下来了！

好高骛远的人，抱持着的是“我才不要迁就这个世界，我要这个世界来迁就我”的想法。

另一个是“会”。

台湾在表示将要发生的事情时，此词的使用频率相当高，例如：

假如我是柯文哲，我会选择做一名学者，不进入政坛。

所以每天运动训练后及睡前，我会各喝一杯高钙牛奶，补充足量的钙质、维生素 D3、蛋白质、镁等巩固行动力的关键营养素。

另外，“会”的含义也比大陆丰富，例如：

那痛楚直透心底，他得咬紧牙根才不会发出呻吟。

过去我常常会呕吐，但是不是那种吐法。

——谢谢你啊！

——不会不会。

2. 名词及名词性词组

名词方面，台湾与大陆的差异不大，但是在以下方面还是有一些区别。

（1）用为动词

有一些名词，在大陆只有“本用”，而在台湾有时却可以用为动词，其表现就是带了宾语。比如“媒介”，《现汉》第 6 版标为名词，释义为“使双方（人或事物）发生关系的人或事物”，而在以下却显然用为动词（其实这仍然是上一小节所说台湾及物动词范围比大陆大的另一种具体表现）：

盘点中小型演艺场馆，提升专业，媒介团队进驻演出。

以下几例中也都有这样带宾语的名词：

王淑慧、黄林玲玲、刘美芳及廖裕德等市议员都同感欢欣。

难道“公义”只适用于批判他人，却不适用于纪律自己！

各团队在今天向评审简报他们的解决方案，并由评审选出前三名及最佳人气奖。

他们对保存最完整的日式庭园建筑之县长公馆钦羡不已，所以鼓起勇气 e-mail“县民信箱”。

最后一例系直接搬用英语中的俚俗用法，大陆一般不这样用。

（2）直接做状语

除时间名词外，普通话中能直接做状语的名词不多，而在台湾这样的用例却多一些，例如：

爸爸用力站直身，口袋掏出烟斗，吸两口，又轻轻坐下。

偶尔车站或市场上遇见，他们就打模糊眼似的匆匆打个照面招呼。

公司更大手笔举办年度的篮球赛、羽球赛等，连员工家属都来当拉拉队助阵。

既然是草案，仍然可以讨论，不应情绪性发言。

如果算上加结构助词“地（的）”的用例，那就更多了，例如：

报道者权威地作了结论。

诗绮手上忙着工作，好脾气地笑道……

小朋友们穿上迷你版 myfone 门市制服，不但礼貌地喊出“欢迎光临 myfone”，还 90 度鞠躬欢迎消费者光临。

（3）直接受副词修饰

早期现代汉语中，有较多的名词可以直接受程度副词修饰，这一习惯基本保留在“台湾国语”中，因此这样的用例比普通话多得多，例如：

婚或不婚是很私人的决定，任何人都能给你意见，却不一定有谁的意见会适合你。

虽然我外表像男生，但内心很女人，会为你做像女生的事情。

比如纽约曼哈顿河有一个十字泳池，有给老人、小朋友、一般人游的浮动式泳池，可以随水流动，非常高科技。

有一类“形+名”类的名词性词语，可以直接受程度副词的修饰，程度副词与这个名词性词语中的“形”构成跨层组合，而实际表达的意思则是“名+程度副词+形”，这是一种非常有“台湾国语”特色的表达方式。例如：

批民进党食安不是用喊的，不是喊很大声，而是怎么做。

因为我们听说最近有个非常厚脸皮的学妹，老是自称是你的女朋友，不知道这是真的还是假的？

3. 形容词及形容词性词组

相对于动词而言，两岸形容词及其用法的差异不是特别大，但仍然有一些比较明显的不同。

（1）直接带宾语

普通话中能够直接带宾语使用的形容词不多，而“台湾国语”中则要相对多一些，例如：

北部大豪雨升级，基隆市与新北市要小心超大豪雨。

何敏诚表示，身为民意代表也非常乐观林佳龙当选市长后，能一同为大台中的建设打拼。

紫衣，你是不是很紧张要和罗朔见面的事？

因为他不爽Jeff想追你的事，因为对他来说你是属于他的。

“多”与“少”也可以直接带宾语，这在台湾比较普遍，例如：

政府与社会应给教师五大利多，包括政策多沟通尊重、教学多备课时间、父母多陪伴关心、社会多正面价值、全民多掌声喝彩。

也很少乐团心甘情愿地让人免费下载心血结晶。

至于古汉语语法中经常讲到的形容词的“使动用法”，更是比较多见，例如：

数十辆游览车突袭桃园机场，瘫痪周边交通。

它不属于一个人或一个党，也不容许因为一人、一党的利害，紊乱这个体系的健全运转。

利用牛市的财富效果，刺激民间消费，活络经济，让一部分人先富起来。

（2）表示指称

与有些动词不表示陈述一样，也有一些形容词不表示陈述而用于指称，这样的形式台湾也比大陆多，例如：

镜子因为少有用途，已经蒙上了一层脏。

其作品不只看见了美丽与逼真，同时也传达了生态保护的观念。

虽然只是短暂的寒暄，但他英俊斯文的身影和温文儒雅的亲切已占满了她的心房。

(3) 重叠形式

两岸形容词的重叠形式都很常见，但是台湾的重叠形式似乎更多一些，比如以下这样的用例：

(天气) 仍然是阴湿湿的。

瘦稜稜的身段，桃红色的毛海，横着一排黑色镶金边的大纽扣，领口翻出一截白色的圆领。

那才是活着的世界，活得气气派派的！

我是头一次来，不晓得娇娇贵贵的小静是怎么度过这两年的。

特别是像以下这样的 ABAB 式，普通话中一般不这样用：

这个藏身地，实在是糟透糟透。

她以后变得放荡放荡的样子，好像不太正常。

4. 代词

代词的数量很少，但是两岸的差异却不小，主要表现在人称代词方面，计有以下几点。

(1) 词形多于大陆

“台湾国语”中有几个大陆普通话中不用的人称代词，主要是专指女性的第二人称代词“妳”，尊称上帝、神佛的第三人称代词“祂”，以及专指动物的第三人称代词“牠”。以下各举一例：

公园升级计划需要你、妳与我们共同重新想象！

释迦牟尼佛，其实祂有几个很重要法的重点，所有的法的重点都是在这里的，其实祂真正的法印可以讲有四个。

深入了解宠物需求，改善牠的行为与正确饲养宠物的方式。

这三个代词都有相对应的复数形式，也比较常见，例如：

我说："妳们继续照妳们这样做就可以了。"凡事不能够勉强。

祂们都是面露欢喜的，师尊也是很欢喜，一直都是在欢喜之中。

期望饲主们自主教育出好狗狗，让牠们融入人类社会秩序。

以上三个代词中，"妳"的使用最为普遍；至于"祂"，因为台湾宗教比较兴盛（特别是佛教），各类纸媒中的"讲法"栏目比较多，所以此词也比较常见；"牠"用得也不少，另外它还有两个替代形式：一个同于大陆的"它"，比如以下一例：

（熊猫华美）很快就成为一个合格的母亲，9天后两个幼仔轮流交由它抚育。

另一个可以替代"牠"的是"他"（见下）。

（2）使用自由度较大

"台湾国语"基本没有一个与时俱进的、全社会普遍遵守的严格语法标准，所以在很多情况下自由度甚至是随意性都比较大，在人称代词方面同样有此表现。比如"其它"，《现汉》第6版释义为"同'其他'（用于事物）"，而台湾也是"其他"与"其它"并存，但是二者的分工并不特别严格，也有不少把后者用于人的例子，如：

即使没有其它人做伴，郑惠芳的神情也十分平静。

虽然山猪壮硕，但跑起来速度不算慢，加上害怕山猪乱窜，会伤到其它人，不敢太过接近，只能以绳套方式徒手追捕。

人称代词“他”也有用于指人以外的，例如：

因为这种鲨鱼他得依靠不停地游动，让自己透过游动水流才能进入鳃呼吸。

每天晚间“上演”的谈话性节目，或蓝或绿政治立场鲜明，挑拨民众情绪、撕裂台湾社会莫此为甚。国人普遍不满这种现象，但又能奈他何。

（3）前加修饰语

早期现代汉语中，人称代词前加修饰性定语的情况比较普遍，“台湾国语”因仍旧贯，类似的用例也比较多见。大陆普通话中近些年这一用法虽有增加，但总体上还是远少于台湾。以下我们单复数各举一例：

偏好古典优雅风格的我，其实一直都想尝试莓果般的棕红色造型。

身为劳工代表的我们，更无法坐视不管。

是喜爱山地民音乐朋友的你，不能错过的一场音乐飨宴。

另一款 Anima 经典奢华系列，则让喜爱珠宝的你们，可以细细品味 Damiani 珠宝奢华中的精致细腻。

已婚多年的他，妻子陈亮吟是曾以一曲《雪中红》爆红的 80 年代玉女歌手。

实力雄厚的他们以木吉他、低音提琴、鼓及客家母语的搭配下，共同编织独特的音乐旋律与符号。

虽然工人搭设鹰架仍在赶工安置中，但已见雏形的它提前曝光。

蟹蟹恋爱了，这时的它们变得很粘人，很婆妈。

不仅这些两岸共用的人称代词有此形式，就是上述那几个台湾独有的代词也都有相同的用法，例如：

WET泳装推出风格多变的六大系列新品，让每个独特的妳都能拥有适合自己的专属风貌。

金牛、处女、魔羯老婆：踏实的妳们，最能了解他全年无休的工作精神。

祂从头到尾都是总法王，过去的祂是总法王，未来的祂也是总法王。

无形的祂们都是选票，你把所有的坟墓都洒了，哪里不会有选票！祂们会去召集很多人，一个祂就召集一千个、一万个，你的选票会有多少？

丹顶鹤很可能误以为春天已经到来，因此思乡情切的牠便迫不及待地踏上了归程。

若想抢先观赏数千尾黄金鲹幼鱼，可于海生馆的后场体验活动中与可爱的牠们相见欢。

（4）其他独特用法

人称代词以外，“台湾国语”指示代词和疑问代词的使用等也与大陆略有区别。

就指示代词而言，比较独特的是有一些沿用早期现代汉语“代+名”形式的用例，而普通话中除了韵律的要求以及一些习惯性的组合外，基本不用这样的形式。例如：

尊重每位委员是她主持会议的一贯立场，希望这会期审查过程顺利。

同样的意思，以下的例子与大陆相同：

16日党团成员开会讨论结果，这个会期就依照业务、预算报告进行。

"代+名"形式的用例再如：

PUMA 为了纪念在许多鞋迷心中那辉煌的历史记忆，选在 Suede 45 周年的这刻推出 PUMA Suede "Since 68 Pack" 全球纪念鞋款系列。

这 CASE 你给我们一点时间，我们一定能够解决！

指示代词"那"偶尔也有相同的用法，如：

由于政府的政策特别照顾大企业，使大企业家扮演"大富"的角色，那年代贫穷、小富、富、大富平均分布在整个社会。

另外，普通话中指示代词只能指代人或事物，不能直接指代处所，而"台湾国语"有时不受这一限制，例如：

记得小时候每天都来这吃圆环蚵仔煎，好怀念的味道！

我有时候从外面回来，看到有些楼层灯还是亮的，就准备要去给大家加油打气一下，但是我发觉我一到那，大家都纷纷走避。

此外，文言近指代词"此"在台湾用得比较多，例如：

受伤住院期间，家人的陪伴是他面对此起意外事件的最重要力量。

因此未来百视达会将此营运模式加速推广，预估将占到营业据点的一半。

大陆"这一"用得很多，而台湾"此一"比较常见，例如：

建请苏嘉全以宽容态度处置此一意外事件，给予韩福宇自省机会，避免让台湾年轻人留下刑事纪录。

我们对于此一侦办、调查过程中不当之处，表示严重关切。

疑问代词中，值得一提的是台湾“哪”有二形：“那”和“哪”，就总体情况而言，前者用得远比后者多（这仍然是沿用早期现代汉语形式），例如：

如果选择，您会建议游客今生必游的城市是那两个，理由是？

我们不管那个族群，不管来自何方，大家都是一家人。

所谓每年代理销售5亿元的独家经销合约以及这家德国公司在那里？难道是制造假需求、掩护真投资？

5. 量词

两岸量词虽然总体而言在种类和用法上没有差别，但是在一些量词的使用上，以及一些具体的量、名组合上，还是有不小的差异，其中表现最为明显和突出的，主要集中在以下几个方面。

（1）用于集体名词

现代汉语中有一些“名+量”结构形式的集体名词，通常不能受个体量词的修饰，这样的名词如“枪支、布匹”等。然而，在“台湾国语”中，有时这样的名词也可以受个体量词的修饰，例如：

台北市清洁队目前使用的930辆车辆中，竟有510辆车过10年的使用年限，逾期率高达54%。

刑大特勤中队警察荷枪实弹24日清晨拂晓出击循线前往桃园将睡梦中的陈福祥逮捕，起出多把枪支弹药，结束他12天的逃亡。

三重及芦洲市街头今天出现马儿乱窜事件，三只马匹自马场逃出后到处奔窜，经出动警、消及救难协会人员追捕近一个小时，始将“迷途”的三只马匹擒获回笼。

渔业署说，该 YouTube 上传影片，内容主要为拍摄者所在船只以外三艘船只向前航行。

集体名词中，也有不少非“名+量”结构的，它们在台湾有时也可以受个体量词的修饰，例如：

由副局长张锡聪带队，共抽查 2 家旅馆、1 间民宿、3 家餐厅、5 家购物店、拦检 26 部载客车辆及 7 艘船舶。

累积借阅 100 本书籍，即可兑换精美礼物。

（2）“数量结构+的+名词”

普通话中，个体量词一般直接与个体名词组合，如“一个人、十辆车”，而在“台湾国语”中，有时习惯在名量之间加一个结构助词“的”，它并没有多少特别的表义作用，这是早期现代汉语的遗存现象。例如：

在每一个的社会都有潜在的冲突跟对立的地方。

同样的意思，大陆一般只表述为“一个社会”。以下各例均是如此：

家防中心统计今年 5、6 月份通报资料，就有超过 140 件的儿少性侵害案件。

这一次在狮子会 300B1 区洪总监的带领下，几个分区都非常认真，一次捐出 11 辆的复康巴士。

光是中秋节档期，就卖出超过 10 万颗的蛋黄酥。

（3）数量结构中数词“一”脱落

普通话中，有一些数量结构中的数词“一”是可以隐去的，如“开个会、复印了份材料”等，在“台湾国语”中，类似的情况更多一些，而其中有一些在大陆通常是不脱落的，例如（脱落处加括号标示）：

而这回军公教人员的加薪，能否成为一（　）催化剂，促成企业加薪并带动内需市场，似仍有待观察。

刑事警察局侦查第三大队第三队接获线报指称，有一（　）运毒集团专门吸收经济状况不佳外籍人士以体内藏毒方式自柬埔寨运输毒品回台贩卖。

梁魁这才会中舒口气，拿（　）只手搬弄另（　）只的关节，指关节嘎嘎作响。

（4）与大陆有明显差异的几个量词

“台湾国语”中，有几个量词相当常用，而其中的大部分用例都在大陆的使用范围之外，由此显示出很大的不同，这些量词非常值得进一步深入研究。

第一个量词是“支”。

台湾个体量词“支”经常用于指一个团体或集体，这与大陆的“一支球队”之类的用法是一致的，但是能与它组合的名词更多，我们所见有“坚强的团队、强而有力的战队、视障协力车队、充满活力音乐团体、原住民弦乐团、集合多国国籍 TEAM MAX 女子队伍、蓝高船队、原住民”等。指人之外，“支”在通用语中经常用作音乐等的单位，如“一支舞曲”，而此义在台湾不断扩大，常用于表示文化产品的名词，如广告、影视作品等，例如“舞、动作广告、影片、作品、‘变形金刚’反毒短片、朱立伦亲自录音的催票 CF、招募多元文化志工的广告 CF 带、台湾专属的《魔兽世界》十周年纪念动画、APP”等。

台湾“支”可以与“瓶子”组合，进而瓶装的酒类以及相关名词也可以与之组合，这样的例子如“单一纯麦威士忌、电子气压醒酒器”；由此再进一步发展，表示某些瓶状物的名词也可以与“支”组合，如“冰淇淋、棒冰、烤香肠”。此外，有很多在大陆通常与量词“只”组合的名词，在台湾可以与“支”组合，这也是此词使用范围远大于大陆的重要原因之一，这样的名词如“智能型手机、iPhone6 64G、棒球棒、遥控器、喇叭、电扇、金表、温度计、绩优股”等。此外，还有一些在大陆也不与“只”、更不与“支”组合的名词，在台湾倒是经常组合使用，这样的名词及名词性词语如“产品、剪刀、小国旗、能够代表整体证券市场的指数、路灯、太阳眼镜、合格执行任务的导盲犬”等。

第二个量词是“项”。

“项”在普通话中的使用范围有限，仅用于分项目的事物，而它在“台湾国语”中的使用范围也相当广。我们以“这项”为关键词在台湾报纸进行小范围的检索，得到以下一些能与之组合的词语：

罢免案、方案、议案、开发案、补助计划、规划报告、政策、讯息、消息、议题、问题、说法、措施、决议、任务、政策、人事部署、会议记录、重要文件。

如果说这些词语还大致都属于“分项目的事物”，因而算“项”的一般性使用的话，那么下边这些词语就与此拉开了一定的甚至是很大的距离：

修法、改革、服务、理论的探讨、合作领域、人事更动、公投、争议、调查、发现、选择、要求、比赛、游行、补助、心理、阴谋、特色、中国国粹、动土活动、药品、产品、加封柏油工程、盛会、盛事、阿里山日出印象音乐会、纪念月会、总经费、预算、德政、业务、委员会、大事、观光重大投资事业、抗议行动、民俗节庆、农特产品发表会、业务、危机、巧艺、盛会、新技术、新闻、座谈会的结论、优惠、选务工作、福利、动作、抓贿选行动、会议、座谈会、隐藏在公投背后的真正的危机、器材、治疗、手术、历代妈祖神像展、演唱会、生意、慰劳金、错误的认知、新闻事件、开幕仪式、奠基典礼。

第三个量词是“间”。

量词“间”的使用范围通常是房屋，普通话中一般只用于表示房屋的最小单位，而台湾“国语”中，此词却广泛地用于与房屋有关的各种机构与设施等，以下就是我们在小范围内检索到的一些与“间”共现的名词及名词性词语：

寺庙、庙宇、庙、大宅院、豪宅、私宅、土角厝、公寓、仓库、四楼、竞选总部、文化艺术教育中心、公共亲子中心、分院、公司、咖啡店、智慧的节能宅、有历史的饭店、品牌旗舰店、出门在外的家、小小的店面、专卖店、精品店、通讯行、饼铺、烧烤店、特色餐厅、吃茶馆、踢管馆、西式医馆、农场、小马场、养鸡场、赌场、押房、学校、绿色校园、教会、阅览室、民宿、麦当劳、哺乳室、房间、教室、银行、医院、博物馆、汽车工厂、铁工厂、合资厂、小小的餐车、厂商。

第四个量词是“波”。

作为量词的“波”在大陆不见于一般工具书著录，而台湾教育事务主管部门《重编国语辞典》(修订本) 则列出量词义项。此词由“波浪”义引申而来，大致义同“次、轮”等，再进一步虚化，有时则相当于“个”，它的使用范围相当广，以下是我们检索到的一部分可以与之组合的名词性词语：

冷气团、低温、锋面、高潮、风潮、购物潮、换机潮、募集潮、销售热潮、多杀多的惨烈市况、买气、人气新巅峰、申请狂潮、维新风潮、冲击、冲突、贬值、收藏、讨论、递延、变革、活动、推案、倡导鼓励、食品下架、景气循环、人才募集、搬迁换屋需求、宪改运动、宪政改革、商机、行情、事件、政策、政见、成长、电视广告、玩家测试、台湾山樱花、稽查结果、观察名单、市府人事、经济动能、宪改契机、在地生根补助计划、竞争优势、酬宾回馈方案、创新创业团队投资案、LINE 好友见面礼、抹黑文宣、核心竞争力、实价登录数据、铁路改善工程、议员候选人签署名单、竞选广告牌、隐藏的力量、贬值压力、就业机会、成长契机、发展趋势、攻势、涨势、食品下架现象、新革命、高产值、荣景、新闻焦点、车队、春节加班机、市府小内阁。

第五个量词是“颗”。

普通话中，量词“颗”多用于颗粒状的东西，如牙齿、子弹等，而在台湾，除了这样的用法外，它还有更广的使用范围，简而言之，无论大小，只要是圆形或接近于圆形的，大致都可以用它，比如以下一些词语：

糖果、痣、冰雹、汤圆、凤梨酥、蛋黄酥、月饼、粽子、棒球、好球、气球、肉球、浮球、篮球、足球、羽球、乐透彩球、秃头、硕大的果实、西瓜、甘蓝、柚子、菠萝、苹果、桃子、柳橙、柿子、玉荷包、西红柿、番石榴、橄榄、蛋、茶叶蛋、水饺、麻糬、馒头、酒酿桂圆面包、蚬、马蹄蛤、米粒、小药粒、火种、花生、杏仁、蜜枣、种籽、棋子、钻石、子弹、弹壳、弹头、震撼弹、定时炸弹、电瓶、电池、月亮、石头、千吨巨石、代表景气稳定的绿灯、光明灯、年糕玉、珊瑚卵、瘤、章、橡皮图章、舍利子、14K金聚财元宝串饰、印记、圆形的光点、高丽菜。

有时还用于抽象的事物，如“浪漫爱心、到乡间探秘的心情”等。另外，“颗”有时还与主要用于植物的“棵”混用，我们所见如用于“树、茶树、树苗、樱花树、茶花、耶诞树”等。

第六个量词是“款”。

个体量词“款”在“台湾国语”中的使用频率相当高，能够搭配的对象也相当广，大凡表示各种商品及用品的名词性词语几乎都可以与之组合，以下是我们检索到的部分词语：

飞机、攻击直升机、发动机、模拟机、机械表、腕上时计、KUSO版毒品奶茶包、鸳鸯包、丰味饼、菠萝汉堡、肉粽、蛋糕、冰品、爱心年菜、单品咖啡、法式甜点、韩风口味海苔、私房麻辣汤、礼盒、酒款、鞋款、手工好笔、无线耳机、无线喇叭、Q版迪斯尼玩偶、游戏、手游、商品、茶器、能量饮料、酒水、麦芽威士忌、啤酒、食用油、百搭棒球外套、DD霜、保湿洗手乳、洁肤工具、保养产品、底妆商品、香水、药物、饰品、相机、笔记本电脑、自行车、眼镜、跑鞋、奥姆龙体脂计、袋包、内衣成套、多功能行李箱、电视音响系统、防风针织外套、皮革、保暖围巾、组合、装置、特色产品、悠游联名卡、橡皮筋、手机、机型、高端医美设备、观光导览地图牌、彩券、贴图、应用程序、形象识别标志、作品、春夏新品、国际知名品牌、实时通讯软件、通讯平台、数字阅读平台、后门

条款、APP、创新科技、案件

（5）其他一些异于大陆的组合形式

“台湾国语”中，与大陆不同的量-名组合形式还有很多，以下酌举几例：

吴先生那股对台湾本土的重视不也和简教授“热爱台湾本土”及“乐于助人”的人生态度其实是一样。

市民马上写信来感谢，而且把一缸子警员名字都写上。

他感觉得到双方都希望应该至少还有一条大家可以解决的方法。

可以利用时间去办年货、度假或是和家人团聚，好好休息个几天。

最后一例中的“个”功能已经虚化，这样的“个”在“台湾国语”中用得比较多，类似的用例再如：

有媒体问她，参选过多次，对竞选歌曲不陌生，要不要唱个两句？

我们所见到的与大陆不同的量名组合形式还有“6座优良奖牌、上番讲话、这一段新人、这趟旅程、100件民众电话、发生200件数车祸、一题让许多教育界人士伤透脑筋的考题、这支电话、一票娘子军、另一道人影、一记微笑、一记棒打、一块一公分大小的塑料粒、40多场花圃、一幢大庙、二十几种不同的少数民族、一门实用的行业、几张家具、六片落地窗、两根叉子、两颗石柱、四笔房产”等。

（二）两岸虚词方面的差异

1. 副词

副词的数量和种类都比较多，两岸之间也有一定的差异，其中比较明显的表现主要有两点，一是台湾“国语”较多地使用古代汉语副词，二是在程度副词方面差异较大。

（1）台湾多用古代汉语副词

两岸一些副词的使用范围及频率互有差异，比如一些口语性比较强或北方方言色彩比较明显的，像“特、忒、挺、赶紧、反正”等，台湾明显少于大陆；而“台湾国语”比较“恋旧”，这一点在副词的使用上表现得比较突出，这就是一些来自古代汉语中的副词仍然有一定的使用率。例如：

允称“世界”奇迹，台湾于此又多一项。

立即交由各相关业务单位研议，咸认春安工作应朝精简化、常态化方向执行。

报名者除了多位百大青农、包括相关科系博、硕士班学生、研究助理外，目前在国合会任职的志工，以及各县市农会在地青农联谊会登记满一年、从事农林、花卉、水果与茶叶生产领域的台湾农业生力军亦争相报名参加。

拉丁美洲医药市场对创新的抗感染药物需求孔急。

此外，农委会也将甫得奖、数百斤的巨型南瓜搬到现场，与仅有一点零余公克的玩具南瓜做对比。

（2）程度副词与大陆差异较大

这方面，表现比较突出的有以下几点：一是程度副词的使用范围不同，二是有一些具体的程度副词用法与大陆有较为明显的差异。

我们先来看台湾程度副词的使用范围。

一些程度副词的使用数量和范围明显大于大陆。比如，“台湾国语”某些程度副词的使用范围广，除了前边提到的与名词、动词共现的用例远多于大陆外，还有一些与区别词共现的用例，而类似的用法在大陆却并不常见。例如：

斋藤代表曾来台学习中文，在日本是非常资深的外交官。

罢工除造成巨额社会成本外，对华航及台湾航空业形象亦造成相当负面影响。

自觉健康状况“好”的老人，对自己持比较正面的看法。

关于用法与大陆有比较明显差异的程度副词，这里主要讨论以下几个。

第一个是“比较”。

普通话中，程度副词“比较”一般不用于否定，而在台湾，却大量地用于与否定形式的组合，比如以下的用例：

药一天不吃不行，如果吃到伪药，疾病控制会比较不好。

由于水气减少，白天阳光露脸后感受上相对比较不冷。

今年7月将持续高温，8、9月气温和7月相比较不热。

你是一个修行的人，钱对我们来讲应该比较不重要。

以上都取“比较+不+形容词”的形式，这是比较多见的一种，类似的组合再如“比较不容易、比较不方便、比较不足、比较不准确、比较不熟悉、比较不寻常、比较不重要、比较不合理、比较不完整、比较不实惠、比较不客观、比较不适合、比较不用心、比较不一样、比较不好、比较不同”，另外，还有不少“比较+不+心理动词”的组合用例，如“比较不快乐、比较不喜欢、比较不了解、比较不怕、比较不乐观”等。

也有不少组合取“比较+不+动词”形式，例如：

像这样的事情，如果跟一般人讲，大部分都比较不信。

麻雀跟燕子是很好区分的，学生当然比较不懂。

我不适合，因为我对医疗反而比较不了解。

类似的形式再如“比较不需要、比较不知道、比较不讨喜、比较不入流”等。不过，更为多见的是“比较+不+动词性词组”形式，例如：

不是一般的纹绣师他们技术不好，而是他们比较不了解客户整体造型。

过去外界民众比较不知道有档案管理局这个单位。

台湾比较不适合生产马铃薯，每年需求量有七成靠进口。

我们所见类似的形式再如“比较不感受压力、比较不具优势、比较不令人担心、比较不负责任、比较不习惯填这些申请表单、比较不合适作为长期照护赡养空间、比较不受影响、比较不受国际影响、比较不主张世俗法、比较不重视该地区的重建、比较不在于实际成果、比较不属于故事连结”等。

还有相当多的用例取“比较+不+助动词+动词”的形式，其中的助动词以“会”最为多见，例如：

台南的房市交易表现相对其他城市，比较不会受到景气或房市变动的影响。

待苏花改工程明年完成后，就比较不会有这些状况。

湿度应控制在55℃到66℃间，收纳物品遇到长时间下雨潮湿才比较不会发霉。

我们所见还有“比较不会打瞌睡、比较不会稳固、比较不会那么高、比较不会失焦、比较不会有意外、比较不会塞车、比较不会在台湾引起太大的争议、比较不会吃亏、比较不会老、比较不会乱发脾气、比较不会顽抗、比较不会被挨骂、比较不会有买不到座位的疑虑、比较不会旷日废时、比较不会复杂、比较不会怕、比较不会有失控的问题”等。

“会”之外，使用其他助动词的例子再如：

因此台湾若要求大陆改变，可能比较不能获国际社会支持。

政治民主化之后，执政者比较不容易包庇贪腐。

但是我觉得国民党如果真的是这样的话，这就比较不应该。

骄傲的人比较不能够跟很多人共处，他到处轻慢别人。

与“比较”同义的“较”有时也有这种用法，例如：

将安康与生病、养老等词画上等号，使得岛内业者较不敢推动。

第二个是“太”。

“太”是非常有特点的一个程度副词，普通话中，它有一定的使用范围和条件，大致有以下几点：

一是表示程度过头，多用于不如意的事情，句末常带“了”，如“车开得太快了、你太相信他了”；

二是表示程度高，如果是“太+形/动”，则多用于赞叹，如“太好了！”；如果用于“太+不+形/动”，则是加强否定的程度，如“太不虚心”；

三是受“不”修饰，构成“不+太+形/动”，减弱否定程度，含婉转语气。①

“台湾国语”中“太”的使用与以上三点的不同之处，主要在于表示程度高时，既非用于赞叹，也不表示程度过

① 吕叔湘主编：《现代汉语八百词》（增订本），商务印书馆2010年版。

头，这样，在很多情况下，就大致与一般的表示高量的程度副词“很”没有明显区别了。在这一用法中，用得最多的是“太多”，例如：

冯光远指出，自己有太多其他事情要做。

在工作上需面临各种不同的严峻挑战，有太多实务专业是教科书上找不到的，需仰赖经验传承。

纪录片记录真实，工作人员往往是尽全力配合现场拍摄的人物和环境，太多感动的地方值得记录。

“太多”以外，其他组合形式的用例如：

这次，一定不能错过一些太著名的岩石，像“神女峰”“金盔银甲峡”等。

这件事情太重要，如果汇保证金给日方，那就是默认200浬经济海域是日本的。

让外国朋友及旅游业者直呼来台北太好玩、太方便，许多国际企业团体皆来办理奖励旅游，体验台湾风情。

第三个是“极”。

“极”是一个文言词，普通话中用得不多，与之同义的“极为、极其”等用得倒是多一些。“台湾国语”中，“极”用得比较多，使用范围也比较广，例如：

Ashford二十年来全球营业规模持续成长，我们有能力为顾客争取极优惠价格。

极干性或需高度修护老化受损肌肤适合高营养滋润乳霜“济州寒兰极润滋养霜”。

这棵古树最神奇的是在树干旁长出极似猪头形状的树瘤，被当地民众尊称“千年猪头树神公”。

台湾“极”的用法与大陆的另一个不同是，以“极了”

的形式后置于其他成分。其一是与动词“像”组合，然后带宾语，这是非常有“台湾国语”特色的表达方式，用例比较多见，例如：

那下雨的卫星云图，像极了一条龙，龙正吐着水呢！

蜿蜒的石子小径像极了小迷宫，是散步时的另类乐趣。

其二是附着在形容词后边，表示程度极高，用例也非常多见，例如：

更尴尬的是有次参加同事聚餐时，爱吃麻糬的她，居然把假牙给黏了出来，实在丢脸极了。

年轻人的父亲觉得这个工作适合极了，因为只要每天坐在椅子上，就可以完成这一天的工作。

第四个是“蛮/满”。

“蛮”和“满”是同义的程度副词，在普通话中，“蛮（满）+形”格式表示满意或基本满意的态度，因此只能用褒义或中性的形容词，而不能用贬义的形容词。[①]“台湾国语”中，“蛮/满”的使用基本不受上述两点限制，即可以用于与形容词以外的其他词语（主要是动词性词语）的搭配，另外也不仅限于褒义和中性词语，也可以大量地用于贬义词语。

我们先来看“蛮”。

“蛮”用于动词或动词性词语的例子如：

7参选人都出来参与扭曲事实的说法，让人感觉蛮失望。

后来身体就不舒服，呼吸蛮困难的，就到医务室检查，

① 崔永华：《与褒贬义形容词相关的句法和语义问题》，《语言学论丛》（九），商务印书馆1982年版。

现在情况蛮紧急的，所以赶快先送到台大医院急诊。

这么多人要参选，还蛮难处理的，需要给人家一点时间。

以上有一些动词就是贬义性的，类似的形容词性词语的例子如：

如果恢复阁揆同意权，是蛮危险的！

那里是一个蛮脏的地方，大家都不想去。

另外，普通话中“蛮+形”的组合形式一般要后接结构助词“的”，而台湾也没有这样的限制，上边的一些例子就是如此，再如：

林右昌说，很多履历的学识、条件、经验都蛮优秀，让他感到相当惊艳！

但新鲜酪梨切片蘸酱油或是炒菜，口味蛮特殊。

大陆方面还算自制，也还蛮理性看待台湾未来发展。

再来看“满”。

“满”的使用虽然没有“蛮”普遍，但是也比较常见，其具体表现与“蛮”有同有异，同的是也大量用于贬义词语，不同的则是较少与动词性词语搭配。例如：

这个方法讲起来是很简单，做起来是满难的。

如果台湾人是永续经营的话，是有可能的。如果是抢短线，那我会觉得是满悲观的。

在没出事前，官方也没有在管，这是一个满可怕的陷阱。

第五个是“够”。

普通话中，“够”可以作为一个表示程度高的副词使用，但是用例极少，且通常还要与“的”共现，如“够冷的”；而“台湾国语”中此词的用例较多，并且经常也不与“的”共现，例如：

一口气推出如此丰富的款式，当然也有够划算的优惠回馈给准备快乐戏水去的你。

叶伦12日赴国会发表经济证词，表示美国经济够稳健，未来两年将维持渐进式升息。

只要想法够好，在募资平台上绝对有成功的机会。

另外，表示高量的程度副词还与“有”组合，构成一个有台湾特色的词，义同“非常、十分”，比单独的一个“够”更为常见，例如：

参加人员个个面带笑容认真学习，运动后直呼有够赞。

我那时候实在有够笨，她意思就是表示她要嫁给我。

批发价哄抬为一斤80元，涨幅达128.6%，实在有够离谱。

2. 连词

两岸连词在具体的用法等方面有不少差异，以下分别举例说明。

（1）并列连词

并列连词中，我们讨论“和”与“且”，附带提及“又”。

最典型、最常用的并列连词是“和”，此词在两地除了读音不同外，就台湾而言，还有两点表现与大陆有一定的差异。

一是“和”经常用于连接谓词性词语，而在大陆则主要连接体词性词语，前者的用例如：

解说员除了能告诉游客潮间带生物有趣的知识和进行游憩体验，也协助维护游客的安全和潮间带生物资源的保育。

在世界贸易全球化进程中，靠知识产权保护来占领市场和保卫市场，已成为国际经济斗争的主要手段。

现场成立机动派出所为民服务站受理案和进行倡导，让捐血人及路过民众能更深入了解目前诈骗集团新手法及如何防窃措施。

第二点差异是台湾在使用“和”时，前边经常可以加逗号，这实际上是受英语“and”同样用法的影响，而在早期国语中，这样的用法就比较多见，例如：

一日游行程上午利用主题课程的方式，带领民众了解生物多样性的意涵，和思考外来物种入侵的危机。

包括是否加强战备与侦巡、防范敌机进入，和进行人道救援等，都包括在内。

另外，台北知名地标101大楼，和台北故宫博物院也值得参观。

“且”是一个文言连词，大陆更多地用它的同义双音形式“而且”和“并且”，而在台湾此词却用得很多，并且很有特点。

台湾“且”大致有两种用法，一种是在两个或两个以上比较复杂的谓词性成分中间起连接作用，例如：

展区周边停车空间有限且易满场，请民众搭乘大众运输前往。

医疗财团法人董事会中应设监察人，且须有社会公正人士及基层员工选出的董事。

共遴聘99位具客家文化专长且关心桃园客家议题之客家各领域先进、专家担任咨询委员。

最富“台湾国语”特色的是用于两个双音节谓词（主

要是形容词）之间的形式，即：

本年度王功渔火节系列活动内容丰富且创新，展现芳苑乡在地的热情与活力，大幅提升了彰化的城市营销。

采 TED 短讲的方式，以五分钟紧凑且精彩的演说，引领所有人认识东北角的自然及人文之美。

一段独特演出，生动且活泼极富趣味性，内容诙谐深获好评，令人印象深刻。

同样的结构中，也可以用“又”，也很有台湾特色：

整个主体设计塑造出一个优美又契合当地物理环境之建筑。

县长魏明谷也呼吁大家多运动，活得快乐又健康。

透过网络无远弗届的影响力，让更多国际的友人看见台北夜市的特色，不只创新又吸睛，更透过活动的规划，让夜市迈向时尚风，呈现另一种夜市不同的新风貌。

（2）递进连词

比较有台湾“国语”特点的是“并”，此词大陆用得不多（多用同义的双音节形式“并且”），而台湾用得相当多（远多于“并且”），其中最有特点的形式是在两个或两个以上的动作行为之间，再次引入主语，从而形成“主+动，主+并+动”的格局，即“并”的前边出现了主语。这一形式的实质是，并不在意连续的动作行为被其他成分隔开，以下一例最能说明这一点，例如：

行政人员无不认真学习、勤作笔记，部分业者并表示未来有申请认证或已在申请认证中之规划。

如果按大陆普通话的表达习惯，这里的“并”一般不会使用，如果要用连词的话通常会用“还”。

如果说以上形式还是复句的话，那么下边的句子则是由递进复句扩展为句群了（其形式标记是使用了句号），而这样的用例也比较多见，例如：

金属中心魏嘉民副执行长表示，浮动式离岸风电是全球风电产业未来的发展重点，本次建置规范的讨论有助于了解国际的实行方式，而台湾可以在了解产业的技术需求和缺口后，进一步针对关键的技术研发或产业发展环境进行准备。他并指出，国际浮动式风力发电仍在验证阶段，政府亦已经投入资源进行先期研究，若未来全球产业发展时机成熟，现阶段的研究信息与产业的意见回馈将有助于政府快速制定规范以及发展策略。

有时，在使用“并”的句子中，并没有前后相接的两个动作行为，此时的“并”实际上已经成为一个赘余成分了，而这样的例子也有不少，如：

常熟冠林为台商林为恭董事长创办，该公司董事长并表示，常熟冠林主要从事安全气囊汽车上盖制造与销售。

台湾大哥大在新经营团队上任后，将简化复杂的转投资架构当作既定目标，昨天董事会并通过在适当时机授权董事长处分所持有的中华电信股份。

（3）选择连词

选择连词中，比较有“台湾国语”特点的，是“或（者）”的使用。台湾表示选择关系的“还是”用得不多，原因之一就是用“或（者）”来替代，例如：

使用者无论在白天或夜晚，都能享受完美的自拍体验。

噪音扰民的部分，不论是改装车、重机、超跑或是货卡车等，将要求同仁持续严格取缔，确保民众居家安宁。

相信杨志良知道，委员们也知道，是毫无风骨？或是政治算计？

此外，在与“无论/不论/不管”等的句内组合中，台湾也经常用“或者”而不是“还是”，例如：

不管你学佛或者是修道，都有一个重点，这个重点就是菩提心。

无论在反毒及打诈成效，或者为民服务满意度方面，都交出漂亮的成绩单，让社会大众能拥有安居乐业的幸福环境。

不管是社会住宅纳入整体开发共同负担范畴，或者都市计划优先提供社会住宅用地，希望加速通过。

（4）关联词语

所谓关联词语，就是指通常需要配对或配套使用的组合型词语。两岸关联词语的使用有一定的差异，就台湾一方来说，一是配套的词语与大陆不完全相同，二是有时可以隐去其中的一部分。

就前一个差异来说，比如以下的用例：

我一向觉得中文系太重视古典而忽略现代，不论当代文字学与现代语言学都是中文系的边缘学科，这完全不符我当初投入语言学的初衷。

按，大陆与“不论”配对的通常是“还是”，而这里用的却是“不论……与”。

其实越慢开始，对整个语言教学提升并没有帮助，因为小孩子四年级、五年级很快就过去了，他已经兴趣都不在那上边了。

按，普通话中“越”的配对形式是“越……越”，而此处用的却是“越……并”。

以下的关联词语台湾都没有配套使用，我们用括号把大陆通常需要共现的部分补出：

希望媒体能够自律，不论是正式或实习记者，(都) 应有内部的管理与约束。

政府固然要有政策因应，(但) 不足之处尚需民间力量的投入与协助，才能解决全球化带来的贫富差距悬殊所造成的社会问题。

关联词语的使用与普通话不同的用例很常见，或配对不同，或部分减省。以下再酌举几例：

虽然我们在去年11月29日的选举，南投县长这一役没有胜选，不过去年在南投的选战，是我们有史以来最团结的一次。

未来不论营运主体是谁，债权仍在，不会消失。

虽然该项工作尚未完成，(但是) 如推动过程中有具体成果，可采阶段性奖励方式办理。

即使当时美国处于连续升息，资金环境趋紧，(但) 股市依然表现亮眼。

一旦获得OE品牌车厂认证合格后，(就) 不会轻易更换供货商。

3. 介词

介词方面，两岸的差异不是特别大，但具体的差异总还是有一些，其中比较重要的有以下几点：一是古今之别，二是同义异形，三是由介词引领的框架结构不同。

(1) 古今之别

和其他一些词类相同，所谓两岸之间的古今之别，主要表现为台湾较多地使用文言介词，而大陆则更多地使用同义的后起形式。例如（括号中为大陆常用形式）：

Danny 当场坦承该包裹内以（用）糕饼夹藏毒品愷他命二袋。

另为掌握疫情，已要求环保稽查人员于（在）现场巡查如有发现大量禽鸟死亡之弃置情形，应立即通报。

计划于 2003 年 12 月底自台湾走私安非命至（到）澳大利亚。

（2）同义异形

其中最典型的例子就是台湾的“透过”与大陆的“通过”，即大陆用介词“通过”表示的意思在台湾一般都用“透过”。例如：

产品可以藉由在电商平台曝光、炒热气氛后，透过大数据的分析，拟定对的营销策略。

透过“产业整备”及“商机链结”两大策略，带领新北企业携手冲刺国际市场。

期望透过艺术品欣赏及与艺术家的面对面互动，让孩子在实作互动中学习及培养美学的基础，从小培养艺术观。

（3）框架结构

两地都用但有很大不同，或台湾用而大陆不用的介词框架结构主要有以下两个。

一个是“在……（之）下”。

普通话中，这一框架的空缺部分通常是名词性成分，而在“台湾国语”中，却经常使用动词性成分，由此形成明显差异。例如：

故事戏剧性强烈，张力十足，剧中描述官场政治的现实黑暗面，并刻画人性在正义与权势对立下的善恶挣扎。

企业在追求最高效益下，已经习惯利用网络的高速获得更多更实时网站。

有时，这一框架中的介词“在”还可以隐去，例如：大量滞销下，奇异果产业遭受重大打击。

另一个是“用+动+的”。

这一框架表示的意思大致是“用……的方式+连带的动词义”，其中的“动”基本都是单音节动词，范围有限，数量也不多，但是却非常有台湾特色，例如：

下班时都要先看有无车辆通过收费道，然后在用跑的通过各收费通行道。

我们备车要招待他们去用餐，他们都会提议用走的，去感受这个草悟道的步调，与城市的气氛。

事实上站在中国的立场，对台湾“用买的”远比“用打的”简单得多。

4. 助词

助词的数量不多，但是种类却比较复杂，两岸差异比较明显的主要集中在以下几类。

（1）结构助词

其中最复杂的是“的”，简单地说，它的使用范围一般情况下远大于大陆，另外在一些情况下又小于大陆。

先看大于大陆的情况。

这方面主要有两点表现：一是前边“量词”部分提到的，在数量结构和它所修饰的名词之间加“的”，如“五个的人”之类；二是不刻意区分“的”与“地”，一般的情况下都是用“的”取代“地”。后者的用例如：

携带温暖伴手礼回家，留下美好回忆，健康乐观的过生活。

我们期待不断持续的推出深具风格的旅游假期。

今年夏天，让孩子来身体游乐园玩耍，尽情的创作，探索身体的可能性吧！

也有一些用“的”取代“得”的用例，这样前者的使用范围就更大了。例如：

只有乡亲们用一张张选票全力支持他再度当选，才能让行事端正的他，能更坚强勇敢、站的更挺直。

伊恩收到红包高兴的不得了。

试过瑜伽的泛舟哥一到身体微笑曲线关卡立刻紧张的手心直冒汗，表示害怕的腋下都湿了。

再看“的”使用范围小于大陆的情况。

普通话中，定语与中心语之间，有很多时候“的”是必不可少的，而在“台湾国语”中，有时这样的“的”却可以不出现，就此而言，所以它的使用范围有时又是小于大陆的。例如：（括号内为未出现的“的”）

警方……趁着何嫌要骑机车外出时趋前将他拦下搜索，当场于他（的）机车置物箱内查获两袋内装毒品残渣袋。

一名19岁（的）休学学生，自述在非洲尼日利亚吃蝙蝠餐。

当家庭教养失误，学校教育又有偏差（的）时候……

不仅定名之间，有时状中之间、中补之间的结构助词也可以隐去，因为这两个位置上的结构助词也经常用“的”，所以一定程度上也可以看作“的”使用数量的减少。以下各举一例：

李国毅惊喜（的）表示："我喜欢这种不经意的淡淡果香，一种从容的率直自信，清新不造作，一种享受工作及生活的自在感。"

台湾之星秉持"对消费者好、让电信产业变（的）更好"的经营理念，持续在消费者在乎的地方做到最好，用心提供最高CP值服务。

（2）动态助词

关于现代汉语典型的动态助词"了、着、过"的使用，台湾主要是沿用早期现代汉语，一是有一些"了"与"着"混用（以"了"代"着"），因而与大陆有所不同的例子，如：

德国、美国及韩国领先指标成长也意味了未来几个月全球贸易活动可望持续活络。

原来他抱了很大的希望，认为入主台北市是十拿九稳，只是事与愿违。

有位弟子提了我的香袋，对我说："师尊，你满载而归！"

二是有些"过"所处的位置与大陆不同，例如：

请问来台最殷勤的日本客曾在夜市露脸过吗？

部分地区并有较大雨势发生的几率，下雨过后容易产生积水容器，易形成登革热病媒蚊孳生源，环保署呼吁民众于下雨过后尽速检视住家内外及周围环境。

他一向就只在歌声上得到赞美过。

"台湾国语"中的离合词少于大陆，所以有些动词与"过"组合时合而不离，大陆则是离而不合，如"露脸过"与"露过脸"等。

台湾另有非典型、但却比较常用的动态助词“有”和“中”。很多人都讨论过“台湾国语”中的“有+VP”形式，并把它当作台湾的一种标志性语法现象。这一形式表达的意思有些相当于“VP+过”，例如：

日本为发展再生能源，有利用水库飘浮式的太阳能板。

孩子的专注时间与体力都有经过精密的计算，确保孩子能拥有学习的快乐。

向阳游乐区六年前飘过大雪，2008 年 12 月 6 日也有飘些小雪。

最后一例前后句的“飘过大雪”和“有飘些小雪”正可比较。

有时“有+VP”只是表示对某种已然行为或情况等的确认，并不能“翻译”为“VP+过”，例如：

有一位 56 岁在金融界服务的男性主管，平时即有定期在作全身健康检查。

逢甲夜市中排队队伍最长的摊位当属这间官芝霖大肠包小肠，我们点的原味里面有配花生粉、蒜苗、菜脯蛋、酸菜、小黄瓜及姜片。

这么说起来，连鲨鱼都有分好命跟歹命耶！

再看台湾用于表示持续的“中”。

“中”附着在一些动词性词语后边，表示动作行为等的持续，也是“台湾国语”中一个标志性的语法现象，基本的意思是“正在……（中）”，例如：

至于码头水下损坏部分，由潜水员检查中，详细肇事原因及后续航行安全，刻由航港局邀请该船船长等干部作海事调查中，待该船检查无航行安全下，方同意离港。

目前这些案件在检、警、调人员全力追查下，有些已经逮捕共犯或锁定主嫌追缉中。

（3）其他助词

“台湾国语”中经常使用，且与大陆普通话有较为明显差异的助词或助词性词语还有以下几个。

一个是句末表示限止的语气助词“而已”。

此词在台湾用得远比大陆多，使用范围也远比大陆广，比如可“配对”使用的词语更广，和其他语气词共现等，[①] 例如：

每年的平均举债额度，仍受公债法的限制。这是因应工程建设年度经费使用的弹性设计而已。

这个问题讨论过很多遍了，跟你讲过多少次，梦想不是嘴巴说说而已的。

已经有人默默对你付出很久了，只是你没发觉而已呢？所以，还是仔细看看身边的人吧！

在高频率的使用中，此词的限制意味也有一定程度的损耗而变得不甚明显，例如：

过去，一个场所能否吸烟，是在场者协商互动的结果，现在却是援引法条加以制裁或自保而已。

另一个是用于煞尾的“样子”，它有时候很虚，大致是用于表示判断或说明的，例如：

屏县府涉泄密、通风报信给项新，让项新有时间灭证，曹启鸿却云淡风清、事不关己的样子。

像日本的媒体做铁道观光，不是只是看风景而已，报导中也会讨论各站便当的样子，铁道达人对每个便当了如指掌。

---

① 刁晏斌：《试论海峡两岸语言对比研究——以“而已”一词的考察与分析为例》，《北京师范大学学报》2012 年第 4 期。

不过，口语中比较多用的形式是“这样子的”，也是表示判断或确认的。例如：

他们都希望她早点嫁出去这样子的。

当初我都是一天只睡两三个小时这样子的。

5. 语气词与感叹词

语气词与感叹词有时候难以分得特别清，并且实际上还有不少兼用的情况，所以以下把二者合在一起进行说明。

（1）大陆没有或很少有的词形

语气词和感叹词在很大程度上是用来记音的，有时相同或相近的音用不同的记录形式，就造成了两岸词形上的参互差异，而这种情况还比较多见。以下一些词形就是大陆不用或很少使用的：

今天想秀一下我的新鞋，就踩了昨天刚买的大红高跟去逛街，怎料磨破皮了啦！痛死人勒！

你就是你，这才迷人吔！

师尊咳嗽了，也不能请假，咳了三个礼拜耶！

是水果酒，不会醉的，很甜噢。

要害死多少细胞？哭掉多少眼泪？那好惨咧！

嗒，好奇怪的事，有人送我一架落地电唱收音机！

哗，你已成为一位贵妇人了？

唏，先生，你似乎有些面善！

哇塞，你是几天没吃饭啦？

时至今日，“耶”和“哇塞”在大陆已经常用，但是其他几个依然较少使用。

（2）高于大陆的使用频率

与台湾人有过接触，或者经常看台湾影视作品以及电视节目的人可能都会注意到，台湾人的日常口语表达中，各种语气词和感叹词用得比较多，而这就造成了其中不少远比大陆高得多的使用频率。例如：

哇！我父亲就更火了，椅子拿起来就打。

耶！当天晚上就出现那一尊观音，他浮在海面。

一场餐会下来宾主尽欢，至少表面上是如此啦。

妈妈，学校有教我现在正处在青春期，有很强的叛逆心态，所以我的脾气不好哦！

老师笑着称赞："大家都很有创意，很棒喔！"

不过其实有些种类的鲨鱼，可是很劳碌命的唷！

我觉得想出这个点子且强制执行的卫生官员的内心幽微处有点变态的危险喽。

3. 词形相同但意义、用法有差异

两岸差异比较集中和明显的是"啦"，台湾常用于加重语气和肯定性祈使，而大陆则很少这样用。[①] 例如：

大概不会这样简单啦，我不知道啦！

你太闲了是不是，走开啦！

你别傻了啦！

（三）两岸词组方面的差异

两岸语法差异在词组方面也有比较明显的表现，其中比较突出的是述宾词组和述补词组，此外其他几种词组也有一定程度的差异。

1. 述宾词组

前面在讨论动词、形容词以及名词等的时候，已经分

① 黄国营：《台湾当代小说的词汇语法特点》，《中国语文》1988年第3期。

别提及它们中都有一些可以直接带宾语的情况，由此就构成了台湾“国语”中远比大陆多的述宾词组，随着述宾词组数量和种类的增加，述语与宾语之间的语法—语义关系也更加复杂多样，以下主要从这个方面作一些介绍和说明。

（1）对（向）宾式

述语动词所表示的动作行为等是对着或向着宾语所表示的对象发出的，这类用例比较多见，比如以下用例中的“宣告”：

他很认真的宣告众人，他爱她。

同样的意思，普通话中一般会选择使用“向众人宣告”。以下一例中“宣告”带的是双宾语，而就近宾语来说，也是对宾式：

家属建立正确观念与态度，同时自教育扎根，宣告全民糖尿病不可怕。

其他用例再如：

Xuite 公布 2014 年十大人气景点餐厅，提供民众更多出游地点选择。

捷运公司自陈朝威当董事长，就一直灌输员工要有“做生意”眼光。

供应考生考试文具、茶水、考场指引及临时状况处理。

（2）因宾式

此类表示的语义关系是“因宾而述”，例如：

重返灾区，发现没有一所灾校真正动工，有的还在吵校名，有的还在找地点。

按，“吵校名”意为因为校名的事而争吵。

这类句子最常见的形式是由心理动词以及某些形容词

带一个陈述性的宾语，例如：

当年有的学生甚至遗憾没有像里根一样的领导人。

你是不是很紧张要和罗朔见面的事？

他有点失望我猜不中。

(3) 处宾式

此类宾语表示的是动作行为的处所，理解时大致要按“在+宾+述”来进行，比较常见，例如：

旅客还可选择在行程中停留新加坡。

让海内外旅客能够轻轻松松跟着美食旅行台湾。

你以前呆过杂志社，也算是同行了。

(4) 与宾式

此类表达的意思在普通话中一般表述为“与+宾+述”，用例也比较多见。例如：

创造利润，分享顾客。

热能消耗相等走路6-10公里。

整个动作看来是一个相当严谨的过程，简直可以媲美外科手术学。

(5) 其他形式

除以上几种比较多见的述宾语义关系外，“台湾国语”中还有一些通常不见于大陆的用例，所表述的语义关系也比较复杂多样，以下再酌举数例：

你怎么不打算一下你自己啊？

如何服务这日本人呢？我又不会日语！

我知道你未必苟同我。

2. 述补词组

“台湾国语”中补语情况比较复杂，由此就使得两岸的述补词组差异较大，其中比较明显的有以下几个方面。

（1）一般差异

两岸补语的差异首先表现在形式上，一是台湾有不少补语可以不用“得”连接，而同样的情况下在大陆则一般必须有“得”。例如：（括号内为未出现的“得”）

在和谐的状况下，相信台中市社会风气与人心都会变（得）更好，治安也会变（得）更好。

我们买了著名的“耐操车”，不仅体积容量大，耐用更耐久！载（得）更多，赚（得）更饱，打拼事业全靠它了！

只要拿着观光手册跟着六大主题游程走，就可以尽兴把台北玩（得）透透。

两岸补语在形式上的另一个明显差异是台湾的述补之间经常可以被宾语隔开，即取“述+宾+补”的形式，而大陆则通常取“述+补+宾”，或者是采用其他句式来把宾语“移开”。例如：

大白鲨恶狠狠的扫视全班一遍。

（黄玫瑛）于陈昏睡之际，洗劫皮包内的九千四百元一空。

（2）几类具体补语的差异

一是处所补语。

“台湾国语”中不少由介词“在”引介的处所补语直接挨着述语动词，而在普通话中则通常在状语的位置出现，例如：

而他都已经花了两个月的时间在那上头了。

我读的是经济，绝对不会浪费时间在不必要的事情上。

有时也用文言介词“于”而不用“在”，例如：

（长庚医院）首先应用逆行性脑灌注术于剥离性主动脉手术。

校方应加派舍监或辅导老师于宿舍。

二是程度补语。

台湾比较常用的程度补语是“极（了）”，在用法上的独特之处是与动词构成述补结构后直接带宾语，其中最多见的形式就是“动+极了+宾”。前边已经举过“像极了……”的用例，类似以及别的用例再如：

这孩子出生时，头圆耳长，像极了中国的弥勒菩萨。

我真是怕极了他们。

她立即爱极了腹中未出世的这对双胞胎。

另一个用得比较多的程度补语是“太多”，形式上通常是直接附着于述语动词，例如：

他认为高雄条件比新加坡好太多，应该好好把握机会奋起。

就这方面来说，台湾人不如大陆人，差太多了。

三是趋向补语。

台湾趋向动词中比较独特的，是“来”和“去”可以附着在单音节动词后边直接带宾语，例如：

他回来台湾打球，应该是意义大于实质。

许多餐旅学校培养出的人才，都楚材晋用，跑去新加坡、澳门地区。

甚至由“来”和“去”组合成的“回来”和“回去”“出去”“进去”等，也可以有同样的用法，例如：

我把当地状况和需要带回来台湾，鼓励更多人支持。

连阵营质疑，柯文哲选上后是否会变回去“台独、深绿”的立场。

少年总爱飞出去城市打天下。

硬是将考试重点塞进去学生的脑袋中。

此外，“到”的使用比较多，用法有的也比较特殊，例如：

在比赛前，向对手发出有挑衅性的喊话，用语犀利、嚣张、火药味十足，以刺激到对方。

决定提高悬赏缉凶的破案奖金到新台币二千万元。

3. 连谓词组

“台湾国语”中有几种大陆不太常见的连谓词组值得注意。

（1）表示“使动”意思的形式

即主语对宾语发出第一个动作，并促使宾语再发出第二个动作。例如：

但也有不少学校压迫老师同时提供教学与研究。

此例意为“压迫老师，使他们同时提供教学与研究”。以下各例均可作如是观：

大安警分局昨天约谈陈嫌到案。

若限制该委员的角色仅为顾问性质，又会激怒阿拉维不爽，导致伊拉克新政府更难运作。

政府要打造台湾成为亚太高等教育中心。

（2）引出受益对象的形式

这样的词组中的后一个为谓语形式，是一个用“给”“至”义动词引出的受益对象。例如：

我们的强项向来是销售平价电脑给一般消费者。

提供最直接的党务资源予本党提名之林岱桦同志。

反观目前的升等制度，却“重研轻教”，教师无法投注更多时间到学生身上。

（3）表示庆幸的形式

这是在一般的句法形式前加“还好”的形式，用例相当多见，很有台湾特色。例如：

还好进一步安排检查诊断是良性肿瘤。

中学时还好被老师发现异状，带她到警局报案。

但警消到场后，却怎么叫都叫不醒庄男，还好警方透过了各种方式，确认了庄男的身份。

（4）表示认可、肯定的形式

这一形式是在一般的句法形式后边加上“就对了”，也非常有特色，其中的“对”经常超出对错的范围，与普通话中的“就是了”差不多。例如：

他特别交代曾国城：“你在告别式上讲什么我不管，我只有一个要求——把大家逗笑就对了！”

廖婉汝表示，乡亲们的事就是她的事，她只知道踏实努力的去做就对了。

企恰是我上自然课时的好伙伴，只要有做观察动物的报告，我只要找牠就对了。

4. 状中词组

两岸状中词组有较多的差异，主要是因为台湾“国语”中能做状语的词语种类更多。

（1）名词性状语

典型的名词状语是不带“地”的形式，例如：

三名死者在床上横躺，其他六人则顺序由床边沿着警卫室内墙，堆叠排到门口。

不发现癌，人就仍然活在这里！他哭声说。

如果加上带“地”的非典型形式，用例就更多了，如：

报道者权威地作了结论。

他无法冷血地当孩子不存在！

（2）动词性状语

也有加与不加结构助词这两种形式，前者的用例如：

吴发仁镇长致词时语中充满感慨与感谢表示。

刘梅君语重心长表示，知识分子发现社会问题，介入、讨论，甚至透过各种方式推动改变，是令人兴奋的事。

不过，更多见的是带结构助词的形式，例如：

拿出日记本，我在上面补充地写下：“相信人间有爱，这就是我一生执着的一件事吧！”

隔天早上起床——尤其当你回到工作岗位，恼人的酸痛又阴魂不散的纠缠而来。

（3）程度副词状语

按现代汉语的一般规则，程度副词通常只能修饰形容词和心理动词，前边已经讨论过台湾程度副词修饰动词的情况，因为这一形式比较多，这里再举几例：

相信彼此未来的效将更为增进。

整个时光球封箱仪式，在上午划时进行，以极为复古的方式展开。

他非常推荐海外的朋友，来台北圆自己的梦。

（4）时间状语

台湾一些表示时间或者是与时间有关的状语比较有特色，同样的意思，大陆往往需要另外措辞，例如：

建议有心血管疾病以及老年人，应避免太早起床。

不啦，可不能太晚回家。

预期国际资金回流新兴市场的趋势还不会太快改变。

5. 同位词组

早期现代汉语中，有一些同位结构取偏正词组的形式，这一形式基本保留在当下的“台湾国语”中，用例较多，而大陆普通话则已经较少使用。例如“编者之一的郑良伟教授”，“编者之一”与“郑良伟教授”就是同位关系。同样的例子再如：

而台湾的神经中枢，就属军政中心的大台北都会区。

做弟弟的硬是对现任总经理的哥哥开炮。

正对面来了一辆十轮大卡车的军车，我们眼看就要撞上去了。

（四）两岸句子方面的差异

到目前为止，两岸语法对比研究多集中在词法方面，对句法和各类句子的研究还远远不够，以下只能就已有的研究以及我们关注到的相关现象，从句式的角度展开一定程度的介绍和讨论。

1. 处置句

（1）两岸“把”字句的主要差异

台湾“把”字句的使用数量仅为大陆的一半，因为同样的意思经常选择另外的表达方式，比如前边列举的“打造台湾成为亚太高等教育中心”，普通话中通常表述为“把台湾打造成为亚太高等教育中心”。

两岸“把”字句比较明显的具体差异大致有以下几点：

一是台湾较多使用光杆动词。例如：

政府也应把民间力量引进。

目前当务之急是必需先把第六号火化炉更新。

本月7日初审通过选罢法部分条文修正草案，把争议不断的禁止罢免宣传条文及罚则删除。

二是台湾较多使用非处置性动词。台湾很多“把”字句表达的大致是“使成”义，因此使用的并非处置性动词，例如：

协助身心障碍者多学习一项技能，把职业训练的意义彰显出来。

不要把你们党内的斗争失败，恼羞成怒转化成为恶意抹黑和攻击。

朱立伦承诺要把党产透明化。

三是一些修饰限定成分放在“把”的后边。普通话中“把”字句的一般使用规则是尽可能把修饰限定性成分放在“把”前，而台湾这一限制并不严格，例如：

要回到我的家乡苗栗，来好好地打这一场仗，把我们的价值能够实现。

人权促进会秘书长邱伊翎强调，政府不能把经济总是放在最前面。

四是相对于大陆“公务语言”中一些复杂的“把”字句，台湾总体上显得比较简约。大陆复杂的例子如：

盈江地震灾区是边疆地区、少数民族地区，也是贫困地区，要把恢复重建同扶贫开发相结合，同扶持少数民族地区特别是人口较少民族地区发展相结合，同兴边富民工程相结合，同农村危房改造和抗震安居工程建设相结合，同加强基层建设相结合。

（2）两岸“将”字句的主要差异

一是台湾的强致使义句子较多，例如：

主办单位嘉义大学及台湾嘉义大学校友总会，特别将棒球赛回到嘉农所在地嘉义开打，别具深厚意义。

我们自己要先将共识形成。

不但提供参观民众全新的感官飨宴，亦将台湾学术界优秀的花卉育种能力绽放在全世界眼前。

二是台湾比较多用动词性四字格，例如：

(儿福团体) 认为不可将新闻自由无限上纲，享有新闻自由应先懂得尊重人权、保护儿童，并做到媒体自律。

这次范会长与林会长更是将活动发扬光大，希望结合更多团体共襄盛举。

为了吸引观众，执行者还得不断“文化创新”，将死刑犯分门别类，开发杀人的新招数，以创造“新鲜”的戏码。

三是台湾较多用虚义动词结构，即“做/作……”形式，例如：

或者是民众也可选择将乌龙、金宣、红乌龙、绿茶等做一次性的结合，一次便买回台东不同的特色茶叶。

除将优惠存款制度做了合情合理的改革外，还包括推出“八五制”。

便无预警的将其财产土地权作禁止处分。

2. 被动句

这里是指有标记形式的被动句。两岸这类句子的主要差异是，台湾［+中性］［+如意］［-如意］的被动句均衡三分的格局已经初步形成，发展程度明显高于普通话。所谓均衡三分，上一讲中已经指出，即表示［+中性］的语义倾向时用“被”字句，表示［-如意］的时候则用“遭”字句，而表示［+如意］的时候用“获”字句。

（1）两岸“被”字句的差异

台湾“被”字句用得较少，大约只有大陆的一半，[①] 原因之一是因为“遭”字句用得比大陆多得多，另外专表［+如意］的“获”字句用得也比大陆多。

两岸“被”字句具体的差异主要表现在以下几个方面。

其一，台湾有更多的“被”字句用于［+中性］，即无所谓如意还是不如意，例如：

商港改制公司，应该被定位为一种过渡性的安排。

让花莲县境内所培育出的蝴蝶兰之美被大家看见。

当事人都是对“情”本身过于“执着”，并认为自己的内心无法被了解。

另外，也有很多表示［+如意］的例子，如：

谢欣颖对此分享自己过去，想成为被崇拜的对象，于是模仿偶像的穿搭风格、保养方式，以及生活态度，但最后才领悟到，没有谁可以完全变成谁。

每一寸土地都应该被珍惜，每一个民众都要被善待。

唯有政府及业者共同面对这四项要求，而非只想着就地合法，公道正义才能被落实。

其二，台湾较多使用单音节光杆动词。例如：

林坤福表示，除邮差被狗咬伤以外，过去三年还有三千多人次被狗追。

如果邮差是被家犬咬，“中华邮政公司”会协助追究狗主责任。

族人不太清楚桥是谁出钱盖、堤防谁要做之类的问题，只是很希望部落声音被政府听。

① 刁晏斌：《两岸四地“被”字句对比考察》，《语文研究》2013年第2期。

其三，台湾较多使用复杂的动词性词组。例如：

黄丁木等人被依投票行贿罪起诉判刑。

过去她曾被男同事拍桌骂说，“你这个‘查某人’”。

该行道路用地均系早年被政府依都市计划设为道路用地。

其四，台湾古旧色彩相对浓厚。主要表现一是使用近代汉语中比较多见的“被+句子”形式，二是使用文言“为……所”形式的变体“被……所”。例如：

一旦被大型金控银行大举增资收购高银股票，将使市府投资高银的美意尽失。

首回合取得领先、唯一业余选手十八岁洪健尧昨天败给自己，被自己的急躁搅乱了击球节奏。

有鉴于医护人员的辛劳，常被大众所忽视，特别设立奖励制度，表扬优秀护理人员。

（2）两岸“遭”字句的差异

台湾“遭”字句的使用频率远高于大陆，二者之比大概是近6∶1,① 所以，我们看到有很多在大陆用“被”字句表示的意思在台湾用“遭”字句，例如：

叶男虽觉遭利用，但为了不让阿琴不开心……找了家住台南市南区五十八岁机姓男子当假结婚人头。

市政府被空头掮客公司诈骗，本案所有掮客都遭判刑。

张妇……过了一天才惊觉被骗，赶紧向警方报案，遭骗新台币23200元。

（3）两岸“获”字句的差异

“获”字句基本只用于表示［+如意］，比如以下一例：

---

① 刁晏斌：《两岸四地的“遭”字句及其与“被”字句的差异》，《语言教学与研究》2012年第5期。

上月起警方陆续逮捕收押黄启展等三人，另共犯吴男、黄男、林男三人被捕，但获交保。

此例前用“被捕”，后用“获交保”，一坏一好，对比明显。

台湾“获”字句的使用率虽然不如香港和澳门高，但也是大陆的近三倍，[①] 所以，我们首先看到大陆通常不用的有一些“获”字句，例如：

可见新北市语文政策推展已获大家重视，也逐渐彰显成效。

本次座谈会获各地方管理人员表示对其办理支付业务确有帮助。

台湾银行于本月上旬获中国大陆银行业监督管理委员会通知核准该行广州分行筹建。

3. 比较句

两岸差异比较明显的是差比句，总体而言台湾形式多样，用例复杂，其中比较多的是以下几种形式。

（1）N_1较N_2V

这里的两个N分别指两个比较对象；“较”是比较词，大陆一般用“比”，而V则是比较结果，可以由形容词性成分充当，有时也由一些动词性成分充当。例如：

外币保单的预定利率较新台币保单为高。

搭客运预估单向可较自行开车节省20–30分钟以上。

两岸加总的点阅次数较去年成长一百倍，且还在跳增中。

① 刁晏斌：《两岸四地“获”字句对比考察》，《华文教学与研究》2012年第2期。

（2）N_1V过N_2

这也是“台湾国语”中比较常见，而大陆不太多见的形式，其中的V数量很少（指能充当V的词语），限定于都表示“积极”义。例如：

失业率高过主政者的支持率，绝非民众所乐见。

现代社会民间部门的力量早已大过政府部门。

因为他的赔偿金大过于你被拆房子的价值。

（3）N_1N_2不输N_3

这也是很有“台湾国语”特色的一种比较句，N_1和N_3分别是比较的双方，而N_2则是比较项，有时句中还要再加一些连带的成分。整个句子表达的意思是“N_1在N_2方面不比N_3差”，用例比较多。例如：

高雄有很好的条件，卅五年前是台湾第二大都市，经济发展不输台北。

其次则是头城，因为其涨幅、单价并不输给北桃管制区。

台中市七期重划区里也有规划及管理质量不输给北台湾的3A级住宅。

4. $N_1V_1N_2V_2$

此类形式与第二类相比，少了一个“过”，但后边又多了一个表述项V_2，用例不及前者多。例如：

生病的人都在受苦，这些苦虽然差地狱很远，但是，离地狱也近了。

德国的故障率小，速度快，寿命长日本的一倍。

金维本人也强他阿爸没多少。

二、造成两岸语法差异的主要原因

一般在讨论两岸语言差异的原因时，人们总会首先想到与提到社会原因和语言内部原因，前者主要是指两岸语言分别在不同的社会环境下发展，由此自然会带来诸多不同；而后者则包括本地方言（主要是闽南话）以及外语的影响等。这些当然都对，但是除此之外，还有一个重要的认识角度，由此也成为一个重要的原因，这就是两岸语言由一个共同的母体，即早期国语分化后，发展的速度不同，最终的结果是与早期国语的距离不同，上述大多数语法现象的差异都与此有极为密切的联系，或者说都是由此造成的。

简单地说，国语的分化与隔离，始于20世纪20年代起“国统区”与中共领导的革命根据地的对立，其肇始时间是在第一次国内革命战争时期（1924—1927），到1949年国民党政府倒台以后，分化进一步加深和加快，并最终形成今天的状况，我们主要表述为“两个距离”的不同。

1. 与早期国语的距离：大陆远大于台湾

这里的意思是：如果以“五四”前后至20世纪50年代初的“国语”（一般称为“早期国语”）为起点和参照的话，“台湾国语”总体而言发展较慢，变化较小，没有与之拉开太大的距离，因而总体的一致性相当高；而大陆普通话则在新中国成立后一系列语文规范运动的引导与驱动下，发展越来越快，变化也越来越大，最终与早期国语拉开较大的距离，形成了诸多不同，而普通话与“台湾国语”在语法上的诸多不同，正是由此形成的。

人们在描述“台湾国语”及其表达的特点，经常喜欢用“古意浓厚”等，这一点不仅表现在多使用古词古语等，同样也表现在早期国语各种语法形式及表达方式大面积存在，而它们中的很多在大陆则已经或趋向于萎缩，有些甚至退出现实的使用，而这也就是这里所说的离早期国语距离远近的最主要表现。

关于这一点，周殿生说：“台湾国语在很大程度上继承和沿袭了‘五四’以后白话文的某些特点，即使是口语也不乏斯文；而大陆的普通话则更多地表现为大白话和大众化，因此更为普通化。”① 大陆普通话正因为有周殿生所说的“大白话和大众化”特点，所以才与早期以及今日台湾的“国语”有所不同。

比如，早期国语中“述+宾$_{对象}$+介+宾$_{处所}$”形式比较常见，如“妇人滴下泪水在小孩底发上”，而同样的意思普通话一般要把对象宾语移到别处，直接采用“述+到+宾”格式，如上例一般采用“妇人的泪水滴在小孩的头发上”。台湾“国语”中，“述+宾$_{对象}$+介+宾$_{处所}$”形式存留，比较常用，前边所举的例子如“我读的是经济，绝对不会浪费时间在不必要的事情上”，就是其具体表现。据初步观察，上述各种语法差异形式中，有一大半都是由此产生的，因此自然也可以从这方面对其产生原因进行解释与说明。

2. 书面语与口语的距离：台湾远大于大陆

在以往的相关研究中，除语音（语音主要是口语性的）

---

① 周殿生：《谈两岸非通用词语》，《新疆大学学报》2006 年第 5 期。

外，人们一般不太注意区分口语和书面语，由此就在很大程度上忽略了二者之间的关系及其对两岸语言差异的影响甚至于一定程度的决定作用。总体而言，台湾的言、文距离大于大陆，甚至相对而言存在着相当程度的言、文背离现象，而这正是造成两地语言一系列对立性差异的另一个重要原因。其实，两地书面语与口语距离不同，一方面表现在“台湾国语”书面语与口语之间距离较远，另一方面，也是更为明显和突出的，则是表现在大陆普通话书面语与口语的距离之近，而后者才是造成两地通用书面语差异的更重要原因。

韩敬体指出：“解放后，大陆语文教育提倡语体文，倡导言文一致，作品语言趋向口语化，不少文言词被语体词或短语所取代，书面语中传承的带文言色彩的词语大为减少，书信用语也语体化了。”① 不仅词汇方面如此，语法也是如此。比如，前边提到“台湾国语”中多用一些文言虚词，以及被动句三分等，背后都有这一因素的影响与推动。

不过，有时候也有一些可能多少有点相反的情况：在有的方面，“台湾国语”一些口语现象进入书面语的程度可能比普通话还要高一些，比如前边谈到语气词与感叹词的数量及使用频率都比普通话高，就是一个比较集中的表现。

① 韩敬体：《海峡两岸词语的歧异和减少歧异的设想》，载周荐、董琨主编：《海峡两岸语言与语言生活研究》，香港商务印书馆2008年版。

三、两岸语法的交流与融合

要对海峡两岸语法进行比较全面的对比研究，就不能只盯着各种语法差异，而忽略或无视在差异基础之上的融合变化及其各种具体表现。可以明确地说，两岸语法不仅有差异，同时也有融合，并且随着时间的推移及两岸关系的发展变化，融合的趋势越来越明显，表现也越来越突出。

如果大致作一划分，两岸语法的融合可以分为两个阶段。

前一阶段，大致由20世纪80年代中期两岸开始交流与交往起始，主要由普通话向“台湾国语”靠拢，即引进和吸收了较多的台湾语法形式，或者是由台湾仍在使用的早期国语形式“激活”一度在大陆趋于萎缩和消亡的同样形式，由此而重新达成了双方的一致性或共同性。另外，也有一些有“台湾国语”特色的后出现的语法形式也大批量进入普通话，比如上边提到的那些语气词与感叹词等。

后一阶段大致始于20世纪末、21世纪初。此时的情况有所变化，如果说前一阶段主要是普通话单向性地向“台湾国语”靠拢的话，本阶段则更多地表现为互动性，即双方都向对方学习、吸收对方的独特表达方式，以为我所用。就大陆对台湾的吸收而言，如“有+VP”句在口语中日渐多用，以及有限度地向书面语推进，此外再如近年来普通话被动三分的趋向也越来越明显，其具体表现就是“被”字句的使用减少并且“中性化”的用例增多，而“遭”字句与“获”字句的使用却在持续增加;① 就“台湾国语”对普通话的吸收而言，例如普通话的“标志性”动词“搞”“抓”等，在台湾也成为常用动词。②

① 刁晏斌:《当代汉语语法研究》160–237页，北京：中国社会科学出版社，2016年。

② 刁晏斌:《海峡两岸民族共同语对比研究》221–237页，北京：中国社会科学出版社，2017年。

——第七讲——

从“一文两体”走向“书同文”

——两岸用字现状和趋势

文字是记录语言的符号，也是文化的载体，几千年来承担着记录汉语任务的汉字，是中华文化的重要载体，也是中华文明的标志，对世界文明发展作出了重要贡献。汉字从汉代以来，进入隶书和楷书的今文字阶段，二千多年以来一直处于比较稳定的状态。20 世纪 50 年代以后，因为在用字选择上的分歧，现代汉字系统发生了革命性变化。大陆于 1958 年提出的“两推一简”文字改革任务，其中两项任务简化汉字和推行汉语拼音方案都与汉字直接相关。台湾一直沿用传统汉字，并把汉字称作“国字”，在汉字规范化（国字整理）方面也做了大量工作。在汉字使用和标准制定方面，两岸目前是各行其是，各有规矩，形成“一文两体”的局面。随着信息化技术的发展，开展两岸交流以及各华语社区的交流，迫切需要语言文字信息交换的高效率，而“一文两体”的汉字现状对语文现代化已经造成不同程度的障碍。2009 年在中国国民党中常会上，台湾地区领导人就对“正体字”和“简化字”的问题表达了关注，并希望通过举办文教论坛等形式达到“书同文”的目标。“书同文”是一个长远的目标，是两岸共同的愿景，需要两岸高层和民间的共同努力。当务之急是理清两岸汉字系统的差异，了解两岸现实用字状况和社会需要，设计好协调两岸汉字规范化工作的规划。在此，我们将围绕汉字字形问题，从繁简字、异体字和印刷用字整理等方面介绍两岸在汉字规范化方面所做的工作，从比较的角度审视两岸汉字标准体系建设的历程和用字现状，并对实现两岸“书同文”的远大目标提出政策建议。

一、两岸“书不同文”局面形成的历史原因

从 20 世纪 50 年代开始，随着大陆文字改革的实施，两岸汉字的整理和用字制度走上了不同轨发展的道路。

1954 年大陆成立文字改革委员会，1958 年周恩来作了《当前文字改革的任务》的报告，提出文字改革的三项任务：简化汉字，推广普通话，制定和推行汉语拼音方案。这三项任务的提出顺应了汉字改革的历史发展，是新形势下对新中国文字改革任务的进一步明确和肯定。其中一些方面的工作，在此之前已经展开并取得了重要成果。

新中国成立初期，大陆标志性的语文事件是一系列有关汉字规范标准的颁行。相继发布的有《标点符号用法》

(1951)、印刷物竖排改横排(1955)、《第一批异体字整理表》(1955)、《汉字简化方案》(1956)、《汉语拼音方案》(1958)等。其中对汉字整体系统影响最大的是汉字简化。这是新中国成立后的一项重大文化举措,在政府主导下顺应汉字发展趋势,对汉字系统进行整理、优化,对普及国民教育、提高民族文化水平、发展文化科技事业,作出了巨大贡献。1964年又发布了《简化字总表》,并于1986年重新公布。修订版的简化字总表共收2235个简化字和14个简化偏旁。

1965年发布《印刷通用汉字字形表》,该表与此后在该表基础上增订而成的《现代汉语通用字表》(1988)确立了汉字印刷体及其字形(一般称之为“人民体”或“新字形”),规定了所收汉字的字形结构、笔画数目以及笔顺等,是大陆使用新型印刷体和新字形的规范性标准。

综合体现大陆汉字整理最新成果的,是由教育部和国家语委组织制定并于2013年6月由国务院正式发布的《通用规范汉字表》(以下简称《汉字表》)。该字表的研制从立项到完成经过了十年多的时间,研制过程中,先后召开大型学术会议、专题研讨会、审议会等120余次,海内外专家学者4000多人次参与研讨,近40个主要用字单位和行业主管部门对研制工作提供资料并提出意见建议,先后修改90余稿,国家语委18个成员单位、有关高校和学术团体都给予积极支持和配合。

《汉字表》对“规范汉字”的含义作了明确界定:“规范汉字”是指经过系统整理、由国家发布、通行于中国大陆现代社会一般应用领域的标准汉字。也可理解为经过整理简化的字和未经整理简化的传承字。

《汉字表》收录汉字 8105 个，根据使用频率分为三级：一级字表为常用字集，收字 3500 个，主要满足基础教育和文化普及的基本用字需要。二级字表收字 3000 个，使用度仅次于一级字。一、二级字表合计 6500 字，主要满足出版印刷、辞书编纂和信息处理等方面的一般用字需要。三级字表收字 1605 个，是姓氏人名、地名、科学技术术语和中小学语文教材文言文用字中未进入一、二级字表的较通用的字，主要满足信息化时代与大众生活密切相关的专门领域的用字需要。

作为一个权威性的规范依据，《汉字表》提供了反映汉字字符种和字形方面的最新标准。各级字集所收的字，都经过严格选定，并根据规则进行了字形整理。《汉字表》是一个具有强制性的规范字表。字表公布后，要求社会一般应用领域的汉字使用都要以《通用规范汉字表》为准，原有相关字表停止使用。

在台湾，汉字的整理，也一直被列为语文规范化的一个重要内容。汉字在台湾叫做“国字”或“正字”。“国字”或“正字”整理工作的特点是通过标准字表的制订把常用字整理和字形整理结合进行。有关研究和准备工作启动于 20 世纪 70 年代。1973 年台湾教育事务主管部门正式委托台湾师范大学成立专案小组，负责研订常用字和汉字标准字形。1978 年教育事务主管部门根据台湾师范大学提交的 4808 个“国民常用字标准字体”出版了《常用国字标准字体表》(简称甲表)，试用三年后于 1982 年 9 月公告启用。随后又相继颁布了《次常用国字标准字体表》(收录

6341个字，简称乙表）和《罕用国字标准字体表》（收录18480个字，简称丙表）。1984年3月教育事务主管部门印行了《异体字表》（收录18610字，简称丁表）。

从1983年起，台湾编译馆全部以标准字体排印“小学国语科教科书”，后来扩大到其他科目和中学教科书。为了向全社会推行标准字体，台湾出版了一系列关于标准字体的学习和参考资料。其中包括：《部首手册》《国字标准字体（教师手册）》《国字标准字体教学指引》《常用国字标准字体笔顺手册》等。

在汉字拼音化工作方面，1958年《汉语拼音方案》的制定和推行是大陆语文生活中的一件大事。1958年，一届人大第五次会议正式通过颁布了《汉语拼音方案》。2000年，九届全国人大常委会第十八次会议审议通过的《中华人民共和国国家通用语言文字法》，确定了《汉语拼音方案》作为国家通用语言文字的“拼写和注音工具”的法律地位。2012年，《国家中长期语言文字事业改革和发展规划纲要》确定了到2020年的工作目标，明确指出要使“汉语拼音更好地发挥作用”。

拼音已经成为识读汉字、学习普通话的重要工具，成为改革和创制少数民族语言文字的重要依据，并广泛用于中文文献排序检索以及工业、科技领域的型号和代号等多个方面。随着现代信息技术的普及，汉语拼音输入汉字被普遍使用，汉语拼音渗透到社会生活的方方面面。作为我国对外交流的文化桥梁，汉语拼音被广泛用于对外汉语教学、对外交流等领域。作为一种科学、方便、实用的语言文字工具，汉语拼音为我国经济和社会生活的现代化、信息化提供了极大便利，为我国普及教育、发展科技、提高信息化水平作出了重要贡献。

70年代以后《汉语拼音方案》也逐步走向了世界。1979年联合国秘书处决定采用汉语拼音作为在各种罗马字母文字中转写中国人名和地名的标准；1982年国际标准化组织将《汉语拼音方案》作为中文文献罗马字母拼写的国际标准。

1986年，国家召开全国语言文字工作会议，确定了新时期语言文字工作的方针和五项任务，其中一项就是“进一步推行《汉语拼音方案》，研究并解决实际使用中的有关问题”。1997年，国家召开第二次全国语言文字工作会议，确定了跨世纪语言文字工作的指导思想、奋斗目标，“继续推行《汉语拼音方案》，扩大使用范围”仍列为主要任务之一。

台湾一直使用的是原称“注音字母”的“注音符号”，1958年推行汉语拼音方案以前“注音符号”也是大陆使用的主要拼读工具。1986年，台湾教育事务主管部门公布以罗马字拼写的汉语译音系统“注音符号第二式”，因而把注音符号称为“注音符号第一式”。目前，台湾小学生在学会汉字书写之前，必须先进行为期十周左右的注音符号教学，以作为其后汉字发音的拼读工具。注音符号是标注生字的拼音符号，也是普遍使用的汉字输入法。注音符号在台湾推行相当成功，小学生被要求熟练使用。在台湾闽南语、客家语的教学上，教育事务主管部门另外增添新符号以能拼读这些乡土语言（方言），称之为“台湾方言音符号”。

1999 年台湾当局决定采用汉语拼音，2000 年左右，台湾民进党上台后否决了汉语拼音，颁布了一套“通用拼音”规则，试图以拉丁化的拼音方式取代注音符号的使用，并取代注音符号第二式。但“通用拼音”的方案遭到台湾社会很大一部分人的强烈反对。2008 年，台湾当局“行政院跨部会会议”通过相关主管部门的提案，确定未来中文译音政策将改采汉语拼音，不再使用民进党执政时决定的“通用拼音”。持续多年的“拼音大战”，终于有了结果。“通用拼音”和“汉语拼音”两种方案在台湾的相争，上上下下，几经波折，从争议展开的过程和内容来看，两“案”之争并非学术之争。“通用拼音”的提出与“文化台独”的策略有着明显关系。其提倡者否认汉语拼音作为国际标准的范围包括台湾，强调包括拼音系统在内的语文的“认同性”，主张“主权独立”的台湾应该有自己的标准，实质上要尽量割断台湾与大陆的文化联系。

进入中文信息处理的时代以后，两岸在信息领域中的标准化建设都有积极发展的举措和成果。为了改变印刷行业的落后面貌，解决汉字的计算机信息处理问题，1974 年 8 月，大陆几个机构联合发起，设立了国家重点科技攻关项目“汉字信息处理系统工程”。20 世纪 80 年代到 90 年代中期，中文处理在大陆进入大发展阶段。1980 年我国第一个汉字编码字符集标准《信息交换用汉字编码字符集 · 基本集》（GB2312-80）面世。这是个简体字集，共包括国标简体汉字 6763 个，它的制定和推行奠定了我国汉字信息处理的基础。

20 世纪 90 年代初国际标准化组织 ISO 颁布 ISO10646

标准，即《信息技术——通用多八位编码字符集》。这是国际编码标准的首个版本。其中的汉字部分（包括中日韩十年三方的表意字符）称为“CJK 统一汉字”。CJK 统一汉字的中国部分，包括了源自大陆的 GB2312、GB12345（辅助集）、《现代汉语通用字表》等法定标准的汉字和符号，以及台湾的 CNS11643 标准中的汉字和符号。在 ISO10646 研制中，大陆有关政府部门、语言文字和信息处理专家积极参与，充分发挥了主导作用。1993 年我国以 GB13000-1 国家标准的形式对 ISO10646-1 标准予以认可（即二者等同），完成了汉字编码走向国际化的第一步。

由于新的编码体系与当时多数操作系统和外部设备的兼容需要一个过程，从 1998 年起，我国着手研制一个新的标准。2000 年《信息技术信息交换用汉字编码字符集基本集的扩充》（GB 18030-2000）颁布实施。正如该字集的名称所示，这是一个《基本集》的扩充字集，其中附录 A（标准的附录）收录《GB13000-1》全部汉字 20902 个，加上附录 C 和附录 D 收录的内容，合计收汉字（包括部首、部件）27484 个。作为一项国家强制性标准，GB18030-2000 是我国计算机系统必须遵循的基础性标准之一。

从 2002 年开始，中华大字符集的项目起步，开始进行字符种收集和子集的设计。它是承载中华文化的文字与符号的总和，是在虚拟空间保存中华文化的基本建设，这个字符集的建成使得为传统文化知识开掘和保存服务的中华文化数据库的建设成为可能。“在信息化时代，对于中华文化的保存和发展具有极为重要的意义”。① 台湾于 20 世纪

① 李宇明：《搭建中华字符集大平台》，《中文信息学报》2003 年第 2 期。

80年代设计推出了俗称大五码（BIG5）的字符集。除了台湾，香港、澳门以及使用繁体汉字的海外华语社区都使用大五码，成为繁体中文显示的标准格式。该字符集包含13060字，主要以台湾教育事务主管部门颁布的《常用国字标准字体表》《次常用国字标准字体表》等字表为标准。

在汉字交换码的标准化方面，台湾于20世纪80年代制定编号CNS11643的“国家标准中文交换码”的字符编码方案。后来经扩编，收字达48027个，又改名为“中文标准交换码”（CSIC）。台湾“中推会”（中文数位化技术推广委员会）把经过延伸的BIG5（BIG52003）也放到这一官方编码附录里，正式成为官方标准的一部分。一直作为业界标准的BIG5因此有了官方色彩。“中文标准交换码”（CSIC）的制定，使台湾业界使用的各种内码有了沟通、交换的平台。

在中文信息处理的某些项目上，两岸也有成功的合作。台湾资策会（财团法人资讯工业策进会）从1989年起与中国大陆共同参与ISO10646中文编码的协调会和一系列ISO10646中文编码标准会议，在两岸的共同努力下，CNS11643所有的字符集被纳入ISO10646国际标准。

我们看到，两岸语文规划的宗旨是相同的，都是为了优化汉字系统，提高汉字的使用效率，满足社会的需要，但两岸在推行并不断强化各自制订的语文规划、语文政策的同时，也强化了分歧，逐渐形成今天的“书不同文”的局面。

二、两岸汉字使用的现实状况

（一）简化字在大陆的成功推行

首先需要厘清“简化字”和“简体字”的概念。台湾多用“简体字”的说法并把大陆的“简化字”称作“简体字”。“简体字”是相对于一个字的繁体而言的笔画较为简易的字，也叫俗字；而“简化字”则是经过整理优化、由政府正式公布的法定的文字，即按 1956 年国务院颁布的《汉字简化方案》所整理推行的通用字。

大陆已公布的简化字，单个简化的只有 482 个。1986 年公布的《简化字总表》共收简化字 2235 个，其中第三表的 1753 个简化字是应用第二表所列简化字和简化偏旁类推简化而来。对汉字构形系统有影响的简化字仅有 482 个，以《通用规范汉字表》做统计，占 8105 个通用汉字的 6%。如果以《简化字总表》的 2235 个简化字计算，占通用汉字的 27%左右。所以，从繁简两个系统来看，简化字包含着与繁体字相重合的很大一部分未整理的传承字。

大陆使用简化字，台湾使用繁体字，是两岸用字的主要差异。这种差异会在一个很长的时间内保持下去。

2000 年公布的《中华人民共和国国家通用语言文字法》总则第三条规定：国家推广普通话，推行规范汉字。作为法定的通用规范汉字，简化字五十多年来不仅应用于教育、新闻出版、公共服务、信息处理和公务活动等领域，而且得到国际社会的承认，成为联合国指定的生成汉语规范文本的文字。根据《中国语言生活状况报告（2005）》公布的调查数据，中国大陆只写简化字的人占了95.25%，繁简并用的占3.84%。网络语言的调查显示，网页编码和用字，简体为93.1%，繁体3.7%。网站阅读方面，简体中文阅读占96.3%，繁体中文阅读占3.5%。一系列数据表明，简化字在中国大陆已成为14亿中国人的书写规范，在社会通用层面处于绝对优势。尽管简化字存在这样那样的问题，简化字的历史功绩不容否定，其地位不容动摇，占世界最大人口比例的这部分人群的书写习惯已很难改变。

2002年为了听取学术界对《简化字总表》的认识和评价，探讨研制规范字表的相关问题，教育部语信司和语用所联手安徽大学举办了一次“简化字问题学术研讨会”。与会学者对简化字作了充分肯定，认为简化字的大多数是符合优化原则的，完全不合理的简化字为数不多，需要重新考虑或适当调整的不会超过5%。[①] 这次会议取得的共识至今仍有意义：汉字整理今后的主要任务是在保持字形相对稳定的同时实现规范化和标准化，一些极端的主张，不论是恢复繁体字还是继续简化，都是不切实际，不可取的。

大陆虽然以简化字为法定的规范文字，并不排斥在某些领域内学习、使用繁体字。在进入改革开放的新时期以后，大陆的语文生活出现了一个以简化字为主的“繁、简二元并存”的用字格局。新时期的语文规划要求开拓视野，从一个更大空间里树立汉字规范的整体观，在保证简化字作为法定的通用规范汉字的地位的同时，也以法律形式划

① 见陈双新：《简化字问题学术研讨会纪要》，载《简化字研究》，商务印书馆2004年版。

出了繁体字的使用域。《国家通用语言文字法》第十七条规定，在六种情况下“可以保留或使用繁体字、异体字”。这一规定积极面对繁简二元并存的用字现实，照顾到了各层次、各领域使用汉字的实际需要。

（二）汉字简化问题在台湾

对汉字简化问题的认识和态度，在台湾经历了一个曲折反复的历史过程，大致可分为三个阶段。第一阶段为50年代初的三四年，第二阶段从50年代初到80年代前后，第三阶段从80年代前后到现在。

在第一阶段，虽然认识不尽一致，但台湾社会上有很多人，包括社会上层人士，对汉字改革、汉字简化还是赞同支持的态度。50年代初，台湾在开展推行“国语运动”的同时，就有人提出文字改革问题。关于汉字改革的社会意义，蒋介石曾经说：“为大众写的文字而不能大众化，那如何望其有效？我们须知文字是大众达意表情取得知识和争取生活的工具……所以简体字的需要是生活的需要，时代的需要。”1953年2月，在主持一次会议时，蒋介石又强调：“简体字之提倡，甚为必要。”①

在这一阶段，台湾的一些民意机关和某些方面的社会人士也曾多次向当局提出简化汉字的建议。1953年4月台湾教育事务主管部门召集专家学者举行了简化文字座谈会，随后成立了由15人组成的简体字研究委员会，还提出了拟

① 张博宇编：《台湾地区国语运动史料》，台湾商务印书馆1974年版。

定一个简体字方案的设想。[①] 1953 年 9 月，当时任“考试院”副院长的罗家伦在中国国民党“中央委员会”举行的一次会议上发言，呼吁进行文字改革。第二年罗家伦又在《中央日报》发表了《简体字之提倡甚为必要》的长篇文章，后来又印成单行本分送各“立法委员”。尽管罗的主张遭到了保守势力的反对，在社会上还是产生了很大影响。

第二阶段。50 年代中期，大陆正式公布了《汉字简化方案》，逐步开展了以“两推一简”（推行汉语拼音方案、推广普通话、简化汉字）为内容的文字改革运动。自此以后的二十多年时间里，台湾在汉字改革问题上采取了完全对立的立场。台湾学者林安梧后来的一段话可解释其间的主要原因：“因政治斗争的对方推行简体，我们就倡导繁体，依哲学角度而言，我们是作为对立面的另一边，居于‘客’位，沦为强势‘主方’的奴隶，结果被逼得硬是要唱反调。”[②] 虽然何应钦于 1969 年 4 月在中国国民党十中全会上提出一个整理简字案，这一阶段的主流还是“唱反调”。

这个时期所谓的简体字研究论著，大多是歪曲诋毁之作。当时被认为最系统全面的一本研究专著是台湾政治大学国际关系研究中心研究员汪学文的《中共文字改革与汉字前途》（国际关系研究所，1967 年 1 月），全书长达 822 页。该书结论认为：大陆文字改革本质上是一种政治性活动，而且改革范围已扩展至语言，是“破坏中国文化的阴

① 方祖燊等：《六十年来之国语运动简史》，载程发韧主编：《六十年之国学》，台北正中书局 1972 年版。

② 《文字简化面面观座谈会发言纪要》，载台湾《国文新天地》1989 年第 5 卷第 2 期。

谋与暴行”。

对于这一阶段台湾针对大陆文字改革所作的介绍和研究，可用台湾《国文天地》编辑部1989年的一篇文章中的一段话予以总结：“台湾总以为中共的文字改革是破坏、毁灭中国文化，早期研究中共文字改革几乎是军方和国际关系所的‘反共’专利。他们的著作‘匪’来‘匪’去，比较难有公正客观的批评。”①

第三阶段。进入80年代以后，台湾越来越多的有识之士为汉字改革呼吁，很多学者在汉字简化的合理性和必要性上取得了共识，认为简化汉字是社会的需要，“想用个人或政府的力量使其不变是不可能的”。

不反对汉字简化的又有以下几种情况。

1. 肯定大陆实行汉字简化取得的成绩，要求台湾要面对这一事实。台湾1992年海外华文文字教学座谈会纪要也认为：“台湾及港澳一带的华人使用正体字，中国大陆及新加坡的华人使用简体字，而中文一旦公开使用后，便成为华族历史的一部分，不管喜欢不喜欢，它都不会在历史上消失。”② 同前一阶段相比，这些言论反映出台湾对大陆简化字的认识和态度有了很大的转变。其间赞成者的立场也不尽相同，有的人赞成汉字简化，但又因这样或那样的原因把汉字简化同大陆的汉字简化区别开来，提出“简化不是大陆化”，认为“大陆的简体字不是健全发展下的产物，我们应该将不合理的部分剔除，代之以符合文字学原则的

---

① 《文字简化面面观座谈会发言纪要》，载台湾《国文新天地》1989年第5卷第2期。

② 《海外华文文字教学座谈会》，台湾《华文世界》1992年第63期。

字体，制定出一套符合文字学化的简明字体。”①

2. 承认简化是汉字发展的趋势，但主张任其自然发展，不要人为地加以干预。中正大学竺家宁教授就表示“反对由专家制订简字，并假政府的力量去推行”。他认为在文字的演变和使用中始终有一种平衡力量，制约着文字漫无限制的简化。由于这样一个原因，“流传已久的简字必然有其实用性与合理性……专家的工作正是要研究这些文字，提出演化规则与结构规律，而不是提出一套理想化的字体去教导百姓”。② 他甚至认为文字的规范化也应该像“音位”的归纳一样，只要不影响辨异，对于一些约定俗成的文字的变体形式不必硬加限制，强行划一。持类似观点的，还有其他一些台湾学者。

3. 除了笼统的赞成者，在台湾也有相当一部分人主张“识繁写简”。早在 1979 年台湾就公布了《标准行书模板》，收录 4010 字，其中有 793 个手写简体字，这部分简体字有 694 个与大陆简化字字形相同或相近。

1993 年 6 月 25 日台湾《中央日报》有人撰文《汉字繁简二体由比较见长短》，认为：“繁简既各有所胜，便不可偏废，简字利于书写，可用为‘手写体’之字，繁体利于认读，可用于‘正式文件’。”1993 年台湾召开了一个“中国文字统一之路”学术研讨会。研讨会由太平洋文化基金会、台湾师范大学文学院和中国文字学会共同主办，主要探讨

① 《文字简化面面观座谈会发言纪要》，载台湾《国文新天地》1989 年第 5 卷第 2 期。

② 《文字简化面面观座谈会发言纪要》，载台湾《国文新天地》1989 年第 5 卷第 2 期。

“繁简汉字统合问题”。台湾大学心理系教授郑昭明在会上提出一个关于汉字“书体”与“写体”分开的可行性的研究报告。他建议“两岸中文印刷用正楷，避免字形语意混淆；书写时，使用简体改善书写的困难，化解繁简之争”。

进入新世纪以来，“识繁写简”或叫“识正写简”也成为台湾地区领导人的文化主张。2009 年马英九在“第五届汉字文化节”活动期间提出“识正书简”原则（他认为繁体字应改称为正体字）。此后又在多个场合提倡印刷采用“正体”，书写可以从简，通过这样的方式缩小两岸语言文字的差距。2009 年 6 月马英九还发表了《大陆识正书简的文化意涵》一文，全面阐述他的“识正书简”的观点。[①]尽管他的一些论点不无牵强偏颇，但肯定了简化字在大陆成功的存在，接受了简化字在全世界日益普及的现实，这不能不说是一个进步。

除赞成意见，也有一部分人对汉字改革持有谨慎的立场。他们认为从电脑的使用和逐渐普及的形势来看，未来很少提笔写字，简化已没有必要。大陆有些学者也有同样看法，主张今后汉字整理的重点应该放在汉字结构的合理化上。这种观点，在部分台湾学者中引起共鸣。

这一阶段，仍然有人把大陆的汉字简化看作是政治的而非语言政策、语言规划方面的问题。不过，比起前一阶段，这种言论已没有多少市场。

对两岸未来文字统一的前景和做法，很多台湾学者有设想，也有信心。台湾中华语文研习所董事长兼所长、《思与言》杂志发行人何景贤博士曾在一次文字教学座谈会上

① 见许长安：《台湾语文政策概述》，商务印书馆 2011 年版。

谈到，随着两岸交流的日益增加，彼此应以对方的方便使用文字，应以容忍的态度，让时间来作决定。在两岸同文同种的基础上，正简字将走向同化而非排斥，将来会有一套包容正、简二种新的“综合体”文字出现。①

台湾虽然坚持维护繁体字的传统，但阻挡不了潮流的影响。20 世纪 80 年代以来随着两岸文化和经贸交流的日益密切，简化字逐渐进入台湾的语文生活，形成繁体为主，繁简二元并存的用字格局。

2003 年台湾陆委会通过一项草案，原则同意开放大陆简体字书籍在台销售。2005 年 6 月 1 日《联合报》发表社论《从繁体字与简体字之消长看两岸情势变迁》，分析了简化字在台湾日渐流行的情势，指出简体版书籍受欢迎的主要原因是书的内容，而“字体差异所形成的阅读障碍，只消几个小时就能克服”。

对“简体书”的开放在台湾社会引起不同反响。有的媒体甚至视之为“文化入侵”，担心本土出版业“能不能熬过这场文化与经济的双重‘侵略’”。② 也有一些社会意见对这种“杞忧”不以为然，认为“不管繁体字或简体字，文字都不过是种沟通符号”，大陆的翻译书籍，或是其他著作，都有上千万册的出版品可供阅读学习。多元化的学习与思考，才能提高青年学子的竞争力。③ 官方的认可加速了大陆简化字出版物在台湾的流传，使简化字逐渐成为很多台湾民众语文知识储备的一部分。

① 《海外华文文字教学座谈会》，台湾《华文世界》1992 年第 63 期。
② 《简体书文化入侵》，《自由时报》2005 年 6 月 1 日。
③ 《繁简都只是文字符号》，《自由时报》2005 年 6 月 2 日。

简化字的“登岛”产生两种结果：一是对简化字的态度更宽容、更为理性，二是台湾民众对简化字的认知水平的不断提高。针对简化字割断文化传统的误解，《联合报》2006 年 4 月发表题为《甲骨→篆→隶→楷文化何曾动摇》的一篇文章。文章说：担心简体字让“中国文字落入可能失传甚或灭亡的危机”，“不过是天下本无事，杞人忧天倾的感慨罢了。好像小篆具有传承甲骨文、籀文的作用，隶书具有传承小篆的作用，楷书具有传承隶书的作用，而独简体字不具备传承繁体字的功能！多么严重的偏见！”这一派观点的持有者已经从汉字的发展趋势和文字的工具性特点上看待繁简问题，虽未成为舆论的主流，也有一定振聋发聩的作用。

台湾社会对汉字的认知和使用情况在进入 21 世纪后有了很大改观。台湾学者所作的一份关于 2013 年台湾民众汉字使用现状的调查报告，可以从一个方面帮助我们了解简化字在台湾社会被接受的程度。

2013 年台湾辅仁大学以 16 岁以上的台湾民众作调查对象，发出 1000 份问卷，获得 627 份有效问卷。其中 18—60 岁为 614 人，占比约 97%。学历方面，大学 403 人，占比 62. 27%，硕士以上 215 人，占比 34. 29%。回答“你认识简体字吗”这一问题，回答认识的 299 人、大致认识的 199 人，两项占比 83%。书写能力调查，表示会写的有 89 人、大致掌握的 135 人、略懂一点的 335 人。“你曾就读的学校与允许使用简体字吗”这一问题的征答结果是，完全允许的 115 人、某种程度上不允许的 328 人。在 100 个常用简体字认读测试中有 92 个字认识率在 51%以上。识读率低于五成的仅“咀、夸、蜡、粮、洁、尘、币、厂”等八个字。[①]。该项调查的综合分析得出几项结论值得我们在指定有关语文政策时参考，其中主要的几点为：在台湾地区过半民众认识简体字；学校一般没有简体字内容的教学；在学习意向上有大半民众有学习简体字的意愿而且不认为简体字的学习有什么困难。

不过台湾地区简体字识读水平的这一现状并不意味着台湾民众接受了大陆简化字。调查结果也表明台湾近九成的人认为繁体字比简体字优越，原因主要是正体字能展现书法之美；有利于传承悠久的中华文化；正体字的系统、字理比简体字合理，等等。

（三）两岸异体字的整理和现状

大陆异体字的整理一开始是与汉字简化结合进行的。1954 年拟订的《汉字简化方案草案》中就包含了《拟废除的 400 个异体字表草案》。1955 年，文化部和文改会联合发布了《第一批异体字整理表》。表内收异体字 810 组，淘汰异体字 1055 个，在很大程度上纠正了新中国成立初期印刷物一字多形的混乱情况，有效减轻了汉字学习的记忆负担，对规范印刷物用字起了积极的作用。

《一异表》发布以后，异体字问题引起学术界和社会各界的关注，围绕异体字的讨论，一直没有停止。2002 年教育部语信司和语言文字运用研究所支持召开了异体字问题学术研讨会，会议集中展示了《一异表》发表后近五十年来大

---

① 刘雅芬：《“识正书简”乎？——2013 台湾民众汉字使用现况调查报告》，载《两岸汉字使用情况情况学术研讨会论文集》，2013 年。

陆学术界对异体字问题研究、思考的成果。与会者也对当时正在研制中的规范字表整理异体字的原则和方法等问题进行了深入探讨，为制订规范字表做了充分的理论准备。

2013年《通用规范汉字表》正式颁布，异体字的整理是一项重要内容。虽然调整仅限于《一异表》，反映的仅是对《一异表》的调整结果，但是明确了新规范对异体字的态度，揭示了对异体字处理的基本原则和方法。新字表把异体字分为严格异体字和非严格异体字两类，认为在汉字学学科理论中，异体字只指严格异体字；在汉字整理和应用中，异体字可以包括严格异体字和非严格异体字。这样从两个层面上分析异体字现象，有学理的坚守、划界，保证了概念的准确性和系统性，也照顾到汉字使用的历史背景和现实需要。

与大陆不同的是，台湾异体字的整理是同“正字”的整理联系在一起的。台湾的汉字整理包括两个内容：一是研订“国民常用字”，一是研订标准字体。20世纪70年代台湾制订的《常用国字标准字体表稿》就包括了异体字整理，体例的第二、三、四、五条都是有关异体字的整理原则。1981年台湾教育事务主管部门第二次印行的《次常用字国字标准字体表稿》除了7894个次常用国字外，还附有收有2845字的异体字表稿。从1982年到1983年，台湾的三个标准字体表完成后，1984年教育事务主管部门印行《异体字表》（简称丁表），共计18610字。包括《异体字表》在内的甲乙丙丁四个表都属于“标准国字”，共计48239字。①

① 据王天昌等：《国语运动百年史略》，台湾国语日报社2012年版，第286页。

从 1996 年开始，台湾着手编辑《异体字字典》，2000 年网络版问世，2004 年台湾学术网路 11 版，即正式五版上网服务。正式五版收录 106230 字。2002 年还发行了 DVD 光碟版，总收字 106152，其中正字 29866 个，异体字 76286 字。每个字在页面上分为三栏。第一栏是带有编号的正字和领属的异体字，第二栏是正字的音读和释义，第三栏是包括古代和现代几十种重要的文字学原典资料对该组异体字（包括正字）的记录。征引字形来源的基本文献包括《说文解字》、古文字、简牍、碑刻、字书、韵书、字样书、俗字谱等 12 类。简体字被视为异体字的一种，大陆的全部简化字都被作为异体字收入其中。这本字典虽然名为异体字典，实际相当于一部汉字大字典，具有全汉字字库的功能。

两岸对异体字的整理有以下几个方面的不同点。

其一是对待异体字的理念不同。《一异表》发布时的联合通知就指出：“从实施日起，全国出版的报纸、杂志、图书一律停止使用表中括弧内的异体字。但翻印古书须用原文原字的，可作例外。一般图书已经制成版的或全部中分册尚未出完的可不再修改，等重排再版时改正。机关团体企业学校用的打字机字盘中的异体字应当逐步改正。商店原有牌号不受限制。停止使用的异体字中，有用作姓氏的，在报刊图书中可以保留原字，不加变更，但只限于作为姓用。”文件给异体字明确定性为“不规范字”，在通用层面不能使用异体字。2013 年发布的《通用规范汉字表》对待异体字的态度也非常明确：在现代通用层面上记词功能相同的异体字的存在是汉字用字的一种消极现象，“不仅给初学者识读造成困难，同时也给汉字应用领域带来诸多不便，特别是在信息时代，冗余的汉字会直接影响信息传播的速度和信度。相对正体来说，异体字是不规范字，整理异体字是促进汉字规范化和标准化的一项重要任务。”① 台湾对异体字作用的认识更侧重积极的一面，认为“异体字的数据是文字孳乳演变的实况纪录”，“历来文字教育都偏重于正字的了解，但是更丰富的文字数据，却存留于此标准之外，此正是异体字价值所在。如果想要总整文字数据，舍异体字则莫由。”② 在信息时代里，异体字是“一个全面的中文字形数据库”的一部分。同其他三个字表（指台湾的甲乙丙三个标准字表）一样，异体字表也是现行“标准中文标准交换码（CNS11643）的依据”，是扩编中文电脑内码的基础。③ 其二，工作顺序、任务和目的不同。大陆先进行异体字整理，然后才是以汉字简化为内容的新的汉字系统的重建。异体字从甲骨文开始就已经大量存在，历代字书收字不断增多，其中相当多数是辗转传抄而积累下来的异体字。如何整理异体字，大陆倾向于把异体字研究、收集和服务于汉字规范任务的异体字整理区别开来。如果是后者这样一个目的，则不应该把所有的异体字都纳入整理范围。20 世纪 90 年代就有大陆学者提出要建立关于异体字的时代概念，区分历史积淀异体字和共时并存异体字。历时积淀异体字，是历史上曾经出现过的异体字的累计字集，台湾的《异体字字典》就是这样一个带有储存性质的异体字的大字集。共时并存异体字，应是某段时期内还在流通使用的

① 王宁主编：《〈通用规范汉字表〉解读》，商务印书馆 2013 年版。

② 曾荣汾：《台湾异体字字典序》，2001。

③ 王天昌等：《国语运动百年史略》，台湾国语日报社 2012 年版，第 309 页。

异体字。“流通使用”指当时日常应用和为一般图书所使用，不应该包括《集韵》《康熙字典》之类字汇字典所收录的异体字，更不能收录一些罕有实用记录的隶定的古文字。

（四）两岸汉字印刷字形的整理及差异

汉字字形整理大陆起步较早。20 世纪 50 年代初，印刷用楷书铅字字形分歧严重。不仅宋体与楷体等字形多有不同，同属宋体，字形也多见歧异。为了开展字形整理工作，大陆文改会于 1955 年成立了“标准字形研究组”，并在第二年就拟订出《汉字字形整理方案（草案）》。从 1955 年起历经十年的努力，文化部和文字改革委员会于 1965 年联合发布了《印刷通用汉字字形表》。《字形表》推出以后，终结了印刷体字形使用中各行其是的乱象，在历史上第一次实现了印刷汉字字形的统一和规范。1980 年大陆公布的《信息交换用汉字编码字符集》（GB2312），收录国标字 6763 个，全部用新字形。自此以后大陆又推出一系列汉字规范，使汉字标准转向精细化发展的方向，在人际和人机界面都成功推行了新字形。

1988 年国家语委颁布《现代汉语通用字表》，较之《印刷通用汉字字形表》字数有增删，字形标准未作新的调整，但由于条件的局限，个别地方不尽一致。2013 年的《通用规范汉字表》所收的《印刷通用汉字字形表》和《现代汉语通用字表》之内的字，均按两表中的字形收录。两表以外的字，也依据两表内部的字形规则确定。

台湾的汉字整理是综合进行的，字形整理是其中一部分内容。1982 年台湾教育事务主管部门编印的《常用国字标准字体表》提出六条“确定标准字体之原则”，其中第二条和第三条是关于异体字的确定原则（如第二条：取其使用最广者。例如取“炮”不取“砲”“礮”；取“疏”不取“疎”），第四、五、六条是关于字形的确定原则（例如第四条：字之写法，无关笔画之繁简者，则力求符合造字之原理。例如“吞”不作“呑”；“闊”不作“濶”），所以我们说台湾的汉字整理是“综合整理”，其标准字体表包括了异体字整理和字形整理。

为了更好地推行标准字体，在笔画、笔形书写上有明确的规范作为依据，标准字体表颁行之后，台湾教育事务主管部门“国语推行委员会”又组织研制了“国字标准字体母稿”。1994 年 7 月同时公告“国字标准字体楷书母稿、宋体母稿修订版”。此后又相继完成方体字体母稿、隶书字体母稿。1998 年台湾教育事务主管部门编印《国字标准字体宋体母稿》一书。该书序言指出：这个字体母稿所收宋体字 18369 个（原来三个字表的 15549 个加上 2820 个异体字），作为今天的“字样”，已对“所有笔画、笔形等问题”进行了“彻底规范”。这应该就是台湾现今最新的字形规范的依据。该书也重新刊布了 1996 年台湾教育事务主管部门编订发布的《国字标准字体研订原则》。该研订原则规定了研订标准字体的“通则”和“分则”，前者主要是关于笔画结构的写法，后者是关于偏旁部首的写法。

用以上台湾最新字表中所确定的笔画结构和部件的标准写法，与大陆比较，去除繁简字，两岸标准字差异类型，归纳起来，有以下几种：

1. 笔画形态的差异。如某些部位上的竖与竖撇的差异：

“非”字，大陆字形如左，中间是两竖；台湾左边一竖为竖撇。“有”和“育”下面部件，大陆左右两边都作竖，台湾左边为竖撇。

2. 笔画相对关系的差异。一是相对方向的变化，如“兑兑”上部的下开式和上开式（倒八字）。二是断与连不同。“米”的四个点，台标准与中间的“十”不相连；“羞”“差”，台湾该组字头为一“⺷”，下面的一撇另作一笔，大陆则以一长撇上下连写；“最”字上部和“塌”右上的“曰”，台湾下不封口，同“冒”和“冕”字的上部，大陆则全连在一起（帽、瑁两岸相同）。两笔写作一笔也是断与连的一种，如“巨”字大陆左竖折为一笔，台湾标准属“工”部，竖与下面的横是分写的。再如出头与不出头也是一种笔画关系歧异。“女”的二三笔，台湾相交出头，大陆撇在横下不出头。“角”内中一竖穿两横而下，台写法不出头，如大陆旧字形。

3. 部件构造形态的差异。在汉字各级构形单位体系中，部件是决定形体差异的关键单位。两岸字形差异也主要体现在部件上。例如，大陆的草字头新字形为“艹”形，台湾保持大陆旧字形的形态，中间断开。大陆的“敬”左上为草字头，台湾作“丬”。“盗”和“羡”中的“次”，左边大陆作两点，台湾作三点（这种情况有人看作是异体关系）。

如果把大陆和台湾规范前的字形叫作“旧字形”，两岸字形整理的平台是相同的，但结果呈现的面貌有异（不计繁简和异体字的相关因素），其原因主要是两岸在字形规范上操作原则的不同。

大陆 1965 年《印刷通用汉字字形表》所遵循的标准是“同一个宋体字有不同笔画或不同结构的，选择一个便于辨认、便于书写的形体；同一个字宋体和手写楷书笔画结构不同的，宋体尽可能接近手写楷书；不完全根据文字学传统”。可以清楚地看到，大陆的原则是注重简易，考量的是是否便于群众学习。

台湾方面确定标准字的原则为“写法不牵涉笔画多少的，尽量照顾造字原理”，如“吞”字上部不作“天”。“古异今混的偏旁，一律保留区别”，如“日月”的“月”与“肉旁月”。“月”作部件的常用字包括“有、服、朋、期、朝、朗、望、朦、胧”这几个字，而肉部字一律作“肉月”，与“月”相别不混。这种绝不“忘本”的原则，有时达到极致，“尽量不违背造字原则，虽笔画极近似也区别不混”，如“甜”与“刮”二字左偏旁，第一笔差别很小，也要在形体上区分开来。“丑”字中间一横大陆右边不出头，台湾标准中间一横右边必须出头，因篆文“丑”字象手之形。台湾以“内”字篆文中间部分“从入”，是自外而入的意思，故不作“人”。大陆为便于书写，作“人”，不作“入”。

台湾强调字源和字义的同时，实际也作了很多变通，适当照顾现代的需要，所谓“既循造字原理，兼顾从俗”。“户”字按字源，旧字形上面应作一横，台标准调整改为一撇。旧字形“者”字中间的一点，已经省去。“俞”字及其作偏旁组成的字，不再取旧字形“兪”。“片”“爿”按字源属“半木”但“爿”就不按字源，第三笔横画作出头。

三、实现两岸“书同文”——语文工作者的历史使命

在两岸交流发展到今天的形势下，促成两岸语言文字的融合，以构筑和平统一的文化基础已经成为我们语文工作者的历史使命。

汉字不仅是大陆地区通行的文字，也是台湾地区和世界汉字文化圈通行的文字；不仅是一般交际场合里通用的文字，也是负载传承中华文明功能的历史文本用字。进行汉字的规范整理，必须大视野地估判汉字应用的现实基础，必须具有这样的使命感：我们的语文规划不能仅满足于“独善其身”，还要“兼济天下”。在两岸的大视野里整理汉字，我们的方针可以总结为“以我为主，科学整理，协调两岸，减少差异”，围绕汉字简化、异体字整理和印刷字形等规范问题，把工作定位在实现两岸“书同文”的大目标上来。

（一）坚持汉字简化的方向，在保持现有规范稳定的前提下优化简化汉字系统

进入21世纪后的十几年里，大陆有部分人士质疑简化字的方向，提出恢复繁体的主张。主要有几方面的原因：一是20世纪80年代以来，计算机汉字处理技术在大陆取得了一系列重大突破和进展，汉字信息处理的疑难问题得到基本解决。随着计算机的普及和汉字输入智能化程度的提高，简化字的计算机输入优势已不复存在，而存在的问题凸显出来。其二，随着两岸经贸往来的加强，语言文字

的相互影响也波及两岸语言生活的各个层面。计算机上文本的繁简转换不可避免。由于简化字的一简对多繁，这一工作往往离不开人工干预。其三，认为作为负载丰富的传统文化信息的古籍文本用字，繁体优于简体，而简化字的这一“功能缺陷”与最初推行简化字的主导思想和推行方法有关，难以小修小补，需从根本上解决问题。

我们认为，简化汉字固然存在某些不尽完善的地方，但至今已成功实施半个多世纪。规范字表研制过程中所做的社会调查也表明，从全民的现实需要出发，保持现有规范的稳定是汉字进一步优化的前提。今后的任务应该是“继续坚持简化字的规范，在一个时期内使汉字的形体保持相对稳定，推动汉字的规范化、标准化、信息化，充分发挥规范汉字的主导作用，依法处理好繁体字、异体字的使用问题，保障社会语言生活和谐发展”。①

坚持简化的方向，进一步优化简化字体系包括两方面的努力：一是深化科学的汉字研究，一是妥善解决简化字存在的具体问题。

1. 深化科学的汉字研究。科学的汉字研究范围甚广，涉及诸多方面，与现代汉字规范和应用关系较为直接的基础性研究，主要是汉字的理据性研究。近年来，随着汉字信息化的发展和两岸文化交流的加强，对简化汉字的质疑时有所闻。批评简化汉字的意见常常认为，汉字的特点在于表意性，表意性使汉字成为一种理据性文字，而简化字破坏了汉字的表意特点。

① 李卫红：《贯彻实施〈通用规范汉字表〉提升语言文字应用规范化标准化水平》，《光明日报》2013年8月30日。

坚持这一观点的人实际上是囿于“六书”的影响，对汉字理据并没有一个客观的、发展的认识，缺乏历史主义的眼光。“六书”是根据小篆归纳出的六种造字和用字的原则，汉字隶变以后一经发展为成熟的文字，必然会脱离初始的阶段，作为一套书写符号在体系内实现最大程度的抽象化。一个汉字字符的构造所依据的“原始义项”，随着词义引申发展和字符本身的功能调节，其理据存在必然随之变化，理据意义或完全消失或变得非常模糊，如“眾、塵、竈、叢、脈、郵”等。这是一个明显的事实。有的学者甚至提出“汉字构形理据是否还存在”的疑问。①

纵览汉字的发展史，可以发现不管是繁化还是简化，都是以在字符的方便书写和信息充足两方面的平衡上追求优化的。既不能无视汉字表意性的特点，也不能被所谓的“理据”绑架。正如李荣先生说的，文字为了便于书写，要求形体省略，有简化的趋势。文字为了便于理解，要求音义明确，有繁化的趋势。所以从综合效率上来认识汉字形体的调节变化就不会失之偏激。新的社会阶段有新的效率需求，顺应潮流，合理“干预”，才是语文规划上的“科学发展观”。实践证明，大陆的汉字简化，基本上遵循了优化原则和标准。也尽可能地以现代的视角照顾到汉字构造的理据性。有些简化字，其表意、表音作用不一定逊于繁体。正如裘锡圭先生的举例，简化的“众、灭、尘、灶”等字，在表意上都是成功的造字。

在台湾，对简化字持反对立场的人，往往笼统地以表义度诟病简化，推崇繁体，其偏见也影响误导了部分民众。

① 王宁等：《纪念新中国成立60周年笔谈》，《语言文字应用》2009年第3期。

台湾的一项繁简字的比较调查，“您为什么认为繁体字比简体字优越”这一问题的理由，选项有6条。其中选择“它的系统、字理有助于学习”的受访者占比83%，选择“符合汉字造字规则，表义功能更为明确，便于理解意思”的占比88.68%。[①] 这类问卷的设计基于一个先入为主的认识，有欠科学。如果举出一些理据不明的字，如“笑”何以从“竹”，或理据转移的字，如从“石”的“碗”、从“木”的“桥”，提供给受测者分析，可能结果会大不一样。所以，对现代汉字理据性的研究，对于两岸汉字交流的正常对话，对于理性地看待简化字，也有积极的现实意义。

我们同意这样的意见：汉字构形理据是否因简化遭到破坏，汉字理据的现实状况及功能意义如何，“诸如此类的问题，都要在深入、科学的汉字理论中来解决”（王宁，2009）[②]。对汉字构形理据的评估仅凭印象或成见，必然失去客观性、科学性。

2. 妥善处理因字用归并等原因引起的一简对多繁的问题。一简对多繁的纠结，主要表现在计算机的繁简转换和古籍的简化字文本的转写方面。面对繁简二元用字的现实，为了汉字交流的畅通，需要解决好计算机的繁简转换。同音或近音代替造成的一简对多繁，对计算机自动转换提出了挑战。如果繁简转换离不开人工干预，就会影响信息处理的效率。

2013年《通用规范汉字表》公布，新字表对涉及字用

① 引自刘雅芬：《“识正书简”乎？——2013台湾民众汉字使用现况调查报告》，载《两岸汉字使用情况学术研讨会论文集》，2013。

② 王宁等：《纪念新中国成立60周年笔谈》，《语言文字应用》，2009年第3期。

合并的有关字组采取了“分解说明”的办法。按字表编制者的说明，这样做的好处是“在坚持简化政策，不恢复繁体字的情况下”，可以“准确和更为明晰地反映简化字与繁体字记词职能上的不对等关系，方便字表使用者了解‘一简对多繁’的对应关系，明确字用分工职能”。[①]《字表》对简繁对应关系的分解，满足了通用场合下的需要，但是计算机的汉字信息处理需要建立一个适应大语境的高精度的繁简智能转换系统。

古籍的繁简转写比较复杂。简化字中的一批归并字，即用一个字代替两个或更多的繁体字的归并字，其对应关系往往因语境而异。如“里”之于“裏、裡”，“听”之于“聽”，“干”之于“干、乾、幹”等。“梦里不知身是客”，其中的“里”在繁体文本里应转换为“裏”或“裡”，而“渡头余落日，墟里上孤烟”的“里”只能是“里”。“先生听然而笑曰”的“听”，从“听然”这一组合上可判定，这里的“听”字与“聽”无简繁关系。

古籍的繁简转换是一个难题，也是被人拿来作为批评汉字简化的话柄。我们需要在新字表的基础上，细致地厘清归并字的复杂关系，一方面对经典文献用字爬罗梳理，拟订出一个覆盖面更大的繁简对照表，一方面以此为基础建设一个适用于简繁汉字计算机转换的平行词语库。值得注意的是，这方面的工作已经有了突破性进展，取得了积极的成果。由厦门大学、教育部语言文字应用研究所、北京师范大学联合承担研发的《汉字简繁文本智能转换系统》已于2014年7月通过了专家鉴定。该转换系统的准确率，

---

① 《〈通用规范汉字表〉解读》，商务印书馆2013年版。

经中国信息学会专家测试达到了99.9%。该项成果之所以能达到这样一个水平，主要是他们在组建一个大面积覆盖简繁字对应关系语境的语料库方面下了功夫。

也有人主张恢复一批繁体字，简化繁简对应关系，化解一对多的难题。在《通用规范汉字表》的研制中，这个意见最终没有得到采纳。《字表》在“通用”范围内采取“分解说明”的办法，主要是出于对现有规范保持稳定的考虑。对此，王宁先生曾发表过意见：解决某些同音替代的弊病“即使恢复繁体字，恢复多少，恢复哪些，也要经过科学测查”，在研究未到位的情况下应该慎重，如果要动，也要“等待时机成熟，经过研究深入，再统一改动”（王宁，2007）。可见，规范字表的发布，并不是对简化字中的同音借用的解决画上句号，对解决一简对多繁的诸多建议和设想还留有接纳的空间。

3. 贯彻实施《通用规范汉字表》，严守类推简化的界限。汉字简化采用了个体简化和类推简化两种方式，大量简化字来源于类推简化。《简化字总表》（1986年新版）第三表里的1753个字都是类推简化字，占2235个简化字的78%。类推简化对保持汉字构形的体系具有积极作用，但随着社会语文生活的变化，在实际应用中，类推简化往往失去控制，其范围超出了简化字总表第三表原来规定的范围。其原因，主要与1964年颁发的《简化字总表》有关，按照该表的说明，“未收入第三表的字，凡用第二表的简化字或简化偏旁作为偏旁的，一般应该同样简化”。这样的表述，给人印象是类推简化可适用于繁体字全部。

新公布的《通用规范汉字表》，除原《简化字总表》第三表中的字外，仅新收录了226个类推简化字（其中217个在这之前已被国内各类辞书收录）。新字表编制中采取的"表外字不类推"的原则，为类推简化划定了范围。

"表外字不类推"并非一个率尔成章的决定，而是经过了反复认识、逐步明确的过程。2001年《规范汉字表》立项后，针对关于类推简化的社会争议和汉字应用的实际状况，项目组就对无限制的类推简化可能形成的后果进行了验证。他们对《汉语大字典》的54678个字中符合设定条件的字作了类推简化，结果得出12818个新简化字。数量上，这批新简化字占《汉语大字典》54678个字的23.5%。[①] 这些字是一些古人没见过，今人也不会用的"新死字"，只能对汉字资源形成极大的浪费，同时还会导致一批同形字出现。

2007年7月有关方面在北京召开字表研制工作扩大会议，提出类推简化的范围不能没有限制并作出"表外字不再类推"的决定。以后在规范字表的完善和定稿过程中，研制组的专家们按照这一决定的原则对字表的收字进行了严格审查和调整。2009年国家语委召开《规范汉字表》表外字使用问题专家研讨会，在总结中又一次申明"类推简化要严格控制，仅在《字表》内有限类推，表外字不再类推"。2013年10月9日教育部发布了贯彻实施《通用规范汉字表》的通知，强调"收入《通用规范汉字表》以外的字一般应采用历史通行的字形，不应自造未曾使用过的新的简化字"。这是新字表发布后对于类推简化的范围提出的政策性要求。"自造未曾使用过的新的简化字"自然包括自行对表外字所作的类推简化。

---

① 章琼:《汉字类推简化的考察与分析》,《语言文字应用》2003年第1期。

回顾这一历史过程，我们可以了解到“表外字不类推”这一原则所体现出的群众性和科学性。2013年《字表》发布以后，从舆情监测的情况来看，社会反应热烈，对限制类推简化范围这类问题的处理结果大都持肯定赞同的态度。对于辞书编纂来说，贯彻这一原则也应成为贯彻落实新字表的一项重要内容。

首先，要联系党的十八大提出的“推广和规范使用国家通用语言文字”的要求精神，深刻领会、充分认识《通用规范汉字表》在我国语言文字事业发展史上的地位和意义。对类推简化问题可以有不同意见，有不同的学术坚持，但在贯彻实施过程中不能“弹性”掌握。在这一问题上，还要明确语文规范化的标准制定和解释主体的法理性。《国家通用语言文字法》第一章第六条规定，“国家颁布国家通用语言文字的规范和标准，管理国家通用语言文字的社会应用”。对此可以理解为：语言文字规范的制定和推行本质上是国家行为；作为汉字简化的每项具体工作，只能在政府主管职能部门的组织领导下进行。另一方面，《通用规范汉字表》也是一个开放的系统，“《字表》发布以后也要接受社会实践的检验，及时听取群众意见，使之更趋完善”①。贯彻实施的刚性要求并不意味着封闭言路；任何个人或相关单位只要站在尊重规范、严格执行规范的立场上建言献策，都会受到欢迎和鼓励。

其次，从学理层面深化我们的认识。“表外字不类推”不仅是出于有序管理、稳定系统的要求，也有其科学的依据，有在充分调研用字事实基础上的考量。字表收录的

① 《〈通用规范汉字表〉解读》，商务印书馆2013年版。

8105个通用汉字，是利用现代信息技术和科学的统计手段选定的。为了考查汉字的使用度和保证其通行度，字表的编制以国家语委的汉语平衡语料库作为基础语料库。该语料库取材时间上覆盖了从现代白话文通行以来近一个世纪的语料（1911—2002），内容上覆盖了包括人文社会科学、自然科学、综合学科的55个学科。可以说，这8105个通用汉字最大程度上满足了中国大陆汉字应用领域内的用字需要。因此在通用字范围内不会出现繁简混杂的情况。

针对现有规范“产品”溢出规范的现象，还要做好调整工作。“表外字不类推”的原则与现有辞书、国家标准字符集在某些个案上的不协调，是今后在新字表的贯彻中应该尽快解决的问题。

目前来看，有些“表外字”在一些有影响的辞书中反映的情况不尽一致，如“僾、韠、饆、貤、賨、餺、鶒、覞”等这些表外字，在一些有影响的语文词典中依照过去的认识均作了类推简化。有的大型字典收入了大量表外简化字，如《汉语大字典》第二版。《汉语大词典》纸质版和电子版不尽一致，该词典电子版2.0版收录了一些纸质版没有、《简化字总表》和现在的新字表都没有的简化字，如“讬、㑩、诪”等。按现在的要求这些语文辞书应该及时予以调整。这方面，有的辞书已经做出积极响应并付诸行动。《现代汉语规范词典》第三版的修订，一项主要任务就是按照《通用规范汉字表》的内容检查调整类推简化字，严格贯彻新规范。如上述“僾、韠、饆、貤、賨、餺、鶒、覞”等字，旧版均为类推简化字，这次修订都恢复为繁体，不再作类推简化。

与辞书编纂密切配合的是字符集、字库的建设。信息时代里社会用字习惯发生了巨大变化，文字的表现载体由单一的纸质材料转为电脑和手机等信息设备的使用。根据国家统计局 2013 年 2 月 22 日发布的公告，截至 2012 年底，互联网上网人数达 5.64 亿人。据 2013 年一项统计，大学生手写频率为 34.7%，电脑输入频率为 65.3。[①] 面对社会信息设备的大面积使用和民众用字方式的改变，新规范的推行必须得到信息设备字库的支持。

从汉字的信息处理方面反映的情况来看，已收入新字表的字，有的辞书按新字表随之作了类推简化，如“駇、磾、銾、鮟、軏、䶑、齕、蘋、訏、頮”等字，但 GBK 字符集（《汉字内码扩展规范》，1995 公布）暂时还不能予以支持，标准字符集没有相应简化形体，电脑上打不出来。2013 年教育部发布的关于贯彻实施《通用规范汉字表》的通知提出：“汉字的信息处理标准应尽快根据《通用规范汉字表》进行修订，汉字信息处理产品应执行修订后的标准。”作为语文工作者和信息处理专业人员，当务之急就是通过多方面的努力和合作，尽量缩短“过渡期”，为在社会各领域、各阶层推行新规范提供技术支持。

尽管有限类推的简化原则基于一个覆盖面足够宽阔的汉字通用字字集，在贯彻实施过程中可能会遇到一些具体问题。按照表外字不类推的原则，辞书所收录的超出 8105 这一范围的繁体字只能保留原貌。有时一个词的构词用字可能一繁一简，如某些联绵词，因用字的表内表外之别，

---

① 陈燕玲：《从刀刻到指尖：也谈信息时代民众的汉字能力》，《汉字文化》2014 年第 3 期。

出现在简体文本里词形会不一致，例如“鶒鸂、鹔鷞、諔诡”等。再如个别同类科技名词，有繁有简，似欠协调。如2011年命名的116号化学元素“鉝”和2012年命名的114号化学元素“𫓧”，同为新命名的化学元素，前者为表外字，不能类推简化，“𫓧”字虽列入表内字，但标准字库仍是繁体形式。这些问题反映在辞书里，往往引起争议。

我们认为，这些所谓的用字事实毕竟是个别现象，而个别事例的影响不能随意放大。在贯彻、宣传规范的过程中必须理清个别与一般、细节与大局的关系。像是以上所举同偏旁联绵词两个字出现繁简不一的例子，数量很少且极为罕用。2009年4月1日国家语委召开的“《规范汉字表》表外字使用问题专家研讨会”，绝大多数专家认为，“不要担心停止类推会造成繁简参半的情况，这种极少数的情况不可避免，也没有什么大碍。倒是在如此多的汉字产生之后，再造出一些没有用过而且已经有可用的字的新字，才值得担心”。① 关于类推简化，十几年前曾有集中的讨论，某些问题暂时没有形成共识是正常现象。新字表既然以“表外字不再类推”确立了处理问题的原则，我们理应在认识和行动上认真贯彻。2013年教育部等十二部门关于贯彻实施字表的《通知》，既有纲领性阐释也有细目操作的规划，应该视为今后一个阶段汉字应用研究以及宣传、贯彻有关规范的方针和政策依据。当然，我们也可以在贯彻落实现行规范的同时，启动调查研究，从整体上寻求解决类似问题的更为妥当的办法，为规范未来的修订做好理论准备。

---

① 王宁：《〈通用规范汉字表〉与辞书编纂》，《辞书研究》2014年第3期。

4. 启动繁体字的语言规划。面临繁简二元用字的局面和汉字信息处理的信度要求，大陆学界提出繁体字的语言规划问题。现实状况是，两岸标准字存在差异，大陆的繁体与台湾繁体也有差异。有的属正异体的不同选择，如《汉字表》“灶”，繁体为“竈”，台湾正体为“灶”；“鸡”大陆繁体为“鷄”，台湾为“雞”（香港与台湾相同）；“针”大陆繁体为“鍼”，台湾正体为“針”；“为”大陆繁体为“爲”，港台都作“為”。有的是笔画形态的差异，如“产”大陆繁体为“産”，台湾为“產”；“电”大陆繁体作“電”，台湾的雨字头是四个点；“鉴”大陆為“鑒”，台湾右边第三笔为短横；“面粉”的“面”，大陆繁体为“麪”，左右结构，台湾则为半包围结构，左边的“麦”偏旁最后一笔是长捺；“体”大陆繁为“體”，左偏旁的上下笔画形态都与台湾不同。

在两岸大环境里，关于繁体字规划，我们也需要遵循“协调两岸，减少差异”的原则，尽量观照传统，促进靠拢。本来有繁简差异，若再加上繁体之间的差异，“书同文”就多一层障碍。如新字表“龟”的繁体为“龜”，首笔为点（以下为称说方便叫作点子头）。大陆的《新华字典》《现代汉语词典》《现代汉语规范词典》《现代汉语规范字典》都以点子头的“龜”为“龟”的繁体。《现代汉语小词典》的新旧字形对照表把负字头的“龜”作为旧字形。但大陆的《汉语大字典》和《汉语大词典》两形都收，皆以负字头的“龜”为正条。点子头“龜”最早由小篆而来。《说文解字》解释为：“从它（蛇），龟头与它（蛇）头同。”《说文》以后多见于字书、碑刻等文献的却是负字头的“龜”。《隶辨》所载汉碑已多见负字头，清代的《金石文字辨异》以点子头“龜”为字头。《干禄字书》《五经文字》《龙龛手鉴》《广韵》《集韵》《类篇》《字彙》《康熙字典》都是负字头“龜”，还有上面提到的《汉语大字典》和《汉语大词典》。“龟”字两岸繁体各持一形，如果调整能本着“背靠传统，协调两岸”的原则，就可能以最小成本在繁体层次上“化异为同”。

（二）在间接整理的基础上规划好对异体字的专项整理

异体字的整理可分为直接整理和间接整理。直接整理指专门针对异体字的专项整理，其成果表现如《一异表》以及《汉语大字典》后附的异体字表。间接整理则指在其他类型汉字形体整理中间接地对异体字进行的整理。如《现代汉语常用字表》《现代汉语通用字表》等。2013 年公布的《通用规范汉字表》也是对异体字的间接整理。

间接整理与专项整理的要求和标准都不相同。专项整理对异体字的概念要从严，而间接整理可以按照广义的异体字概念，允许有条件地包容非全同异体字、古今字、部分假借字。《通用规范汉字表》认为，在科学的汉字学中，理论上应有明确界定，异体字应有严格的定义，不能混淆异体字与分化字、通假字等其他字际关系的限定。但由于汉字历史久远，情况错综复杂，从实用情况来看有必要把一些严格异体字以外的字组确定为异体字，即在这样的字表里可兼收严格异体字与非严格异体字。例如“烟”和“菸”，前者可涵盖后者，后者只是有条件地与“烟”互相替换，这种情况下“烟”被选定为正字，而“菸”被认定为“烟”的异体。该例就属于非严格异体字。

除了字际关系的界定从宽，异体字的间接整理在目的和范围上还要服从特定的要求。《通用规范汉字表》明确说明，“所收的字仅仅是通用字”，8105个字分为三级，主要满足基础教育和文化普及层面用字需要，涉及古汉语的仅限于中小学语文教材文言文的用字。出于这样的目的以及考虑到异体字的复杂情况，异体字整理范围也仅限于《一异表》。

汉字整理的实践表明，仅有对异体字的间接整理是不够的。首先，这样的整理不能满足现实的需要，也不能满足为研读古籍服务的需要，传统文化的继承必须有功能完善的现代汉字系统的配合。

例如《字表》以“晻”为“暗”的异体。在现代汉语一般语境中没有什么问题，但在古汉语中“晻”字还有yǎn音，“晻晻”有“日无光”义。古诗焦仲卿妻：“晻晻日欲暝，愁思出门啼。”不能写作“暗暗”。读yǎn音的“晻”还有迅速、突然的意思，即“晻冉、晻忽”中的“晻”，也都不能作“暗”（字表中“晻”字未作规范字入表）。再如作为异体关系的“置”与“寘”，《字表》将“寘”确定为“置”的异体字。在古汉语中二者都是常用字，意义差别较大。“置”本义为赦免，如“皆杀之，无有所置”。“寘”本义为安置，引申出处置义：“乃鞫得素所通奸道士数人，俱寘于法。”“寘”还有放弃、丢弃义：“以小怨寘大德，吾不义也。”在赦免义上不能用“寘”，作处置或放弃义解的“寘”也不能用“置”。放在解读一般古籍文本的平台上，就需要厘清“置”与“寘”的关系，这是异体字专项整理不能回避的问题；而对异体字的间接整理可不作这样的设计，没有这样的要求。

除了系统内部的需要，异体字整理还要顾及两岸以及海外汉字文化圈内的交流、沟通服务的需要。从协调两岸的立场考量，对异体字的专项整理就有了参照。在这一方面，新字表不无优化的空间。

例如对“为”字的处理。新字表中的“为”所对应的繁体只有一个“爲”，未收常见的“為”。从历史上看，很多辞书或以“為”为正体，或以“爲”为正体，意见不一。但“為”字这一写法影响是很大的。王羲之的兰亭序有四个“为”均是“為”的行楷体；毛泽东的“为人民服务”的题词，也是“為”的行楷写法。《辞海》以及 1999 年的新版，都不收“爲”字，只以“為”作为“为”的繁体。也有不少工具书把“爲”作为繁体字正体，“為”为异体。《玉篇·爪部》：“爲，俗作為。”第 11 版的《新华字典》和第 6 版《现代汉语词典》都以“爲”为繁体，同时也收录了“為”作异体（2002 年增补版的《现代汉语词典》是“為、爲”的次序）。再联系港台的用字实际和规范，《常用国字标准字体表》里标准字形是“為”（102395 号），香港教育界的《常用字字形表》（香港教育学院，2000）也以“為”为正体。可能这个“為”在《一异表》之外，结果遭到了新字表的拒绝。对《一异表》失收“為”这个常见字，一直有不同意见。我们认为，在对异体字的专项整理中，应该在有条件“并线”的地方（如“为”字组）作有利于减少两岸差异的调节。

专项整理中，某些字的正异关系的调整决策，也应该置于推进两岸同文的视角下。“决”字在《通用规范汉字表》里以“决”为异体。《现代汉语词典》《现代汉语规范词典》皆如此。台湾《常用国字标准字体表》里以“決”（字号102145）为正体。《异体字字典》也以“決”为正体，“决”是其异体中的一个。水为形旁的“決”，按段注《说文》，其本义是“下流也”，即疏通水道的意思。《孟子·告子上》：“性犹湍水也，決诸东方则东流，決诸西方则西流。”后引申为决断。历代的字书都是以“決”为正，以“决”为俗。《一异表》的整理原则是从俗从简，所以调整了传统的正异关系（“为”字一例却没有从俗）。从汉字体系上分析，決字从“水”，具有字符的构形理据，反映了汉字表意体系的科学性。以“決”为选用字，纵向上与古籍用字保持了一致，横向上消除了两岸的分歧。不能不说是一举几得的好事。

有学者提出，要“重视台湾当前用字。目前台湾作正字，而内地作异体的字应尽量收入《规范汉字表》的异体字中。与此同时，要注意不继续扩大并力争缩小与港台用字的差异”①。这一意见是正确的，特别是处理像“为、決”等具有充足的历史依据的案例。

在研议制订通用规范字表的同时，面临交际需要和用字环境变化的新形势，已有学者呼吁“通过系统深入的研究，编纂发布新的《异体字整理对照表》”。《通用规范汉字表》发布后，包括《一异表》在内的相关字表停止使用，对异体字的专项整理应有新的举措。

《一异表》之后，对异体字专项整理的最重要的成果是

① 张书岩：《评〈第一批异体字整理表〉》，载《异体字研究》，商务印书馆2004年版。

20世纪80年代《汉语大字典》后附的异体字表（2010年版对异体字部分有修改增删），共有11900组，39221个字，其中正体字12210个，异体字27011个，是迄今对汉字楷书异体字最大规模、最全面的整理。虽然该字表问题很多，所收录的异体字中有很多是在一般古籍中极为罕用或弃用的隶定异体字，溢出了现代汉字的整理范围，但该字表对汉字整理以及异体字研究还是具有重要的参考价值。

发布《通用规范汉字表》的“说明”指出：新字表不是封闭的系统，可根据语言生活的发展变化和实际需要，在适当的时候进行必要的调整。异体字专项整理的每一项成果，也会对今后规范字表的调整改进提供依据。

（三）字形规范化工作方面今后需要研究解决的理论和应用问题

经过几十年的实践，社会和学术界对印刷新字形反映良好，意见最少，历史肯定了这一成果的社会和人文价值。新颁布的《通用规范汉字表》在字形方面沿用已有的规范，没有原则性调整，但在某些部件和笔画形态上做了确认性示范，给我们提供了在汉字使用和辞书编纂等方面应予遵循的标准。如“壬”（réng）和“𡈼”（tǐng）。作为构形部件，如何处理一直存在分歧。1966年的《现代汉语词典》不分，1998年的《新华字典》加以区分。2002年增补本《现代汉语词典》“廷、庭、挺”等撇下从土，而其他含部件“𡈼（tǐng）”的字又撇下从士。《现代汉语规范词典》“廷、莛、庭、霆、挺、梃、鋌”都是撇下从土的。第6版《现代汉语词典》又一律从“壬（rén）”了。这次《通用规范汉字表》不再区分，读ren音的和读ting音的都统一为中间长横的“壬”。这两个部件在小篆中不同形，但在历史演变中已经混同不分，甚至反映在传统的韵书字书中，如《钜宋广韵》一书。从现代用字需要来看，两种字形的字源区分已经没有意义，保留一个撇下从土的部件，也不符合部件精简的原则，《通用规范汉字表》合并划一的处理，不仅解决了个案，也有原则的意义。

在肯定字形规范化工作所取得的成就的同时，也应检查审视是否尚存有待完善的地方。例如个别部件形体的统一问题。2009年44个微调字征求意见，其中“毂”的左下部件“车”上建议添加一短横，保持声旁的完整。新的字表最终没有采纳这个意见，在新字表里“毂、縠”和“瀔、瞉”就不一致。2009微调方案把“琵、琶、琴、瑟”第四笔改为提。王宁还专门对这一调整的合理性作了解释，但新字表仍保留了原来的写法。

再者，新字表是通用字的规范，还有大量非通用字需要规范的延伸。国内信息处理用字符集国家标准GB18030-2000，约27000字，GB18030-2005又增加了42711个字。以27000字计，字量上也远远高于新汉字表通用字。

当前，汉字字形的整理优化已被推入了一个新的坐标上，即汉字信息化的社会转型和两岸实现书同文的大趋势。

1. 在信息时代字形规范的贯彻，需要人机界面相关部分的积极配合。随着计算机技术和网络的普及，随着两岸的交流日益频繁深入，文本的检索转换等操作对字形问题有了更高要求。繁简之间的对应转换需要高精度，即使是不关乎繁简的传承字，如“脱、肌、肝、育、温”等，虽然其字形差异不会影响人际间的沟通，但在计算机的工作中就可能引起分辨障碍。教育部领导关于贯彻落实字表的几点意见中，要求“相关部门要积极做好字表的贯彻落实工作，重点做好教育教学、信息处理、新闻出版等领域的实施，确保教材、计算机字库、汉语工具书等平稳有序地实施字表”①。信息处理技术的配合是一个重要方面。

2. 在“协调两岸，减少差异”的原则性下的字形调整。字形规范的方案设计，也有协调两岸，减少差异的要求。一个字形问题的解决，孤立来看可以有几种选择，但如果在两岸之间协调，就可以有所倾斜。“琵、琶、琴、瑟”的笔形调整，按王宁先生当年的解释，汉字书写时，左边偏旁最后一笔如果是横，应当变成提，这是书写连续性带来的习惯，如“蛩、柴、鹭、盐、瞽”；“王”在左上位置的“碧”，其末笔横也变形为提；左右都有其他构字单位的部件，因处在相对左侧的位置，其末笔为横的，也大多变形为提，如“鸿、潋、臌、街、御”。除了传统书写规则的要求，台湾正体的标准也是参照。《国字标准字体宋体母稿》中，“琵、琶、琴、瑟”左上的“王”和“徵”中的“王”，末笔横都变形为提。这种情况下我们把笔画形态作一个微调，既照顾到了习惯，又可以消除差异，是推动两岸字形逐步靠拢的积极作为。

再如议论较多的“辱”作部件的字形问题，很多人认为上下结构的“辱”作偏旁或部件时成了半包围结构，如：“蓐、褥、溽、唇”，缺乏系统性协调。但这种情况不仅存

① 李卫红：《贯彻实施〈通用规范汉字表〉提升语言文字应用规范化标准化水平》，《光明日报》2013 年 8 月 30 日。

在于大陆，在台湾的正字系统里“辱”作为构形元素的部件也是半包围，与独立成字时的上下结构不同。尽量减少差异，不扩大分歧，是推动两岸文字趋同发展的基本原则，所以，“辱”字的这种所谓不协调现象，也可维持现状不需要调整。如果某些方面允许柔性处理，那么促进两岸的靠拢就是柔性活动的边界。

为了字形的进一步优化，为了在字形上实现两岸无障碍的沟通，我们有这样几点意见：

其一，把字形标准化作为一项内容，安排规划好《字符集·基本集》的修订、更新。首先梳理一下现有字库存在的问题。现在的字库字形上还不能达到标准化和两岸无障碍沟通的要求。仅就大陆一方来说，过去“美”字下边大字的一横有长有短，多是下短，如第 11 版《新华字典》、第 6 版《现代汉语词典》和第 3 版《现代汉语规范词典》以及 2014 年 5 月出版的《汉字应用规范字典》都是下短，新字表的“美”则是下长（台湾标准字形也是下长）。现在一般电脑上打不出标准字形的“美”。

字库的字形调整可结合繁简字调整一并进行。新字表补录的 226 个类推简化字，有 116 个字不见于 GB18030 字符集，一般电脑打不出来。前面曾举“輶轩使者”的例子，现在“輶”字在字表里获得了正字地位，但一般电脑打不出从“车”的“輶”。“駇”也如此。虽然它们的简体形式已收进新字表，但 GB18030 里还没有类推简化了的“輶”，也没有简化的“駇”。

当前形势下，信息设备的字形对汉字规范标准的贯彻执行影响巨大。理论上有了共识，还要需要设备系统的支持。字库的创建、更新，直接牵扯到社会各部门、各阶层，牵扯到电脑和手机的广大用户。面对社会信息设备的大面积使用和民众用字方式的改变，在这一领域推行新规范是一个巨大的工程。

两岸和港澳地区间的文字交流也存在衔接问题。目前，在 CJK（《中日韩统一汉字字符集》）核心部分的 20902 字中，两岸相同编码的汉字有 18368 个，其中字形完全相同的有 9425 个字。其余有对应关系的 8943 个字在笔形、笔画、笔画交接方式、结构方式和部件等方面存在着或大或小的差异，占可比的 18368 字的 48.7%。这些占有同一个计算机码位、功能完全相同的汉字，其字形的差异，已经给两岸四地乃至全球的汉字文化交流带来障碍。[①]

其二，完善字形标准的系列配套，满足社会用字的多元需要。台湾 1982 年由教育事务主管部门公布出版常用、次常用国字标准字体表以后，加紧了向社会的推行。考虑到字表的制作和印刷造成的“笔形”的细节上的出入，又推出相应的字体母稿，对“所有笔画、笔形皆予彻底规范”，前后共推出楷体、宋体、方体、隶书四种字体母稿。[②]我们与台湾的情况不完全相同，但我们也有配套推行的需要。新字表解读部分认为，“对印刷宋体字的字形规范，也不应该只着眼于宋体字本身，还应该考虑到与之相关的几个关系的协调问题，如各种主用字体之间的协调”。新字表以前的字形规范标准，都是宋体，新字表也是印刷宋体的

---

① 据张素格、陈双新：《计算机字符集 ISO10646 中大陆与台湾同编码汉字字形差异的特点》，载李宇明主编：《两岸语言文字调查与语文生活》，商务印书馆 2017 年版。

② 王天昌等：《国语运动百年史略》，（台湾）国语日报社 2012 年版，第 287 页。

字形。宋体字主要是满足阅读功能，而实际应用如语文教学、书写练习还需要楷体示范。现在的宋体和楷体字形不尽相同，多有差异。如“雨”字头、走之旁等。

其三，编制相对完整的新旧字形对照表。1965 年《印刷通用汉字字形表》发布，由于字形标准是隐含性的，一些辞书开始设置自己的新旧字形的对照表。几十年过去了，一直没有语文主管部门公布一个明确的可操作的对照表，这也影响到新字表的贯彻落实和汉字信息标准化水平的提高。对照表编制的理论准备，首要问题是界定字形概念，明确字形整理的范围，对与繁简、正异关系有纠缠的字作出合理安排。较之繁体字，新旧字形与异体字关系较为复杂，“凉”与“凉”是正异关系，“盗”与“盗”则是新旧字形关系。“污”和“污”有的处理为新旧字形（《标准汉语词典》），有的看作正异关系。对于这类两可的选择，两岸因素可作为关键一票。在大陆很多辞书的对照表里，“温”和“溫”的右偏旁为新旧字形关系。台湾的标准字形是“溫”（字表 102290），在暂时不能合二为一的情况下，如果把“温”和“溫”处理为正异体关系，就为两岸字形的对应联系保留了位置。“册”和“冊”在大陆就是正异关系，后者是大陆的异体字，是台湾的标准字（冊，字表 100297）。

由于语言文字的社会性特点，语言文字的规范化不能脱离一定的历史阶段。以上的政策建议基本上是围绕着社会的现实需要。目前两岸是大陆以简化字为主、台湾以繁体字为主的繁简并存的一个局面。一文两体，一方面反映了汉字文化的丰富性和悠久性，另一方面二元并存的用字现实也给汉字的学习、使用以及两岸的交流造成不便。在坚持规范标准的前提下，建立无障碍沟通将是我们的近期目标。我们最终目标是实现“书同文”的一元统一，这是我们所有语文工作者的中国梦，而我们的每一份努力必将汇为水到渠成的结果。

第八讲

从语言问题入手遏制“文化台独”逆流

在“台独”分裂活动中，“文化台独”是一个重要方面。“台独”分裂势力通过“文化台独”分裂中华母语文化，从历史以及民族、国家认同上否定一个中国，为政治“台独”提供社会思想文化基础。相对于急性“台独”，“文化台独”被看作是一种柔性“台独”或隐性“台独”，具有很大的欺骗性、破坏性。“文化台独”主要表现在两个方面，一是在历史领域，一是在语言文字领域。从这两方面遏制、批判“文化台独”，为两岸和平统一扫清障碍，是一项重要而艰巨的任务。

一、“文化台独”的观念和主张在语言问题上的主要表现

语言是文化的载体，是文化存在的物质形式。一个民

族的文化，发展、保存到今天，语言是最重要的传承工具，而语言本身也是一种文化现象。由于语言和文化的这种关系以及语言特有的社会功能，“文化台独”自然要通过语言规划、语言政策的制订反映“台独”的观念和政治诉求。“文化台独”在语言问题上的表现主要有以下几个方面。

（一）推行“国语”多元化政策和“乡土语言教育”

1. 以“国语”多元化改变所谓的“独尊国语”的现状。根据台湾某些学者对20世纪80年代以来台湾语言社会的判断，“1987年解严后至今的台湾语言政策逐渐迈向多元开放时期”。[①]“国语多元论”正是形成于这一时期。这一理论主张提升岛内多种语言的地位，各族群母语都有被列为“国语”的资格。

1990年前后，台湾当局推行“国语”的政策开始发生转变。台湾新闻部门颁布《电视节目制作规范》，取消了对电视台的语言使用限制，并删除了“推行国语政策、统一全国语言”的这一内容。2002年以李登辉为“创党领袖”和“精神领袖”的“台湾团结联盟”推出提案要求将“河洛话”（台湾闽南语）列为官方第二语言，与“北平话”并列为台湾的“国语”。提案遭普遍反对后，“台湾团结联盟”又提出将“河洛话”“客家话”“原住民语”同列为第二官方语言。从此岛内政治团体和社会人士透过媒体围绕这一议题掀起一阵“第二官方语言论争”。

之后不久，台湾教育事务主管部门新改组的“国语推

① 张学谦：《台湾语言政策变迁分析：语言人权的观点》，（台湾）《台东大学人文学报》2013年第3卷第1期。

行委员会”于2003年2月提出一个所谓“语言平等法草案”。该草案实际支持“台联党”的主张，规定：“国家语言系包括国内使用中之原住民族语、客家话、Ho-lo话、华语。”“凡本国境内国民所使用之语言与文字，在法律上一律平等。政府不得以公权力禁止或限制任何语言与文字之使用。”草案把原来的“国语”改称“华语”，并降格为与岛内的十几种少数民族语言和其他汉语方言同地位的一种族语。

因各界的强烈反对，“语言平等法”被“行政院”喊停，随即由教育事务主管部门移交“文建会”改订为“国家语言发展法”(草案)。“发展法”和“平等法”的主要差别是删除十四种“国家语言”的具体名称，两个“草案”的共同点是：台湾地区所有语言都叫“国家语言”，取消“国语”的名称，只有“各级政府”订立的“通用语”和“中央政府”订立的“通用语”，但“中央政府”订立的“通用语”各地方可以不用。这样一来，全社会就没有一种“共同语”而出现“通用语”空位的罕有现象。

曾在陈水扁时代任“国语会”主任的郑良伟提出：要一改“旧的语言政策强调独尊国语”的状况，“‘新’的语言政策则重视多元文化，强调国语、英语及各族群母语共存”。他认为：“无论是台湾华语、河洛语、客语或是十五种原住民语言，都是合法的语言。”不仅如此，除了福、客、华、少数民族语为官方语言，郑良伟还主张“应将Holo语与台湾华语共同列为通行语”。① 郑良伟在“国语”

① 郑良伟：《台湾语言政策ê回顾与前瞻》，文载《语言政策的多元文化思考》，“中央研究院”语言研究所，2007。

会的继任者梁荣茂甚至认为台湾的推行“国语”政策是“强势语言文化对弱势语言文化的侵犯、扑杀，是违反基本人权的极不人道的行为”。①

2. 配合“国语多元化”政策，力推“乡土语言教育”。1988 年李登辉提出“中华民国在台湾”的所谓务实策略，此后台湾的“乡土教育”在民进党推动下，迅速发展并呈现出近乎畸形的状态。“乡土语言教育”是“乡土教育”的一部分。自 20 世纪 90 年代起，台湾开始推行“乡土语言教育”或称之为“本土语言教育”的课程改革。2000 年民进党上台以来，更是在母语教育的推广上加大了力度。教育事务主管部门负责人表示，十二年教育新课纲 2018 年实施，“乡土语言”也将应列入初中必修课程。这一决定也得到了法律背书，2003 年的“语言平等法草案”，其中第八条（教育权）规定：“各级政府在教育体系内须提供适切的课程传承国家语言。”“各级学校应提供适切的跨族群语言学习课程来教导各种国家语言。”所谓“国家语言”，按照该草案的“本法用语定义”，指的是包括台湾地区使用中之各少数民族语、客家话、Ho-lo 话、华语。“语言平等法草案”未获正式通过，但此后经改订出台的所谓“国家语言发展法（草案）”，其中关于“教育权”部分的内容并没有改动。有人提议，不仅母语要列为必修课程，还应进一步成为教学媒介语。“台湾语言乡土化就是母语优先，在教育上以族群母语为启蒙识字教育的语言，不但作为学科学习，也应当作为教学媒介语。政府需从母语为资源及权利的观

① 梁荣茂：《语言政策的多元文化思考》，载《语言政策的多元文化思考》，“中央研究院”语言研究所，2007 年。

点，尽早规划并实施双语教育，脱离‘国语至上’的语言教育政策。”①

推行“乡土语言教育”，可以看作是台湾多元文化主义在教育层面的重要动作。由于其目的不是为提升台湾的教育水平，所以从教育的角度衡量，“乡土语言教育”没有得到多少好评。有人对实施多元化教育的实际情况做出这样的总结：“1990 年代以来，‘多元文化’不仅在政治上已经成为我们的基本国策，在教育政策与研究上，更是愈来愈常见的一种思维方式。只不过对于这个当红的概念，大家多半一知半解地跟着听、跟着讲、跟着用，并不那么在意或清楚它的逻辑与底蕴，以致出现不少的范畴失误。”多年推行的效果得到的是这样一个评价：“在提升教育成就方面，台湾的多元文化教育多半流为表面文章，非徒弱势民族（如原住民）学业失利及中辍停学的情形，一如过往，整体教育成就的竞争力也依旧落于主流社会之后。”②

（二）把语言问题上的“文化台独”主张理论化

近年来，“台独”主张不仅停留在纲领性文件以及头面人物的宣示上，学术界也有积极配合。多元文化主义被认为是“文化台独”的理论基础，在语言学界也已成为语言社会学研究的关键词。一部分研究课题，以语言文化多元化为视角，围绕语言人权的维护、多元化语言政策的制订、母语教育的学习规划等问题展开研究，其成果直接或间接

① 张学谦《台湾语言政策变迁分析：语言人权的观点》，（台湾）《台东大学人文学报》，2013 年第 3 卷第 1 期。

② 张建成：《再论多元文化教育的困境》，（台湾）《教育研究集刊》2014 年第 9 期。

地被利用为“文化台独”的理论资源，迎合了“文化台独”主张理论化的需求。20世纪90年代以来的二十多年时间里，发表于各报刊的相关内容的文章和学术论文不计其数。某些出版单位也积极跟进。被视为“本土文化”出版重镇、出版过带有强烈“台独”色彩的《台湾论》的“前卫出版社”，就出版了一系列“本土文化”图书。台湾“中央研究院”语言学研究所曾举办一系列语言政策研讨会，并于2007年出版了《语言政策的多元文化思考》一书，收录了提交于研讨会的30多篇论文。

按照语言社会学的理论，语言政策的制订一方面服务于族群交流的需要，一方面反映利益集团的政治诉求。以追求族群和谐为名的台湾多元化语言政策的制订，其背后都有看得见的政治策划的动作，其中一部分语言社会学的理论研究就是为了给他们的相关政策提供“说法”。例如有的台湾学者搬来后殖民理论，分析开设乡土语言课程的意义。根据后殖民理论，他们把“对语言的控制”看作是殖民压迫的重要特点，于是台湾的“国语运动”就成了殖民者对台湾的文化侵犯。“帝国主义对殖民的压迫既然透过语言阶级制度完成，后殖民论述要瓦解殖民的压迫自然要从瓦解语言阶级面上着手进行”。[1] 这样一来，开展“乡土教育”、施行“国语多元化”，就成了摆脱殖民者“对语言的控制”建构民主社会多元语言文化的合理需要了。

① 邱贵芬《“发现台湾”——建构台湾后殖民论述》，文载张京媛主编：《后殖民理论与文化认同》，台北麦田出版社1995年版。

（三）在涉及国家认同的语言表述上纵容政治话语体系的语义错位

大陆学者研究认为，“政治话语由最小单元的政治语词构成，是政治文化最简易的表征之一。政治文化是总体文化的一部分，而当前两岸文化话语体系差异中最复杂、最敏感的问题就是政治话语体系的错位”。“海峡两岸的政治话语差异不仅体现为某些相同事物的名称不同，而且还表现为相同话语的概念内涵歧异。当前两岸比较具典型意义的差异性政治话语有‘一国两制’、‘九二共识’、‘维持现状’、‘中国’、‘国家’、‘政府’、‘一个中国’、‘主权独立’等。”①

反映在台湾语言生活中，较为普遍的现象是关涉国家认同的某些语言指称的内涵变化。例如台湾媒体中“我国”“国内”“国内外”“全国”“这个国家”，其中的“国”“国家”大多数情况下已专指台湾当局所谓“治权”所及的“台澎金马”，再不包括大陆。

台湾政治人物的“国家”表述，代表了一个政治集团在一个中国原则问题上的根本态度和立场。蔡英文的“五二〇就职讲话”二十几处使用“这个国家”“整个国家”“我们国家”等说法，实际全部指称的是一个台湾地区。蔡英文2016年9月29日在致民进党的一封公开信中把“台湾”与“中国”相并列，声称：“有些价值，我们一定会坚守。我们要力抗中国的压力，发展与其他国家的关系。我们要摆脱对于中国的过度依赖，形塑一个健康的、正常的

① 刘国深等：《海峡两岸典型性政治话语比较分析》，《台湾研究集刊》2015年第4期。

经济关系。”这种“改口”明显地把“中国”和“台湾”定位为“一边一国”。

中国社会科学院台湾研究所王建民教授指出：“尽管这种称谓是语言表述的变化，但却是两岸政治定位的重大变化，是性质的变化，已表明在台湾内部已彻底接受‘台湾国家化’，对未来两岸和平统一是非常不利的。”① 我们认为目前还不能认定岛内民众意识上已经“彻底接受‘台湾国家化’”，但当今台湾媒体上这类触目皆是的表达，确实在台湾社会构成一种大覆盖的语境，潜移默化地影响着台湾民众的国家认同，影响着两岸之间的沟通，同时给别有用心的政治人物提供了可利用的舆论环境。

二、利用语言问题推行“文化台独”对台湾社会所产生的影响

利用语言问题推行“文化台独”对台湾社会产生的影响主要分为两个方面。一是推行“国语多元论”的语言主张，突显“台湾主体性”，打造所谓的“台湾主体文化”，弱化了“国语”的统一力量；二是在语言政策、语言规划方面通过多元文化主义的经营、渗透，构建一个所谓的“新台湾人”的“命运共同体”，疏远了台湾与祖国大陆的文化联系。归结起来看，“文化台独”对台湾社会影响的要害在于通过“去中国化”把“台湾意识”推向与“中国意识”相对立的位置，造成“台湾意识”向“台湾主体意

① 王建民：《“台湾主体意识”的社会政治影响分析》，《中国评论月刊》2013年8月号。

识”或“台独意识”的异化，扭曲了台湾社会的民族认同、国家认同，为走向政治“台独”争取了“民意”。

“台湾意识”被看作是“文化台独”的心理基础，但早期阶段的“台湾意识”仅是一种乡土意识，形成于台湾特殊的历史条件，更多的是地域情感和历史共享的集体记忆，并无与“中国意识”相对立的内容。由于两岸长期隔绝，在“台独”分裂势力推动和台湾特定人文环境双重因素的影响下，“台湾意识”逐渐被政治化、意识形态化，衍化为“台湾主体意识”。2006 年陈水扁在“元旦文告”里提出“台湾主体意识路线是我们必须坚持的路线”。“文告”称：“在‘台湾主体意识’的发扬以及人民渴望当家作主的民主浪潮之下，国家认同已然成为不分族群、无可回避的严肃课题……如果没有国家的认同，就无法保卫国家安全，也无从捍卫国家利益，这就是为什么我们必须坚持‘台湾主体意识’。”① 这段话等于昭告：坚持“台湾主体意识”就是为了建立“国家认同”，就是要实现“台独建国”。“台独”势力把“爱台湾”“做新台湾人”作为“台湾主体意识”的中心内容，并赋予一种“国家认同”的崇高意义，蛊惑、误导了大批台湾民众。

从“台湾意识”到“台湾主体意识”有一个演变过程，可以直接观察到的、最明显的轨迹表现在语言方面。按黄宣范的说法：“虽然台湾意识的表现在许多方面一再遭遇阻力，但在语言方面即使是官方的报纸仍然可以看出过去四十年来逐渐转向台湾意识的轨迹”，“把台湾一省等同于中华民国的领土其实自七十年代中期以来已经相当明显公

① 见陈水扁：“2006 年元旦文告”。http://www.doc88.com/p-019708245843.html.

开”。“七十年代后期标题虽用‘我（国）……’，但内容一定只是指台湾地区而言，绝无指大陆地区的可能”。黄宣范把这一变化归之于“台湾意识觉醒”的结果，认为“台湾意识”的觉醒使得台湾跟“中华民国”两个名称之间的界限逐渐模糊。[①] 这里所谓的“觉醒的台湾意识”，实际上是被“台独”意识污染了的“台湾意识”。我们认为，“台湾意识”的扩散、内容的异化，有多方面复杂因素，但绝非是自然的“觉醒”。

为了建立支撑政治本土化的“台湾意识”或“台湾主体意识”，多年来“台独”势力部署了一个规模巨大的“台独”文化工程，在历史、语言、文化、教育各领域全面“去中国化”，追求文化本土化，打造区隔于大陆的台湾“主体文化”。透过台湾语言生活中的一系列事件，可以发现他们的蓄意设计。“国语多元化”表面看仅是语言规划问题，实际上是要推倒“国语”这“一元”，置换以与中华文化拉开距离的“多元”。配合“国语多元化”开展“乡土语言教育”，声称是培养“母语情感”，呼吁“讲妈妈的话”，实则是从语言着手塑造一代“新台湾人”。台湾民众也认为台湾的乡土教育已经成为一种“乡土崇拜症”，对其背后的政治目的提出质疑。台湾的林瑞荣教授深刻分析了台湾乡土教育中隐含的政治取向：（1）由乡与县市的乡土教育帮助学生认识家乡，体认自己生为一个“台湾人”的身份；（2）强调台湾本土文化的独特性，以与中国文化分庭抗礼；（3）对抗执政党的中国意识，挑战其统治政权的合法

① 黄宣范：《语言、社会与族群意识》，（台湾）文鹤出版有限公司2008年版，第7-8页。

性；(4) 凝聚新的族群观，塑造“认同台湾”的集体意识。乡土教育的重要目的就是塑造所谓的“新台湾人”。①

不难看出，20 世纪 80 年代以来台湾在语言政策和语言教育上的一系列动作，实质上都起着强化“台湾意识”或“台湾主体意识”的作用。值得注意的是，“台独”势力多年的刻意经营，已产生了他们希望看到的结果。仅从媒体含有国家认同意义的相关词语的使用情况来看，把“我国”“国内”“国内外”等用语中“国”的所指限于台湾一地，已成为台湾社会普遍接受和理解的表述，这种国家认同含义传递出的“主体”意识又推动着“台湾意识”向“台湾主体意识”以至“台独意识”的转化。据调查：“台湾主体意识”已成为岛内主流民意，有高达 80% 到 90% 的支持率。② 据香港大学民调机构对台湾民众身份认同的调查，2005—2007 年的调查数据显示，认为自己是台湾人的三年内分别为 56%、60.1%、53%，认为自己是中国人的分别为 7%、4.8%、3.1%，持双重认同态度的（既是台湾人也是中国人）为 34.3%、33.3%、40%。数据反映，认为自己仅是台湾人的占比达 50% 以上，认为自己是中国人的占比在这三年内呈逐年下降趋势。③ 另据 2009 年一项对在沪台湾大学生的统计，台湾民众自认为是台湾人的达 51.3%，自我认定是中国人的仅 4.2%。④ 与以上统计数据结果相近。

---

① 林瑞荣：《国民小学乡土教育的理论与实践》，引自万明钢《论台湾的乡土教育》，《西北师范大学学报（社会科学版）》2001 年第 6 期。

② 周伟：《“台湾主体意识”的由来和影响》，载《现代台湾研究》2011 年第 2 期。

③ 廖中武：《政治社会化：台湾民众国家认同的建构路径》，载《湖南师范大学社会科学学报》2012 年第 4 期。

④ 许建明：《两岸关系、台湾政治生态与中国国家认同》，载《当代中国研究》2010 年第 1 期。

台湾社会的这种身份认同的现状，甚至被看作是台湾社会的“认同危机”，应该引起我们的警惕和重视。

三、为遏制“文化台独”，语言文字工作方面应采取的对策

面对“文化台独”，我们必须有积极主动的对策，为粉碎政治“台独”的阴谋，实现两岸和平统一扫清障碍。这条战线上的总目标是增强台湾民众的“中国意识”，打破“台湾主体意识”思维，解构所谓的“台湾命运共同体”，构建“两岸命运共同体”的价值观。实现这样一个战略目标，主要是通过不断推进两岸经贸关系的发展，努力建构两岸经济共同体，增进双方的共同利益来完成；同时要深化两岸文化交流，团结台湾的正义力量以抵御、消减“去中国化”政策在台湾的推行和影响，复兴两岸共有的中华文明，重构台湾的中华文明意识与中国意识。具体到语言学领域，遏制“文化台独”的任务主要有以下两个方面。

（一）看清表现在语言问题上的各项“多元化”主张的实质

较之政治“台独”，“文化台独”形态更为复杂，其渗透性、破坏性更为严重。因为从“台独”势力着手的语言文化层面的某些活动和主张来看，其中所利用的元素，表面看来大多是中性的或者是积极的，诸如文化多元化、文化包容、语言人权、母语教育、族群语言平等、语言资源保护等。但这些元素经过修整、组合后，装嵌到分裂势力的政治框架内就被异化为某种手段或工具。

2001年11月11日，陈水扁在一项活动的发言中声称："中华民国是一个多元族群与多元文化的国家，宪法中明定：'国家肯定多元文化'，这就是我们的基本国策。"2004年民进党又通过"国家一体、族群多元决议文"，决议文提出要"建立台湾为全球多元文化国家典范：我国为因应全球化，应积极推动多元文化政策，并成为族群文化多样性之全球努力的实践模范，继民主化之后，建构一个文化多元、命运一体的新国家。"[①] 事实说明，岛内"多元文化主义"的推动力量，主要来自"台独"势力。正如一位台湾学者所指出的："多元文化在大家都没注意到时，悄悄地，甚至可说'漫不经心'地就成为我们的基本国策。它的起源和台湾民主运动、建国运动的人群分类概念有最大的直接关系。"这是"一种由宪法规定，民进党领衔推动的'基本国策'"。[②] 一个政党提出的"国策"是服务于政党的基本纲领的，民进党的基本纲领就是所谓台湾"独立"。

"台独"分裂势力不遗余力地充当文化多元化主义的推手，甚至将之奉为"国策"，因为在他们看来"多元化"是"去中国化"的最好的包装。语言问题上他们推行所谓的"国语多元化"，就是要把现行的作为通用语的"国语边缘化"，以消解语言的统一力量。语言社会学理论认为，国族或民族身份的核心要素是语言共享，使用统一的官方语言象征国家团结和社会和谐，因此统一的语言在国族建设和民族整合中扮演重要角色。在一个国家内，语言作为交

① 见2004年9月27日台湾《联合报》A10版。

② 张茂桂《台湾是多元文化国家?》，(台湾)《文化月报·三角公园（电子月刊)》2002年1月13日。

际交流的工具，需要一种经由民族历史和语言文化传统选择的通用语服务于社会各族群，营造一个有利于国家统一的和谐的语言社会。在台湾如果动摇、颠覆了现行“国语”的地位，就动摇、颠覆了两岸语言文字统一的基础，这不是一个单纯的语言规划和语言政策问题。

过去我们的学术界在某些方面往往“就事论事”，对台湾学者某些研究课题的政治倾向注意不够。台湾的某些语言社会学研究，很多地方流露出以台湾为中心、与祖国大陆相切割的历史观、文化观，为“文化台独”所利用，对此我们不能熟视无睹。台湾黄宣范教授的《语言、社会与族群意识》，在两岸都是很有影响的社会语言学专著，也多见于大陆学术论著的参考文献，但迄今未见对该书的认真的评析，书中很多观点、结论是我们不能苟同的。例如该书专辟“国语运动与日语运动”一章，其中专门列出 20 项对“日语运动与北京话运动”进行比较，竟然把殖民者的奴化教育和国民政府及台湾当局的文化重建等同起来。

我们对多元文化主义的某些观察研究也有表面化、片面化的问题。大陆学者对台湾多元化教育的某些考察研究，有的详尽介绍了台湾师资培育的多元化、入学渠道的多元化、课程模式的多元化、开设乡土语言课程的语言教育多元化，等等，完全是积极评价的调子，忽视或淡化了多元化教育在台湾大力推行的政治背景，从整体来看造成信息传递的失真。20 世纪 80 年代在美国兴起的多元文化主义，对美国的欧洲中心主义的主流文化发起挑战，引起很大的争议，并形成了一场文化论战。不管怎样定义多元文化主义，应该看到多元文化的正能量是有条件释放的。德国学者 Vertovec 与 Wessendorf 就曾根据欧洲的经验指出："多元文化主义只是一种力图巩固文化差异的教条或意识形态"，"多元文化主义倡议分离主义，造成国家、社会分裂"。①这固然是一家之言，但提醒我们不应该脱离现实政治生态认识和接受多元文化主义的主张。

（二）加强学术研究，立足于遏制"文化台独"的理论高地

针对台湾语言学研究中对"台湾主体意识"的越界发挥，我们应透过理论研究，澄清谬误，弘扬正声。近十年来，台湾的社会语言学研究往往带有明显的非学术性色彩。对此，我们必须保持理论警惕，针对性选择课题，通过两岸语言的对比研究、台湾语言生活的现状研究，申明我们在关键问题上的理论立场。

为了剥离台湾文化与母语文化的血缘关系，关于台湾的通用语，台湾的某些学者提出一种"独立发展说"。如黄宣范的理论认为，一定要从"中国意识和台湾意识的对立与抗衡"上了解台湾几十年来的语言政策。他把"国语"分为"中国意识的国语"和"台湾意识的国语"两类。前者包含两个信念，一是"京片子国语"才是标准的、有价值的，一是所有类型的"台湾国语"都不标准、无价值的。（他以加括注的形式特别指出"美化标准语，间接贬抑其他语言是当权者一贯的伎俩"）与之相对立的"台湾意识的国语"包含两个概念：一是"强烈的台湾意识中的国语"，岛上所有的母语皆属于"此类国语（national language）"，

---

① 引自张建成：《再论多元文化教育的困境》，（台湾）《教育研究集刊》2014 年第 9 期。

北京话只是一个方言，如此定义的“国语”目前属“有待确立”的状况。另一类“国语”指“台湾国语”。他的看法是：“台湾地区不同的语族四十年来自然而然整合出来的国语已具有明显而独特的面貌。这个语言是我们应该自傲的语言。台湾国语是个独立自主的语言，固不必引颈西盼，也没有什么可引以为耻之处。”①

郑良伟把两岸通用语归为两个类型。按他的说法，多语层之间的选择是“海洋文化类型”的语言特性，与之相对的是规范取向类型。华语（指大陆的普通话）属后者，“台湾华语”属于前者，是在台湾社区环境影响下逐渐衍变为具有“海洋文化类型”特点的语言。② 这一说法正好与“大陆属于大陆文化，台湾属于海洋文化”的伪命题相呼应，旨在构建不同于大陆的台湾文化格局，从包括语言在内的每个文化要素证明：台湾已形成特定的文化共同体。

对此，李行健等大陆学者则提出“一语两话论”，“一语”指现代汉语通用语，“两话”指大陆普通话和“台湾国语”。他们指出“一语两话”是汉语通用语在两岸分治后不同空间内自然发展的结果，是两岸语文生活的现状。从“五四”运动到20世纪50年代，大陆的通用语被称作“国语”。50年代以后，“国语”在相互隔绝的两个空间里发展，分化出两个变体：大陆“国语”（普通话）和台湾“国语”。“两话”均出自“国语”，所以从历时的角度来看，

---

① 黄宣范：《语言、社会与族群意识》，（台湾）文鹤出版有限公司2008年版，第5页。

② 郑良伟：《台语口语及书面语的活力》，文载《语言政策的多元文化思考》，“中央研究院”语言研究所，2007年。

“一语”也可以指“两话”的母体老国语。① “一语两话”的两岸语言观，揭示了两岸标准语的渊源关系。“台湾国语”绝非“台湾地区不同的语族四十年来自然而然整合出来的”一种语言，也不能视为“在台湾社区环境影响下逐渐衍变为具有‘海洋文化类型’特点的语言”。

（三）深化、细化两岸语言文化的交流合作

尽管台湾的传统“国语政策”在“多元化”的“台独”思潮中受到冲击，“台湾主体意识”在增长扩散，侵蚀着台湾新生代的文化认同，但这一局面并非不可逆转和破解。社会群体的身份认同包括文化认同和政治认同两方面。在文化认同上，两岸仍有坚实的基础。从台湾语言生活现状来看，虽然台湾当局刻意推行冲淡主流语言影响的语言政策，“国语”在台湾语言生活中强势存在的地位并没有受到彻底撼动。两岸学者的多项调查研究都表明了“国语”在台湾社会的常用度、熟悉度、母语认同度所显示出通用语言的统一力量、权威地位。“国语”的强势，一方面是语言功能特征决定了社会对语言这一交际交流工具的理性选择，另一方面，台湾民众对“国语”的情感和信任也来自对中华文化的亲和感。语言维系着文化，作为汉语通用语的“国语”是中华文化的载体，在服务于社会交际交流活动的同时，也为两岸人民植入了共同的文化基因，在两岸结成一个难以撕裂的共同体，这一文化构成对试图“解构”侵蚀它的外侵力表现出很强的抗性。

① 张世平、李行健:《语言规划与两岸和平统一》,《语言文字应用》2014年第1期。

近年来，两岸文化交流与合作不断有新进展，取得一系列成果。被视作世纪文化工程的《中华语文大词典》在两岸学者的努力下完成了《两岸常用词典》《两岸通用词典》等阶段性成果后，又于2016年推出10多万条目的《中华语文大词典》试印本。该词典出版以后，国台办发言人在8月份的一次例行记者会上表示，两岸合作编写中华语文工具书是两岸共同传承和弘扬中华语言文字的良好开端，目前已基本形成交流合作机制，希望双方持续推进这项工作，取得更多成果。

这种交流合作在台湾也得到热心于中国传统文化的人士的认同和参与。《中华语文大词典》的台湾版参编者将近150人，动员组织了台湾学术界、出版界的很大一部分力量。台湾中华文化总会秘书长杨渡在该词典前言部分以“为断裂的历史搭起语词的桥梁”的评价称赞两岸的这项重大合作，并把这种成功的合作方式比喻为“一朵云，各自彩绘”。因为一部词典涉及政治、历史、经济、制度、习俗等社会生活的方方面面，两岸合编辞书也为在求同存异的原则下解决好两岸之间的认识分歧提供了丰富的案例。例如从《两岸常用词典》到《中华语文大词典》，编写中若干疑难问题和敏感词语的处理，通过对话协商，共同寻求解决之道，都取得了令人满意的结果。

在社会各阶层，两岸的语言文化交流也都有广阔的展开。如2014年，两岸大学生书法夏令营在绍兴举行，两岸一百余名大学生以文会友，互相学习，写作观摩，台湾青年也在祖国大陆的“书法之乡”切身感受到了中国传统文化的魅力。2015年，第二届两岸大学生书法夏令营在台北举行，台湾艺术大学为此举办作品展，让学生一起赴台北故宫博物院、历史博物馆等地参访，建立起两岸青年之间的文化桥梁。类似活动为两岸青年建立友谊，增进沟通实现机制化、常态化进行了成功的实践和探索。

交流的目的除增进相互了解，也起到了通过中华文化的传播交流，唤醒、重构台湾的“中华意识”的作用。今后两岸的语言文化交流要与时俱进地推出新内容、新形式，不管台湾的政治格局发生什么变化，这种合作交流只能加强不能削弱。

四、结语

在急性“台独”、“法理台独”等形式的“台独”已经无路可走的情势下，台湾分裂势力试图通过“文化台独”或者说柔性“台独”、渐进性“台独”达到自己的政治目的。从台湾现实情况来看，“文化台独”的主张和影响在台湾确实出现了一时强势占位的局面；但是我们应看到，维护中华文化传统、反对污名、歪曲中国历史文化的正能量仍在坚守，“去中国化”的浊流并没有在岛内开辟出自己的“绿色通道”。历时悠久、多元融合的中华文化几千年来滋养着中华民族的生存发展，提供了维护国家统一的强大凝聚力，也是结束两岸分割局面，推动两岸最终走向统一的重要保证。正如国务院台办发言人马晓光在一次例行新闻发布会上应询所表示的：“台独”势力无论是搞激进式的“台独”，还是搞所谓渐进、柔性“台独”，都是注定要失败的。

——附　录——

两岸常用词词语表

一、两岸常用词——普通话独有独用词

二、两岸常用词——“台湾国语”独有独用词

三、两岸常用词——两岸同形异义异用词

说明：

1. 词表包括“普通话独有独用词”“台湾国语独有独用词”和“两岸同形异义异用词”。

2. 所谓“独有独用词”指：

（1）普通话或“台湾国语”构造的、指称一方特有事物或社会现象的词语，如普通话的“居委会”“台湾国语”中的“民代”。

（2）虽非一方特有但在词一级单位上不成对等体的。如普通话中的“干红”“干白”指“不带甜味的葡萄酒”，“台湾国语”没有与之相对等的词。

（3）多义项词语，除共有义项，其中有一义项是普通话或“台湾国语”一方所独有独用的。如“旗帜”，普通话有一义项“比喻榜样或模范”。

（4）同实异名词语也归入此类。如“高压锅”和“快锅”，指称同样的事物，前者是大陆独有独有的，后者是台湾独有独用的。“高压锅”和“快锅”分别收入“普通话独有独用词”和“台湾国语独有独用词”。

3.“同形异义异用词”指：

（1）词的形式相同但词义整体有差异的词语。如“工读生”，大陆普通话指“在工读学校接受教育的学生”，台湾则指“利用课余时间打工的学生”。“土豆”，普通话通称“马铃薯”，“台湾国语”称“花生”。

（2）多义项词语有差异义项的词语。如“地主”：①指住在本地的主人。☆②20 世纪 50 年代初在大陆农村划分的阶级成分之一。△③指土地所有者。除共有义项①，“地主”一词为“同形”（地主）、“异义异用”（②义和③义）词。

4，表中凡多义项词语，带☆符号的义项为大陆独有或独用义项，带△符号的为“台湾国语”独有或独用义项，未加符号的为两岸共有义项。符号‖表示后面的说明适用于前面各义项。词目下标注闽的表示该条词语来源于闽南语。

一、两岸常用词——普通话独有独用词

A

【阿姨】①称呼跟母亲辈分相同的妇女。☆②对幼儿园的老师或保姆的称呼。

【挨斗/挨鬥】受到打击批斗。

【艾窝窝】用熟糯米做成的有馅的圆球状食品，是传统京味小吃。

【艾滋病】获得性免疫缺陷综合征的通称。台湾作“爱滋病”。

【安置房】因城市规划、土地开发等原因进行拆迁时，政府对被拆迁住户进行安置所建的房屋。

【案犯】作案的人。

【暗箱操作】比喻在公务活动中利用职权，违反法定程序，躲避公众监督，暗中进行某种活动或处理某种事情。也作“黑箱操作”。台湾叫“黑箱作业”“黑盒子作业”。

B

【霸王条款/霸王條款】指依仗权势或企业垄断地位制订的不平等条款。

【掰手腕/掰手腕】一种比赛腕力和臂力的活动。两人各伸出相应的一只手，互相握住，肘部不得离开同一平面，各自用力，以把对方的手按压在平面上者为胜。也说“掰腕子”。台湾叫“比腕力”。

【白条/白條】财务上不符合规定的非正式单据，一般为欠条或报销条。这类单据不加盖公章，故称。

【班子】①戏班。②指为执行一定任务而专门成立的组织：攻关~｜写作~。☆③特指领导机构。

【搬迁户/搬遷户】因建设规划或生态环境改善等方面的需要迁出原生活区搬迁到新的居住地的住户。

【板寸】一种男子的发型。因发长一寸左右，短得像板子，故称。

【板块/板塊】比喻构成事物整体的相对独立的各个组成部分。

【办/辦】办公室（机构名称）的简称：港澳~｜文明~｜重庆新闻~。

【半拉子工程】指拖拖拉拉，迟迟不能完工的工程。半拉子：半个；不完整的。

【半退】指刚过或接近退休年龄的领导人不再担任重要职务，但又没有完全退出领导岗位。

【棒子面/棒子麵】玉米面。

【包房】☆①定期租用旅馆或饭店等的客房。☆②定期租用的旅馆或饭店客房。

【傍大款】依附有钱人；依赖有钱人生活（多用于女性）。

【保安员/保安員】在机关、企业、商店、学校、住宅小区等处做保卫治安工作的人员。简称“保安”。台湾叫“保全员”，简称“保全”。

【保洁/保潔】保持环境卫生清洁。

【保险杠/保險杠】装在汽车前后防止车身直接相碰撞的装置。台湾叫“保险杆”。

【保修】指商品出售后，在规定限期内如有质量问题，由售货或供货单位免费修理。台湾叫“保固”。

【保证书/保證書】为保证做到某件事或为某件事负责的书面材料。台湾叫“具结书”或“切结书”。

【报批/報批】报请上级审查批准。⇨《重编国语辞典》提示该词为大陆地区使用。

【报修/報修】设备出现损害或发生故障后，向有关部门报告，要求派人检修。

【爆炒】在短时间内极力炒作。

【爆炸物】能够发生爆炸的物品。台湾叫“爆裂物”。

【本科】高等教育的基本组成部分，一般学制四年或五年（区别于“预科”“专科”“研究生教育”等）。义同台湾的“大学”：~教育｜~毕业。⇨台湾也习惯用“在大学部”表示大陆的“本科生”或“在读本科”的意思。

【本科生】就读大学本科的学生；大学本科学历。

【奔小康】在温饱的基础上让人民生活水准提高，包括物质生活、精神生活、居民个人消费水准、社会福利和劳动环境等。

【笔记本/筆記本】①用来做笔记的本子。☆②“笔记本电脑”的简称。

【笔记本电脑/筆記本電腦】一种便携式电脑。简称“笔记本”。台湾叫“笔记型电脑”，或简称“笔电”。

【编外/編外】（机关、学校、军队）正式编制以外的：他并不是医生，而是一名红十字会~成员｜全县组织开展“~交警”志愿者服务活动。

【鞭打快牛】越是跑得快的牛越受到鞭子抽打。比喻对越是工作表现好的人督促越紧，要求也越多：在我们科里，我已经一人当两人用了，现在又让我把出纳兼起来，真是~。

【变蛋/變蛋】松花蛋。

【标准间/標準間】旅馆里按同面积、结构和设施配置的两人间客房。也作“双人房”。

【并轨/並軌】把几条轨道合为一条；比喻把几种制度、规定合为一体。

【病退】因病提前退休。

【拨乱反正/撥亂反正】指整顿混乱的局面，使之恢复正常：“文化大革命”结束以后，中国教育迎来~的春天。

【博导/博導】“博士研究生”导师的简称。

【博客】指由个人管理、不定期张贴文章或图片的网站。台湾作“部落格”。

【补台/補臺】比喻对别人进行帮助、支持。相对“拆台”

而言。

【步行街】供行人使用，一般禁止汽车通行的街道。多设在都市商业繁华地段，如北京的王府井步行街。台湾叫“徒步区”“行人徒步区”。

C

【擦边球/擦邊球】打乒乓球时擦着球台边缘的球，为有效球。一般用“打擦边球”比喻接近政策或某项规定的边缘而没有达到违犯程度的做法。

【财会/財會】财务和会计的合称。

【彩民】购买彩票的人。

【菜谱/菜譜】☆①介绍菜肴烹调方法的书。☆②写有菜肴名称及价格的单子。也叫“菜单”。台湾叫“菜单”。

【残疾人/殘疾人】肢体、器官缺陷或生理机能有障碍的人。台湾叫“残障人士”或“残障者”。

【蹭车/蹭車】抓住可搭乘别人汽车的机会而不需要付出任何代价。

【蹭饭/蹭飯】不请自到，去别人家中吃喝。

【查体/查體】检查身体。也叫“体检”。台湾叫“健检”。

【唱白脸/唱白臉】比喻在解决矛盾冲突时充当严厉的或不受欢迎的角色。与“唱红脸”相对。教育孩子，爸爸常常~，爷爷奶奶就唱红脸。台湾说“扮黑脸”。

【唱红脸/唱紅臉】比喻在解决矛盾冲突时充当温和宽容的角色。与“唱白脸”相对。老杨脾气好，不愿得罪人，别人争吵，他常~。台湾说“扮白脸”。

【超标/超標】超过规定标准：国内多个大型城市的 PM2.5 严重~，并不断刷新纪录。

【超常】超出寻常；超出正常：~发挥｜攫取~暴利。

【车间/車間】工厂中直接从事生产活动的单位。

【城管】☆①“城市管理”的简称。☆②指从事城市管理的人员。

【城建】“城市建设”的简称：~规划、~环保。

【乘务员/乘務員】从事乘务工作的人员。⇨《重编国语辞典》提示该词为大陆地区使用。

【吃大锅饭/吃大鍋飯】许多人在一个大灶里吃饭。比喻平均主义的分配制度或分配办法。

【吃透】透彻地理解。⇨《重编国语辞典》提示该词为大陆地区使用。

【充值】往充值卡上存钱。台湾说“储值”。

【充值卡】用于特定消费的一次性或可重复充值续费的电子卡。台湾叫“储值卡”。

【仇富】仇视富人。

【出版物】报纸、杂志、书籍、音像制品等的统称。台湾叫“出版品”。

【出台/出臺】①（演员）出场表演：主角~，掌声响起。☆②比喻（政策、措施、方案等）正式推出：新政策已经~。

【出租车/出租車】台湾叫“计程车”“的士”“出租汽车”。

【穿小鞋】比喻暗中刁难或打击报复。

【创可贴/創可貼】台湾叫“OK 绷”。

【创收/創收】创造收入；特指非营业性机构创造经济收入。⇨《重编国语辞典》提示该词为大陆地区使用。

【炊事员/炊事員】部队以及机关、学校、企业等单位中担任炊事工作的人员。

【春晚】“春节联欢晚会”的简称。⇨常简称为“央视春晚”，或直接称为“春晚”。

【春运/春運】春节前后一段时间的旅客运输业务。

【错案/錯案】错判的案件。

D

【达标/達標】达到规定的标准。⇨《重编国语辞典》提示该词为大陆地区使用。

【打白条/打白條】☆①开具非正式的单据。☆②收购产品或发工资时不付现金，只开单据，留待以后兑付。

【打不住】☆①不止（某一数量）：一月开销2000元~。☆②停不下来：话匣子一打开，他就~ | 一到斜坡，车就~。

【打车/打車】搭乘出租汽车。也说“打的”。

【打的】打车。

【打翻身仗】比喻采取改变落后状态或困难局面的行动。

【打工族】靠打工维持生计的一类人。

【打拐】打击拐卖妇女儿童的犯罪活动。

【打黑】打击黑社会性质的犯罪团伙。

【打假】打击制造、销售假冒伪劣商品等违法行为。也指打击一切弄虚造假的行为。

【打埋伏】①把兵力隐藏起来，在适当的时机出击。☆②比喻把财物、人力或存在的问题隐藏起来：群众意见必须如实反映，不许~。

【打印机/打印機】计算机的输出设备，可以把文字、图表等直接印在纸上。台湾叫“列印机”“印表机”。

【大锅饭/大鍋飯】比喻无论贡献大小或成效好坏，获得的报酬和待遇都是一样的。

【大款】指拥有大量钱财的人。

【大龄/大齡】年龄较大的，多指超过一般结婚年龄或上学年龄的：~青年 | ~孕妇。

【大男大女】未婚的大龄青年。

【大腕】指某些领域中有成就、有影响的人物。也叫“腕儿”。

【大专/大專】☆大学程度的专科学校的简称。☆与“大本”相对。

【代驾/代駕】代人驾驶（汽车）：酒后~ | ~服务。

【代职/代職】代理某种职务。

【待岗/待崗】等待安排工作岗位。台湾叫“待工”。

【单反相机/單反相機】即单镜头反光照相机，取景、拍摄使用同一个镜头。台湾叫“单眼相机”。

【单击/單擊】点一下鼠标按键。

【蛋羹】将蛋液、水及调味料搅拌均匀，放入碗内蒸熟的食物。也叫“鸡蛋羹”。台湾叫“茶碗蒸”。

【党校/黨校】中国共产党为培训党员和党员干部而设立的学校。

【倒计时/倒計時】从将来某时刻算起，向现在计算时间，提示人们现在距离将来的这一时刻越来越近。台湾说“倒数计时”。

【德比】指同一城市或区域内两个代表队之间的体育比赛；也指同一范围内两种力量的竞争。英语 derby 的音译。

【低保】“最低生活保障制度”的简称。

【底气/底氣】指信心、勇气。

【地方】①指军队以外的部门、团体。与“军队”相对。②本地、当地。

【地方台/地方臺】指大陆各省市的电视台。与“央视”（中央台）相对。

【地量】极小的数量。多指股市中一个时期的极低的成交量。

【第一把手】单位领导中排在第一位的负责人。也叫“一把手”。

【点击/點擊】按动鼠标上的键进行操作。台湾叫“点选”。

【电饭锅/電飯鍋】用电能烹饪食物并具有保温功能的炊具。台湾叫“电锅”。

【钓鱼执法/釣魚執法】执法单位故意设置圈套，诱使当事人违法，以取得当事人违法证据。

【调研/調研】调查研究。

【掉链子/掉鏈子】自行车在行驶中链条脱落。比喻在关键时刻出现失误。

【碟机/碟機】播放影碟的设备。根据记录密度和格式的不同，可分为 VCD 机、DVD 机等。也叫“影碟机”“视盘机”。

【碟片】用来存储数据的一种存储载体。也叫“光盘”“光碟”。

台湾叫“光盘”或“光碟”。⇨一般场合里碟片就是光盘，不作区分。光盘有很多种类。从数据保存形式上划分，分为可擦洗光盘和不可擦洗光盘（只读光盘）。碟片多指内容为影视片的光盘，属不可擦洗光盘。

【钉子户/釘子户】多指在城建征地或城市规划中，因为种种原因坚持不肯拆迁、搬迁的单位或个人。

【定调/定調】比喻事先确定好要求共同遵从的说法、做法或方向。也说“定调子”。

【东道国/東道國】组织安排国际性会议、赛事、展览等事务在本国举行的国家。台湾叫“地主国”。

【动车/動車】自身装有动力装置的一节车厢。也把几节车厢组成的“动车组”叫作动车。

【动车组/動車組】由若干节动车编成一组的高速列车。时速在200公里以上，用电力传动，多使用和谐号的名称。也叫“动车”。台湾的“高铁”“电车组”与之相类似。

【动真格/動真格】采取实际行动，不是仅仅在口头或形式上应对。

【抖空竹】表演或操练空竹（一种竹木制成的带有短柱的圆盒，上面有小孔，转动时可发出声音）。台湾叫“扯铃”。

【豆腐渣工程】豆腐渣是制豆浆剩下的渣滓，比喻质量很差的建筑工程。

【独生子女/獨生子女】一对夫妇生育的唯一的孩子。

【短平快】排球快攻的一种打法。比喻工程、项目等历时少，投资少，见效快。

【短信】用手机通过通信网络传输的简短文字信息。台湾叫“简讯”。

【段子】本指曲艺中在短时间内可以一次演完的节目。现指内容有特殊意味的一段文字。

【断档/斷檔】指商品、资金、人才等的供应、补充接续不上。

【断码/斷碼】鞋子或衣服等商品的号码不齐全。

【蹲点/蹲點】☆①到基层单位长时间进行考察、参与实践，以了解情况，总结经验。☆②守候在一个固定地点：为不打草惊蛇，办案民警并没有贸然行动，而是在小区内~守候。

【蹲守】长时间地在某处守候；特指公安人员长时间地隐蔽在某处，等待抓捕目标出现。

E

【二把手】指单位、部门中的第二负责人。

【二锅头/二鍋頭】原材料在经过第二锅烧制时的“锅头”酒。

【二婚】对再婚的俗称。又称“二婚头”。

【二进宫/二進宫】原为京剧剧目。也多用来比喻某人在一次刑罚解除后又因再次作案被拘留或关押。

【二流子】对社会游手好闲、不务正业的人及流氓、混混的贬称。⇨《重编国语辞典》提示该词为大陆地区陕北方言。

【二手车/二手車】用过后再出售的汽车。台湾叫“中古车”。

【二手房】进入第二次交易的商品房。台湾叫“二手屋”。

【二外】第二门外语。

F

【发达国家/發達國家】指人均国民生产总值高，工业、教育、卫生、文化事业发达，基础设施良好的国家。台湾叫“已开发国家”。

【发展中国家/發展中國家】指人均国民生产总值较低，工业、教育、卫生、文化事业欠发达，基础设施不完备的国家。台湾叫“开发中国家”。

【翻身仗】比喻彻底改变落后局面的行动。

【繁体字/繁體字】指已经被简化字代替了的汉字。与“简化字”相对。⇨“繁体字”和“简化字”是相互对称的用语。2001年开始实施的《中华人民共和国国家通用语言文字法》明确规定国家推行规范汉字，同时也明确了可以保留或使用繁体字的范围。

【反腐】反对腐败。

【反季】(事物或现象的出现）跟当前季节不相合。也说“反季节”。

【反扒】打击扒手的扒窃犯罪。

【返聘】聘请退休人员继续工作。也叫“回聘”。

【方便面/方便麵】也叫“泡面”。台湾叫“泡面”或“速食面”。

【房车/房車】一种车厢大而长，车内配有家具、厨房、卫浴设备等，提供基本生活功能的汽车。多用于长途旅行。台湾叫“露营车”。

【房奴】抵押贷款的购房者，因承受还款压力，经济上失去自由，感觉好像是住房的奴隶，故称。台湾叫“屋奴”。

【放疗/放療】“放射疗法”的简称。⇨《重编国语辞典》提示大陆地区指放射线治疗。

【放下包袱】比喻解除思想负担。

【服务器/服務器】指在网络环境中为用户提供服务的计算机。台湾叫“伺服器”。

【氟利昂】氟氯烷，一种含氟和氯的有机化合物，易液化。过去常用作冰箱和空调等的冷冻剂。台湾叫“冷媒”。英语 freon 的音译。

【福彩】“中国福利彩票”的简称。⇨中国福利彩票始于 1987 年，其宗旨为“扶老助残，济困救孤”。目前中国福利彩票的种类有刮刮乐、双色球、3D、七乐彩、35 选 7、29 选 7 等。

【俯卧撑】一种增强臂力的体育运动。台湾叫“伏地挺身”。

【复印/復印】用复印机重印。台湾叫“影印”。

【复印机/復印機】台湾叫“影印机”。

【复转军人/復轉軍人】“复原军人”和“专业军人”的合称。⇨复员军人指的是退出现役后，到地方不安置工作的义务兵、士官和军官。转业军人指退出现役后，由地方政府负责安置工作的军人。

【富二代】特指大陆有钱人家的子女。

G

【改革开放/改革開放】改变旧制度、旧事物，接受新的外来事物。特指大陆 1978 年以来改革政治体制、经济政策、对外开放政策和国内市场的政策等。

【干白/乾白】不带甜味的白葡萄酒。

【干红/乾紅】不带甜味的红葡萄酒。

【赶超/趕超】追上并超过。

【干警/幹警】干部和警察的合称。有时泛指警察。

【杠杠】比喻规定的标准或界限。

【高等学校/高等學校】实施高等教育的学校。简称“高校”。有普通高等学校、成人高等学校、民办高等学校等类型。包括大学、专门学院和高等专科学校。

【高峰】①高的山峰。②高的层次、级别：~会谈｜~会议。☆③比喻事物、事态的发展顶点。台湾叫“尖峰”。

【高峰期】最繁忙、最频繁的时期；达到顶点的时期。台湾叫“尖峰期”。

【高管】企业高级管理人员。

【高精尖】高级、精密、尖端的技术或产品。

【高速】①高速度的。☆②“高速公路”的简称。

【高小】高级小学的简称。也有地区指四、五、六年级的小学。

【高校】“高等学校”的简称。

【高压锅/高壓鍋】一种新型饭锅。也叫“压力锅”。台湾叫“快锅”。

【搞定】办妥；解决好。

【隔三岔五】每隔三五天；经常地。

【个人问题/個人問題】①属于自己的问题。☆②指本人婚姻问题。

【个税/個稅】“个人收入所得税”的简称。

【个体户/個體户】个人或家庭自行筹资，从事小规模商业生产、商业性经营或服务性工作的个体劳动者。

【个体经济/個體經濟】以生产资料个体所有制和个体劳动为基础的经济。主要指个体农业和个体手工业。

【工程】泛指某项需要投入大量人力、财力、物力的涉及社会发展和人民生活的社会公益事业：希望~｜菜篮子~。

【工龄/工齡】指工人、职员参加工作的全部年数。台湾叫“年资”。

【工农兵学员/工農兵學員】指 1972 年至 1976 年，不通过高考，经审核直接被推荐进入大专院校读书的学生。

【工伤/工傷】劳动者在工作中受到的意外人身伤害。

【工薪阶层/工薪階層】依靠工资收入为主要生活来源的社会群体。台湾叫“受薪阶级”。

【工作餐】☆①机关、企事业单位为上班职工所提供的饭菜。☆②公务活动时所提供的便餐。

【工作日】计算工作时间的单位，通常以 8 小时或 6 小时为 1 个工作日。台湾叫“工作天”。

【工作组/工作組】为进行某项工作而临时组建的小组。多由上级单位派驻。

【公安】①公共安全。②指公安人员或公安机关。

【公安局】主管公安工作的政府机构。台湾叫“警察局”。

【公费医疗/公費醫療】指国家通过医疗卫生部门向国家工作人员提供免费医疗及预防服务的一项社保制度。

【公检法/公檢法】公安局、检察院、法院的合称。

【公交】“公共交通”的简称；也指公交车。

【公交车/公交車】公共汽车。台湾叫“公车”“公共巴士”。

【公示】党政机关、企事业单位、社会团体等事先预告群众周知，用以征询意见、改进工作的一种文告。

【挂靠/掛靠】隶属或依附于另一方：他和别人合伙办了一个服装公司，~一家有资质的大公司承接经营业务。

【挂面】制成后晾干的面条。因悬挂晾干，故称。

【挂职/掛職】在职国家公务员保留原单位职务，不改变行政关系，被选派到基层或其他单位临时任职，进行锻炼。

【拐点/拐點】①数学上指改变曲线走向的点。☆②泛指事物发展的趋势开始发生重大改变的地方。

【关系户/關係戶】双方互相关照，互相提供方便和好处的单位或个人。

【关系网/關係網】特指为谋取、维护某种利益而结成的关系网络。

【官本位】以职务高低来定位的社会价值观。

【管卡压/管卡壓】用行政命令等手段来管理、阻挡、压服人的管理方法。

【管制】①管理控制。☆②法律规定的一种量刑种类。管制期间对犯罪分子不予关押，但施行强制性管理，限制其自由。

【光标/光標】电脑或智能手机等显示在屏幕上指示当前操作位置的标志。台湾叫“游标”。

【光缆/光纜】用光导纤维组成的用于传递光信号的线路。台湾叫“光纤电缆”。

【光盘驱动器】电脑中用来使光盘运转，读写光盘的装置。简称“光驱”。台湾叫“光碟机”。

【光驱/光驅】“光盘驱动器”的简称。

【广播操/廣播操】“广播体操”的简称。

【广播体操/廣播體操】以专门制作的广播音乐伴奏的健身体操。也可以用口令指挥节奏。是一种非常普及的群众健身运动。简称“广播操”。

【规范化/規範化】使符合规定的标准。

【硅】一种非金属化学元素。台湾叫“矽”。

【硅谷】原指位于美国加利福尼亚北部的美国微电子工业中心。现已成为电子工业高技术集中区的代称。台湾叫“矽谷”。

【国标/國標】“国家标准”的简称。是由国务院标准化行政主管部门制定，适用于全国范围的统一标准。《中华人民共和国标准化法》将中国标准分为国家标准、行业标准、地方标准（DB）企业标准（QB）四级。

【国际象棋/國際象棋】棋类运动之一。台湾叫“西洋棋”或“西洋象棋”。

【国家队/國家隊】指国家级的体育代表队。也借指达到国家最高水平的某一机构。

【国企/國企】“国有企业”的简称。

【国台办/國台辦】“国务院台湾事务办事处”的简称。

【国有企业/國有企業】指国家全民所有制企业。简称“国企”。

【过家家/過家家】一种由孩童扮演家庭角色，模拟家庭生活情景的游戏。有的地方也说“扮家家”。台湾叫“扮家家酒”。

【过硬/過硬】水平、程度很高，实力坚强，经受得起严格的考验或检验。

H

【海归/海歸】指在海外留学、工作后回国创业或求职的人。是相对在国内学习、工作的本土人才而言。

【海协会/海協會】“海峡两岸关系协会”的简称。⇨海协会于1991年12月在北京成立。该机构以促进海峡两岸交往，发展两岸关系，实现祖国和平统一为宗旨。

【汉语拼音/漢語拼音】特指根据《汉语拼音方案》给汉字注音的拉丁化拼音系统。

【行货/行貨】通过正常合法的途径进出口和销售的货物。与“水货”相对。台湾叫“公司货”。

【合同工】通过签订劳动合同招收的职工。与固定工相对。⇨1986年中国用工制度改革以后招收的各类工人一般都是合同工。合同工与所在单位固定工享有同等的权利。国家对劳动合同制工人退休养老实行社会保险制度。

【核查】审核检查；审核查对。

【核电站/核電站】利用核能发电的电站。也作“核电厂”。台湾叫“核能电厂”。

【黑车/黑車】没有运营牌照的车辆；也指来路不正的车辆。台湾叫“白牌车”。

【黑客】译自英语 hacker。指一些善于编制电脑程序，对网络进行攻击破坏或窃取资料的人。台湾叫“骇客”。⇨原指精通计算机软件技术的电脑专家，带有褒义。现在用来泛指那些专门利用电脑网络搞破坏或恶作剧的人。对这些人的正确英文叫法是 cracker，或作 software cracker。

【黑匣子】飞机上的飞行记录器。为鉴定飞机失事原因的重要依据。台湾叫“黑盒”“黑盒子”。

【红歌/紅歌】专指革命歌曲。

【红头文件/紅頭文件】指党政部门发出的正式文件。按照标准格式的要求，文头的字体要套红色，故称。⇨“红头文件”是群众对政府机关文件的俗称，不是正式用语。

【宏观经济/宏觀經濟】指国民经济的总体及其运行状态。

【猴年马月/猴年馬月】指遥遥无期的不可知的时间。⇨台湾《重编国语辞典》收有“驴年马月”。

【忽悠】(针对对方心理) 用动听的言辞诱使人上当。

【胡子工程】比喻拖拖拉拉、迟迟不能竣工的工程。

【互联网/互聯網】不同的计算机网络及单机按照一定的通信协议连接起来组成的网络。台湾叫“网际网路”。⇨世界上最大的互联网是因特网，因特网是全球性的互联网。英语中用首字母大写的 Internet，以区别于首字母小写的泛指互联网的 internet。

【互赢】相关各方都能获益。

【户主】户籍上一户的负责人；家长。台湾叫“户长”。⇨《重编国语辞典》收有“户主”，但在户籍登录上用“户长”。

【护卫舰/護衛艦】以火炮、导弹和反潜武器为主要装备的轻型或中型军舰。台湾叫“巡防舰”。

【环卫/環衛】环境卫生的简称。

【黄金周】春节、十一等主要节日长达一周的放假时段。这段时间是旅游、购物的好机会，故称。

【灰色收入】工资、津贴之外的收入，也指某些不完全符合法规的隐蔽性的收入。

【回潮】比喻已消失的旧事物、旧习惯、旧制度等又重新出现。⇨台湾《重编国语辞典》提示该词为大陆使用。

【回迁/回遷】拆迁重建后搬回原住所。也叫“还迁”。

【回头客/回頭客】因良好的印象而再次到同一商店、饭店、旅店、旅游景点等购物或接受服务的顾客。

J

【激光】通过一种能产生并放大光波的装置发出的超强能量的光束。旧称“莱塞”。台湾叫“雷射”或“镭射”。

【集成电路/集成電路】把多个晶体管、电阻、电容等元件制作在一小块半导体晶片上而组成的能完成设定功能的电路。广泛应用于计算机、通信设备和遥控、遥测设备等方面。台湾叫“积体电路”。

【集体经济/集體經濟】以生产资料集体所有制和共同劳动为基础的经济形式。

【集装箱/集裝箱】装运货物的大型箱状容器。具有特定规格，便于机械装卸，可以重复使用。有些地区叫“货柜”。台湾叫“货柜”。

【计划经济/計劃經濟】在生产资料社会主义公有制基础上，通过集中统一的计划来领导和管理国民经济的经济体制。

【计划生育/計劃生育】按照控制人口增长的要求，指导公民有计划地生育子女。

【假冒伪劣/假冒僞劣】假冒别人合法品牌、质量低劣的（商品等）。

【架不住】无法抵挡、拒绝；禁不住。

【尖子】①物体细小锐利的一端。☆②在某一方面表现特别突出、优秀的人。

【捡漏儿/撿漏兒】以极低的价格买到未被卖主鉴别出的有价值的东西。(多用于艺术收藏品的收购)

【减员/減員】☆①裁减人员。☆②因伤病、战争、自然灾害等原因人员减少。

【简化字/簡化字】经过简化的汉字。特指经过简化并由国家正式公布使用的简化汉字。⇨“简化字”以 1986 年 10 月国家语委经国务院批准重新发布的《简化字总表》为规范。2000 年 10 月 31 日通过的《中华人民共和国国家通用语言文字法》确定“简化字”为规范字。

【交底儿】把底细毫无保留地说出来

【交学费/交學費】指在工作探索中遭受损失，付出代价。也作“缴学费”。

【脚气/腳氣】☆①足癣的俗称。②由于缺乏维生素B1引起的疾病。

【脚手架/腳手架】为在高处施工而临时搭建的架子。台湾叫“鹰架”。

【接线板/接線板】用来连接电源和离电源较远的电器或使一个电源和数件电器连接的电器零件。又叫“插排”“排插”。台湾叫“延长线”。

【洁具/潔具】指浴盆、水龙头、坐便器等卫生设备。

【紧俏商品】销售快而往往脱销的商品。

【敬老院】为老年人安度晚年而设置的社会服务机构。也叫“养老院”。台湾叫“安老院”“老人院”或“养老院”。

【居民委员会/居民委員會】中国城市中居民进行自我管理、自我服务的基层群众性自治组织。简称“居委会”。

【居委会/居委會】“居民委员会”的简称。

【军垦/軍墾】军队开荒种地。特指新疆、青海、甘肃等地于二十世纪六十到七十年代按照部队建制组织起来的生产建设兵团。

K

【开发区/開發區】指经济技术开发区。大陆为吸收外资，引进先进技术而设立的特定区域。

【开红灯/開紅燈】交通道口红灯亮了，就不能前行。比喻设置障碍，阻挡前进。与“开绿灯”相对。⇨台湾《重编国语辞典》提示该词语为大陆使用。

【开绿灯/開綠燈】交通道口绿灯亮了，表示可以通行。比喻特别准许做某事或为某事提供方便。与“开红灯”相对。

【开门红/開門紅】比喻在一年开始或（工作）在开始时段就取

得显著的成绩。

【考学/考學】通过考试以取得入学资格。

【克隆】指生物体通过体细胞进行无性繁殖，复制出遗传基因性状完全相同的个体。比喻依照原样制作一样的东西。台湾叫“复制”。

【口】性质相同或相近的部门系统或行业系统的统称：文教~｜公交~｜外事~｜分~分层负责制。

【宽带/寬帶】数字通信中传输信号的带宽。台湾叫“宽频”。

L

【拉帮结伙/拉幫結夥】组织帮派，搞小集团活动。也叫“拉帮结派”。

【拉动/拉動】采取措施，使事物启动、增长、发展。

【蓝牙/藍牙】指一种无线传输技术。台湾作“蓝芽”。

【烂尾/爛尾】比喻事情至末尾阶段无法完成；久拖不决：~楼｜~房｜~路｜~工程。

【烂尾楼/爛尾樓】因种种原因长期拖延无法竣工的楼房。也叫“烂尾房”。

【劳务费/勞務費】提供劳动、服务后取得的报酬。

【老大难/老大難】长期存在的问题，复杂严重，难以解决。

【老大娘】对老年妇女的尊称。一般不用作面称。

【老大爷/老大爺】对老年男子的尊称。一般不用作面称。

【老干部/老幹部】年纪大、资格老的干部。

【姥姥】外祖母。

【姥爷/姥爺】外祖父。

【冷害】寒冷的气候造成的危害。台湾叫“寒害”。⇨台湾《重编国语辞典》提示该词为大陆使用。

【离退休/離退休】离休和退休。

【离休/離休】符合规定的老年干部离职休养。⇨离休与退休不同。按规定，1949年9月30日以前参加革命工作的干部才符合离休条件。离休的待遇要高于退休。

【里氏】国际通用的表示地震强度的标度。台湾作“芮氏”。⇨“里氏”指美国物理学家、地震学家查尔斯·弗朗西斯·里克特。他与宾诺·古滕堡共同创立了判定地震强度的里克特级数（范围在1—10级之间），并于1935年首次使用这一度量方法。

【力度】力量的强度。⇨台湾《重编国语辞典》提示该词为大陆使用。

【立项/立項】工程或研究项目经批准确定可以进行。

【利好】（市场上）有良好效益的、有积极作用的；也指刺激市场行情向上的因素。

【两条腿走路/兩條腿走路】比喻为达到目的，同时采取两种不同的方法。

【烈属/烈屬】烈士的家属。

【零部件】零件和部件的合称。台湾叫“零组件”。⇨台湾《重编国语辞典》提示该词为大陆使用。

【领导班子/領導班子】⇨台湾《重编国语辞典》提示该词为大陆使用。

【遛弯儿/遛彎兒】散步。

【楼盘/樓盤】正在出售的或在建的商品房。

【楼市/樓市】指房地产交易市场。

【逻辑学/邏輯學】研究思维的形式和规律的学科。台湾叫“理则学”。

M

【忙音】电话机拨号后由于对方占线而发出的“嘟嘟”声，表示无法接通。

【盲文】供盲人用来书写、摸读的拼音文字。用数目不同或排列不同的凸出圆点组合而成。也作“盲字”。台湾叫“点字”。

【毛坯房】建成后没有装修或者只作了简单装修的房子。

【没跑儿/沒跑兒】错不了；无疑。

【面包车/麵包車】外形像面包的长方体状的载客汽车。台湾叫“箱型车”。

N

【内存】“内存储器”的简称。台湾叫“记忆体”。

【内功】①武术用语。锻炼身体内部器官的武术或气功。☆②指内在的能力和修养；在自身品质的提高上所下的功夫。

【内幕交易】特质金融行业内部人员利用非公开的信息或暗地采用不正当的手段进行的交易。台湾叫“内线交易”。

【内退】对未达到退休年龄的人员办理的非正式退休的手续。

【农民工/農民工】在乡镇企业或城市中务工的、户口为农业户口的工人。也叫“民工”。⇨20 世纪 80 年代以后，大批农民进入城镇务工，形成农民工这一阶层。农民工从事的工作主要是建筑业、采矿业、服务业和其他劳动密集型产业。

P

【派出所】公安部门的基层机构，管理辖区的治安、户籍等。

【跑官】指通过拉关系、行贿等不正当手段谋取官位。

【陪床】在病房里照料生病住院的家人。

【陪读/陪讀】陪伴孩子或他人读书。特指留学生在国外学习期间其配偶前往陪伴。也作“伴读”。台湾多作“伴读”。

【盆满钵满/盆滿缽滿】形容赚的钱很多。也说“盘满钵满”。

【碰头会/碰頭會】以互通情况为主要内容的会，时间较短。

【碰硬】☆①比喻做困难的工作。☆②比喻跟强硬人物或邪恶势力作斗争。

【批捕】批准逮捕。

【批条子/批條子】领导干部在便条上作批示，发表意见。

【票贩子/票販子】倒买车票、入场券等从中非法牟利的人。

【品相】书籍、邮品、艺术品等外观的完美程度。泛指物品的外观。⇨台湾《重编国语辞典》提示该词为大陆使用。

【平方】义同“平方米”，面积单位，边长1米的正方形的面积是1平方米，符号为m^2。

【平米】量词。“平方米”的简称。台湾一般叫“平方公尺”。

【泼脏水/潑髒水】比喻破坏别人的名声。

Q

【期房】房地产市场上在一个预定时间内建成交付使用的房子。与“现房”相对。台湾叫“预售屋”。

【旗帜/旗幟】①旗子（总称）。☆②比喻榜样或模范。☆③喻有代表性或号召力的某种思想、信仰、学说或政治力量等。

【旗帜鲜明/旗幟鮮明】比喻观点非常明确。

【企事业/企事業】企业和事业的合称。

【企稳/企穩】达到稳定状态。

【牵头/牽頭】出面临时负责某事；领头。

【潜规则/潛規則】指没有明文规定但在某个范围内彼此认可的规则，它往往背离道德或常规，以隐蔽形式存在。

【欠发达国家/欠發達國家】指经济发展程度低或较低，正在加快发展的国家。也称“发展中国家”。台湾称“开发中国家”。

【翘尾巴/翹尾巴】比喻骄傲自满：可不能有点儿成绩就~。

【亲子/親子】①指上一代与下一代的血缘关系，也指父母与子女：~鉴定｜~游戏｜~同乐会。☆②指父母对子女进行的联络感情、密切关系的教育：~有方｜~读物｜家庭教育是一种~教育，是在父母和孩子的交流中完成的。

【勤杂人员/勤雜人員】单位中从事后勤和杂务的人员。

【取保候审/取保候審】司法机关对犯罪嫌疑人或刑事被告人采取的一种强制措施。台湾叫“交保候传”。

【圈阅/圈閱】领导人审阅文件后在自己的名字处画圈，表示已经看过。

【全托】指把幼儿托付给托儿所或幼儿园昼夜照管，只在节假日接回家来。也叫“整托”。跟“半托”或“日托”相对。

【拳头产品/拳頭產品】指质量好、影响大、有市场竞争优势的产品。

【缺嘴】在吃的方面得不到满足。⇨台湾《重编国语辞典》提示该词为大陆北方方言。

【群众/群眾】①指大众；民众。☆②指没有加入共产党、共青团组织的人。跟“党团员”相对。☆③指不担任领导职务的人。跟“领导”相对：领导要深入~，要和~打成一片。

【群众演员/群眾演員】指影视中扮演路人、士兵、一般民众等次要角色的演员，多临时雇用。

R

【燃气灶/燃氣灶】使用煤气、天然气等燃气的炉子。台湾叫“瓦斯炉”：老人做完饭未将~完全关闭，所以发生天然气泄漏的情况，最后引起火灾。

【热/熱】①用在某些词语后，表示风行一时的某种热潮：足球~｜汉语~｜出国~｜自驾游~。②温度高。③气温浓烈。

【热销产品】受欢迎的、销路好的产品。台湾叫“人气商品”。⇨台湾《重编国语辞典》提示该词为大陆使用。

【人才市场/人才市場】为就业人员，特别是具有专业技能的人员，提供就业服务的场所。也泛指社会各类人才供求交易的领域。

【人大代表】中华人民共和国全国和地方各级人民代表大会的组成人员。“人民代表大会代表”的简称。

【人工智能】计算机科学技术的一个分支，利用计算机模拟人类智力活动。台湾叫“人工智慧”。

【人行横道】马路上划出的专供行人横穿马路的一段道路，一般画有斑马线标志。台湾叫“行人穿越道”。

【任务栏/任務欄】指操作系统中位于计算机桌面最下方的小长条，主要由开始菜单、快速启动栏、应用程序区、语言选项带和托盘区组成。台湾叫“工作列”。

【日化】“日用化工”的简称。

【荣誉军人/榮譽軍人】对伤残军人的尊称。简称“荣军”。

【软件/軟件】☆①计算机系统的一个组成部分，是计算机运行所需的各种程序、数据和文档的统称。跟“硬件”相对。台湾叫“软体”。☆②指在教学、科研、经营等方面人员素质、管理水平、服务质量等非设备性因素。跟“硬件”相对。台湾叫“软体”。

【软卧/軟臥】火车上的软席卧铺。

S

【三农/三農】“农业、农村、农民”的合称。

【扫黄打非/掃黃打非】指扫除黄色出版物，打击非法出版活动。

【色粉画/色粉畫】用特制的彩色粉笔在特制的色粉画纸、布或画板上画成的画儿。也叫“彩色粉笔画”。台湾叫“粉彩画”。⇨色粉画（粉彩画）不是水粉画。作画的工具和材料都不同。色粉画作品完成后必须用特制的油性定画液或透明玻璃纸来保护画面。

【沙尘暴/沙塵暴】挟带大量沙尘的风暴，发生时空气混浊、天色昏黄、能见度低。常见于我国西北和北部地区的春季。也叫“尘暴”“沙暴”。

【山寨】☆①仿制的；假冒的。☆②比喻民间的；草根的。

【上访/上訪】人民群众到上级机关反映问题并要求解决。

【上马/上馬】比喻开始某项较大的工作或工程。

【摄像/攝像】用摄像机拍摄实物影像。台湾叫“录影”。

【摄像机/攝像機】台湾叫“摄影机”。

【摄像头/攝像頭】一种视频输入设备，运用于视频会议、实时监控、个人的网络视频交流等方面。台湾叫“网路摄影机”。

【升级换代/升級換代】指产品质量、品种等在原有级别上更进一步，用新的替代原来的。

【时间表】①安排时间的表格。☆②借指完成一项任务的时间安排：此次虽然给出了收入分配改革的“~”，也有可能被继续延误、搁置。

【始发站/始發站】火车或客运汽车行驶路线的第一站。台湾叫“起站”。

【试点/試點】☆①正式进行某项工作之前，为取得经验而先在小范围内进行试验：教育体制的改革应从小处着手，先~，后推广。☆②正式进行某项工作之前进行小范围试验的地方：这个中心是我国5个区域专利信息服务中心的首个~。

【收条】收到钱或物后给对方开具的书面凭证。也叫“收据”。台湾多用“收据”。

【手动挡/手動擋】汽车上用手操纵才能变速的装置。跟“自动挡”相对。台湾叫“手排”。

【首付】即“首付款”。指购房、购车等的首期付款。

【鼠标/鼠標】计算机的一种信息输入设备。台湾叫“滑鼠”。

【数码相机/數碼相機】也叫“数字相机”。台湾叫“数位相机”。

【数字/數字】①表示数目的文字或符号：大写~｜阿拉伯~。☆②跟电子信息技术有关的。也叫“数码”。台湾叫“数位”。

【数字化/數字化】指在某个领域的各个方面或某种产品的各个环节都采用信息处理技术。台湾叫“数位化”。

【双规/雙規】纪检部门要求已被立案审查的干部，在规定的时间、规定的地点就案件涉及的问题做出说明。

【双开/雙開】指开除党籍、开除公职。

【双休日/雙休日】实行每周五天工作制时，每周连续的两个休息日叫“双休日”。一般是星期六和星期日。

【双职工/雙職工】指夫妻都参加工作的职工。

【私企】“私营企业”的简称。

【私营企业/私營企業】资产为私人所有，以雇佣劳动为基础的营利性经济组织。简称“私企”。也叫“民营企业”（简称“民企”）。

【死机/死機】台湾叫“当机”，或作“宕机”。

T

【踏空】股市交易中错失一段好的行情。

【摊点/攤點】售货摊或售货点：水果~｜固定~。

【摊派/攤派】由上级硬性要下属地区、部门或人员分别承担（款项、任务等）：坚决制止报刊~发行｜严禁党政机关以各种名义向企事业单位转嫁、~和报销费用。

【套近乎】主动跟不熟悉或不认识的人表示亲近。

【套牌】☆①非法仿制、使用跟别的车号码相同的车牌。☆②指假冒或盗版行为：记者从农业部获悉，针对假种子坑农害农、~侵权和部分老品种“超期服役”等现象，农业部加大种子执法力度｜近日有网友在论坛发帖称，某出版社出版的一套《大学数学立体化教材》为~教材。

【特困】生活特别困难的。

【特种警察/特種警察】经过特殊训练，配有特殊装备，执行特殊任务的武装警察。主要任务是打击劫持、暗杀等武装暴力活动和处置其他突发的暴力事件。简称“特警”。

【提干/提幹】☆①把非干部编制的人员升为干部。☆②提拔干部的职务、级别。

【体彩/體彩】“体育彩票”的简称。是为筹集体育事业发展基金而发行的彩票。

【体检/體檢】体格检查。也叫“查体”。台湾叫“健检”。

【添堵】使人更加烦恼、憋闷。

【条条杠杠/條條杠杠】比喻不能变通的具体的标准或条文。

【条条框框/條條框框】比喻束缚人的各种规章制度。

【跳闸/跳閘】因电负荷过量或线路问题造成电闸断路。台湾叫“跳电”。

【铁哥们/鐵哥們】称关系密切、交往深厚的同辈朋友（多指男性）。

【通胀/通脹】“通货膨胀”的简称。台湾叫“通膨”。

【头疼脑热/頭疼腦熱】头疼发烧。泛指一般较轻的疾病。

【土政策】指某个地区或部门从局部利益出发制定的某些规定或办法，多与国家政策不一致。

【托管班/託管班】受家长委托，在小学课程结束后负责照看孩子并辅导作业的组织。台湾叫“安亲班”。

【脱贫/脱貧】摆脱贫困。

【脱销/脱銷】(某种商品）售完，一时缺货。也叫“断档”。⇨台湾《重编国语辞典》提示该词为大陆使用。

W

【外汇储备/外匯儲備】政府所持有的国际储备资产中的外汇部分。可以作为国际收支的最后结算手段，也可用来干预外汇市场，以维持本国或本地货币的汇率。台湾叫“外汇存底”。

【网吧/網吧】备有计算机可供上网的营业性场所。台湾叫“网咖”。

【网络/網絡】☆①由许多互相交错的分支组成的网状系统。☆②特指计算机网络。‖台湾叫“网路”。

【网络银行/網絡銀行】义同“网上银行”。

【网民】长期上网的人。台湾叫“网友”。

【网上购物/網上購物】通过互联网选购商品。也叫“网络购物”。简称“网购”。台湾叫“网路购物”。

【网上银行/網上銀行】银行通过计算机互联网提供金融服务的系统。也叫“网络银行”。简称“网银”。台湾叫“网路银行”。

【维和/維和】维护和平。特指联合国主导的调解争端的集体安全行动。⇨今台湾也见使用。

【维稳/維穩】☆①指维持股市、汇率等经济活动的稳定，不大起大落。☆②指维持社会秩序稳定。

【尾房】指某一商品房项目销售最后阶段剩余的少量房屋。

【卫视】“卫星电视”的简称：凤凰~｜山东~｜上海东方~｜省电视台~频道。

【文娱/文娛】指唱歌、跳舞、看戏、看电影等文化娱乐。⇨台湾《重编国语辞典》收有“文娱活动”，提示该词语为大陆使用。

【卧铺/臥鋪】火车或长途汽车上供旅客睡觉的铺位。火车上的卧铺一般分软卧和硬卧两种。

【捂盖子】比喻掩盖真相不让人知道。

【物业管理】接受业主委托，对物业进行有效管理、提供服务。

X

【希望工程】通过社会集资和捐赠，救助贫困地区失学儿童的一种措施和活动。1989 年 10 月由中国青少年发展基金会发起并组织实施。

【希望小学/希望小學】用希望工程的款项建立的小学。

【下放】☆①把某些权利交给下级机构：~管理权限｜省政府将更多的自主权~给县市。☆②把干部调到下层机构去工作，或安排到农村、厂矿等基层单位去锻炼：她小时候随父母~农村，养成了挖野菜的喜好。

【下岗/下崗】☆①离开执行守卫、警戒等任务的岗位。☆②职工因企业破产、裁减人员等原因失去工作岗位：~职工｜积极扶持国有企业~失业人员再就业。

【下马/下馬】比喻中止或放弃某项较大的工作、工程或计划。

【下毛毛雨】☆①比喻事先有意透出风声或信息，让人有所准备。☆②比喻不关痛痒的轻微批评或处理：抓作风要有敢于“啃硬骨头”的勇气，对不良风气严查严纠，不能“~”，更不能“光打雷不下雨”。☆③比喻把有限的资金等不分重点地平均使用。

【先进/先進】①处于领先地位的。☆②处于领先地位的人物或集体：评~，学~。

【现场会/現場會】在与所讨论的事情有紧密关系的现场所举行的会议。目的是让与会者实地了解情况，解决问题。

【现房/現房】已经建成、可以入住的房屋。与“期房”相对。台湾叫“成屋”。

【献血/獻血】自愿捐献出体内少量的血液或血液成分（供医疗用）。台湾叫“捐血”。

【乡镇企业/鄉鎮企業】乡镇村集体经济组织、村民兴办的集体所有制企业、合作企业和个体企业的统称。简称“乡企”。

【香波】洗发液。英语的粤方言音译。台湾叫“洗发精”。

【像素】组成图像的基本单元。图像中像素的数目越多，画面越清晰。台湾叫“画素”。

【小产权房/小產權房】指在农民集体土地上建设的房屋。未缴纳土地出让金，国家房产部门不颁发产权证。

【小打小闹/小打小鬧】小规模的举动。

【小饭桌/小飯桌】为家中无人做午饭的小学生或老年人开办的小型食堂。有的学生小饭桌兼做些课外辅导工作。

【小金库/小金庫】☆①指在单位财务以外另立账目的公款。☆②指个人私下存留的款项。

【小区/小區】“住宅小区”的简称。

【小人书/小人書】装订成册的连环画。

【小日子】指人口不多的小家庭的生活。多用于年轻夫妇。

【小商品】指价值较低的商品，一般是日常生活用品，如小百货、小件文化用品、小五金等：义乌已经成为世界的~中心。

【小时工/小時工】按小时计酬的临时工。也叫“钟点工”。台湾叫“计时临工”。

【小灶】☆①集体伙食标准中最高的一级（区别于“中灶”“大灶”）。☆②比喻享受的特殊的照顾：他刚从外地学校转来，功课跟不上，老师给他开~｜中国领先的光伏企业都是清一色的民营企业，根本没有政府的“~”可吃。

【歇班】按照规定不上班。

【协警/協警】协警员。即协助警察执法的人员。

【心肌梗死】简称“心梗”。台湾叫“心肌梗塞”。

【信访/信訪】群众来信来访：~工作｜~人员｜在今后相当长的时间内，~制度的存在仍然具有其合理性。

【信息】①音信；消息。☆②信息论中指用符号传送的内容：网络~｜~技术。台湾叫“讯息”或“资讯”。

【刑拘】刑事拘留。指警方在认为有必要时，暂时限制犯罪嫌疑人或刑事被告人人身自由的一种强制措施。

【血细胞/血細胞】血液中的细胞。台湾叫“血球”。

【巡航导弹/巡航導彈】一种外形类似飞机、发射后依靠巡航飞行飞向目标的导弹。突破能力强，命中率高。台湾叫“巡弋飞弹”。

Y

【压缩文件】经过压缩软件压缩处理的计算机文件。文件压缩后，便于传输和储存。台湾叫“压缩档”。

【压题/壓題】☆①设计版面时把内容相关的图片等跟书名或文章标题排在一起：~图为天柱山一瞥｜~照片为1923年鲁迅、爱罗先珂与北京世界语学会会员合影。☆②义同“押题”。

【押题/押題】考试前猜题并作相应准备。也作“压题”。台湾多叫“猜题”：考生不要一味依赖~猜题，而要脚踏实地地复习

【严打/嚴打】①严厉打击。☆②特指严厉打击刑事犯罪活动：集中开展~专项行动｜各政法部门必须竭尽全力做好本职工作，包括依法进行“~”。

【言传身教/言傳身教】既用言语进行传授、教育，又以行动作示范。

【央视/央視】“中央电视台”的简称。

【阳光/陽光】①太阳的光。②指健康开朗，充满青春活力。☆③指公开透明，不隐藏：~拆迁｜~操作｜现在村民们都说村里的扶贫工作很~，其他村务工作也是如此。

【样板房/樣板房】供购房者参观的具有样板、示范作用的户型或房间。也叫“样板间”。台湾叫“样品屋”。

【腰杆子】做事、说话的底气、勇气：村里有钱了，干部的~也硬朗了、为老百姓办事的底气也足了。

【要案】重要案件。

【野广告/野廣告】指非法印制、张贴或喷涂的小幅广告。

【一把手】①能干的人：他认为，70后都是现实主义者，是干活和创业的~，就是缺少浪漫情怀。☆②指第一把手，即单位或组织的主要负责人。⇨指“第一把手”的“一把手”，“一字”多读阴平。

【一锤子买卖/一錘子買賣】☆①比喻一次完成的行为：反腐不是~，关键是要坚持不懈。☆②比喻做事只考虑一时的利益，不顾后果。也比喻甘冒风险，成败在此一举：一定要做好明码标价的管理，反对乱涨价、搞~。

【一次性】只使用一次的；不再重复使用的：~杯子（台湾叫免洗杯）｜~筷子（台湾叫免洗筷）｜~清仓处理。

【一国两制/一國兩制】“一个国家，两种制度”的简称。

【一揽子/一攬子】包揽一切的；综合各方面的：~计划｜~解决方案。

【一米线/一米線】银行、机场等场所距离办理有关业务的柜台或窗口一米远的地面上画的横线。等候办理有关业务的人需站在线外，轮到办理业务时才能入内。也叫“一米等待线”。台湾叫“等待线”“等候线”。

【一盘棋/一盤棋】比喻整体或全部。

【一条街/一條街】特指某一行业比较集中的一条街道：服装~｜隆福寺地区从明末清初到民国时期，是北京仅次于琉璃厂的古旧书店~。

【医保/醫保】“医疗保险”的简称，是为补偿疾病所带来的医疗费用的一种保险。

【医闹/醫鬧】☆①利用医疗纠纷闹事，以便从中获取非正当利益。☆②指利用医疗纠纷故意扩大事态并从中谋取非法利益的人。

【移动电话/移動電話】与“固定电话”相对。台湾叫“行动电话”。

【乙肝】“乙型病毒性肝炎”的简称。台湾叫B肝。

【易拉罐】装饮料或其他流质食品的密封金属罐。台湾叫“易开罐。”

【因特网/因特網】全球最大的开放性计算机信息资源网络。台湾叫网际网路。⇨“因特网”，译自英语的 Internet，是目前世界上互联网中最大的一个信息资源网络。“互联网”与“因特网”，台湾统称“网际网路”。

【银行卡/銀行卡】由商业银行发行的具有储蓄、提现、转账、消费等功能的电子磁卡。⇨大陆的借记卡、信用卡等统称银行卡。台湾的“金融卡”类似大陆的借记卡，但一部分“金融卡”结合了信用卡的功能。

【荧光屏/熒光屏】一种涂有荧光物质的屏幕，用来显示图像。多用于电视、计算机、示波器等。也叫“荧屏”“荧幕”。台湾叫“萤光幕”或“萤幕”。

【影碟机/影碟機】播放影碟的设备。根据记录密度和格式的不同，可分为 DVD 机、VCD 机等。也叫“碟机”“视盘机”。台湾叫“光碟机”。

【硬道理】没有丝毫变通余地的重大原则：发展是~。

【硬件】☆①指计算机系统的重要部件，一般由中央处理器、存储器、输入输出设备等组成。☆②借指生产、科研、教学等活动中的基础设施、物质设备等：近几年学校的~有了很大的改善｜安置点里道路广场、给排水设施、电视、电话等配套~一应俱全。‖台湾叫“硬体”。

【硬盘/硬盤】电脑的主要存储媒介。与“软盘”相对。台湾叫“硬碟”。

【硬伤/硬傷】☆①比喻文章、影视作品中明显的知识性错误或严重不符合逻辑的地方。☆②造成危害的最严重的问题：从产品的高效来讲，节能环保不过关仍是农业机械产品的~。

【硬着陆/硬著陸】①人造卫星、宇宙飞船、飞机等不经减速控制而以较高速度降落到地面或其他星体表面上。☆②比喻用较强硬、激进的措施解决重大问题。‖与“软着陆”相对。

【硬卧】火车上的硬席卧铺。

【硬指标/硬指標】指在数量、质量、完成时间等方面都有具体要求且不能更改的指标。与“软指标”相对：钢铁脱硫已成为钢铁企业建设的一个前提性的~。

【硬座】火车上的硬席座位。

【拥堵】拥挤堵塞：部分城市的交通~越来越严重。

【拥军优属/擁軍優屬】拥护人民军队，优待革命军人家属。

【优化/優化】加以改变或选择使优良：~组合｜~城乡空间布局｜产业结构~升级。

【优盘/優盤】利用闪存制造的袖珍型移动存储器。也作“U盘”“闪存盘”（简称“闪盘”）。台湾叫“随身碟”或“大拇哥”。⇨优，英语字母U的音译。“优盘”全称为“USB闪存驱动器”，英文名USB flash disk，U是取其英文的第一个字母。大陆更常用的是“U盘”。

【邮编/郵編】“邮政编码”简称。

【邮递员/郵遞員】邮局负责投递信件的人。台湾叫“邮差”“邮务士”或“邮务员”。

【邮政编码/郵政編碼】邮政部门为分拣投递便捷而统一编定的代表不同投送地域的数码。简称“邮编”。台湾叫“邮递区号”。

【有机玻璃/有機玻璃】塑料的一种，高度透明，质量轻，有热塑性且不易破碎。可作为玻璃的代用品。也叫“亚克力”。台湾叫“压克力”。

【幼儿园/幼兒園】实施幼儿教育的机构。台湾叫“幼稚园”。⇨近年来台湾有些地区也见使用“幼儿园”。

【冤大头/冤大頭】指花冤枉钱的人。台湾人叫“凯子”。

【冤假错案/冤假錯案】冤案、假案、错案的合称。

【原始股】在一级市场发行的新股票。

【圆珠笔/圓珠筆】台湾叫“原子笔”。⇨大陆旧称“原子笔”，今改称“圆珠笔”。

【月嫂】指受雇专门照顾坐月子的产妇和新生儿的妇女。

Z

【砸锅/砸鍋】比喻把事情办坏了；遭到彻底失败。

【在编/在編】被列入机构的人员编制之中。

【在职/在職】还在担任职务。与“退休”“离职”相对。

【站好最后一班岗/站好最後一班崗】比喻做好最后一个阶段的工作：领导干部卸任之际，能否~，传好手中接力棒，以尽责之心为继任者开路，这是对领导干部责任感的考验。

【找不着北】迷失了方向：早就听说黄鹤楼的大名，这次特意来武汉旅游。可我们下车后，真有点蒙，完全~｜有些男人觉得自己有钱了更容易飘飘然地~，这时候身边还是需要一个称职的“管家婆”的。

【诊室/診室】医生诊断病情的房间。台湾叫“诊间”“诊疗室”。

【震中】指地震震源正上方的地面，地震时受破坏最大。台湾叫“震央”。

【整风/整風】整顿思想和工作作风。

【支边/支邊】支援边疆。

【知青】“知识青年”的简称。多指20世纪六七十年代被组织上山下乡的知识青年。

【知识产权/知識產權】在科学技术、文化艺术等领域中，发明者、创作者对自己的创造性劳动成果依法享有的专有权。包括著作权和工业产权。台湾叫“智慧财产权”“智慧产权”。

【纸老虎/紙老虎】指貌似强大，实际虚弱的人或事物。

【志愿者/志願者】自愿为社会公益活动、赛事、会议等服务的人；义工。台湾叫“志工”。

【中间商/中間商】指那些将购入的产品再销售或租赁以获取利润的厂商。包括批发商、零售商、代理商和经纪人等。台湾叫“中盘商”。

【钟点房/鐘點房】宾馆里按小时计算收费的房间。

【重症监护室】对危急重症病人进行监护治疗的病房。也叫“重症监护治疗病房”“ICU病房”。台湾叫“加护病房”。

【主叫】电话呼叫系统中指拨出电话的一方。与“被叫”相对。

【住宅小区/住宅小區】在城市一定区域内建筑的、具有相对独立居住环境和相应配套服务设施的成片居民住宅区。简称“小区”。

【抓辫子】比喻抓住别人的缺点作为把柄：要真正地广开言路，真正地实行“三不主义”：不~、不戴帽子、不打棍子。

【专业户/專業户】农村中专门从事某种农副业的家庭或个人。

【转业/轉業】特指军队干部转到地方工作。

【转正/轉正】非正式成员转为正式成员。

【撞车/撞車】☆①车辆相撞。☆②比喻碰巧相同或互相冲突：这两部电视剧的题材~了｜为了不和诺贝尔奖获得者的演讲~，原定于9月6日举行的校园文艺汇演提前一天举行。

【准话/准話】准确消息；肯定的答复。

【自动挡/自動擋】汽车上自动变速的装置。与“手动挡”相对。台湾叫“自排”。

【自留地】☆①农村实现农业集体化后留给农民个人的少量土地。☆②比喻属于自己的地盘；也指公职人员可以捞取私利或好处的地方：对于中国女排来说，亚洲杯一直被视为“~”｜不同学术期刊从属于不同单位，常常是这些单位职工发论文的“~”。

【自由职业/自由職業】指依靠个人的知识、技能而独立从事的职业。如律师、自由撰稿人和某些艺术家所从事的职业。台湾叫“自由业”。

【走读/走讀】每天往返于学校和住处之间（不住学校宿舍）的求学方式。与“寄宿”相对。

【走读生/走讀生】指仅在学校上课而不住校的学生。与“住校生”相对。也叫“通宿生”。台湾叫“通勤生”或“通学生”。

【走过场/走過場】形容办事不实干，敷衍应付。

【走后门/走後門】以不正当的手段通过内部关系达到某种目的。

【走形式】指只是表面上经过某种形式，敷衍了事：~的东西最好少搞乃至不搞｜问题在于价格听证会给人留下了“假”“~”“论证涨价合理的听证会”等不良印象。

【坐班】上班时间按规定在单位工作；值班。

【做工作】指进行交流沟通或说服劝解：一些公司的老板一度认为是“找茬”，甚至找市领导告状。后来经过不厌其烦地~，老板认识到问题的严重性｜得知段某绑有炸药，大家很害怕，纷纷跑出家门。民警赶到现场后一边稳定段某情绪，一边找段某的亲戚朋友一起~。

二、两岸常用词——“台湾国语”独有独用词①

A

【阿巴桑】对中老年妇女的称呼。日语音译。也作“欧巴桑”。⇨“台湾国语”中多说“欧巴桑”。

【阿兵哥】士兵的俗称；也泛指军人。多用于口语。也叫“兵哥”。

【阿伯】①伯父。②尊称年长的男子。‖来自闽南语。

【阿哥哥】一种近似迪斯科的舞蹈，20世纪60年代流行于美国。英语a-go-go的音译。

【阿督仔】[闽]原指白种人，后用于泛指西方人。也作“阿凸仔”“阿突仔”。

【阿给】台北淡水镇的一种小吃。将油豆腐中间挖空，填上调制好的肉馅，上笼蒸熟。源自日语：小吃方面，淡水鱼丸、鱼酥、铁蛋、~等最脍炙人口。

【阿吉桑】对中老年男子的称呼。日语音译。也作“欧吉桑”。

【阿达/阿達】糊涂；头脑不清楚：你怎么让他给我作助手，~的，他自己的事都没有一样做得好｜秀伊不该说那位卖东西的老板娘~。

【阿莎力】干脆，直截了当；讲义气。也作“阿沙力”。源自日语。

【爱顾/愛顧】爱护照顾。⇨“爱顾”为传承词。

【爱现/愛現】爱出风头；尽情表现。

---

① 台湾新竹教育大学陈菘霖博士审阅了该词表，并提出许多宝贵意见。在此谨表感谢。

【爱滋病/愛滋病】艾滋病。

【安和乐利/安和樂利】指生活安定、社会和谐、心情快乐、事业顺利。也作“安康乐利”。

【安护/安護】“安全保护工作”的简称：退休将领的~工作都由侍卫担负。

【安老院】敬老院。也叫“养老院”。

【安宁病房/安寧病房】医院为治愈无望的病人特设的病房，使其在宁静的环境中安然离世。也叫“宁境病房”。

【安亲班/安親班】大陆叫托管班。

【安太岁/安太歲】一项民俗活动。人逢本命年，在家中或寺庙安奉太岁星君，以求安康。也指运气不好时，求神拜佛以期转运。

【安养院/安養院】照顾重病或行动不便的老人的机构。

【暗桩/暗樁】早已安排好的以备暗中协助的人员。也指为可能采取的行动事先做好的铺垫：这个案子对未来与他相关的案子会有影响，对于他在司法界的~也给了当头棒喝｜当局非常了解企业界的问题与期待，因而苦心在“经续会”各项结论里布下松绑的~，为日后政策修订铺下路径。

【奥步/奥步】闽指不好的招数：拳师若用~将对方击倒，不算赢｜跆拳道比赛严禁使用~。来自闽方言。⇨闽方言中“臭”的变调发音接近“奥”音，“步”的意思是想法、招数。

B

【八点档/八點檔】指晚上八点钟这一档次的节目，八点后的一段时间被称为电视播出的黄金时段。

【八家将/八家將】台湾民间信仰中指神明身边的八位武将。传说神明出巡时八家将在前面开路。

【芭乐/芭樂】△①番石榴。果肉淡黄或淡红，可生食。又叫“八果”或“鸡矢果”。△②抒情歌曲；又泛指流行音乐或歌曲。英语的音译。

【芭乐票/芭樂票】指不能兑现的许诺或政策。即“空头支票”。

【罢驶/罷駛】驾驶员罢工，不开车。

【霸凌】指同学间欺负弱小的行为。英語 bully（威胁，欺负）的音譯。

【白手套】△①指利用合法身份或手段，把非法事物合法化的人或单位。△②指中间人、中介机构或能起同样作用的人或机构：我们之间的矛盾，不必借助于~，还是我们商量解决｜在这之前他是透过~向厂商索贿，后来发现~从中收钱，或者以多报少，因此决定亲自出马收钱｜1991年大陆方面成立了海峡两岸关系协会，作为两岸官方沟通的~，目的以两会为平台，展开协商，推动交流，解决两岸民间交往交流中遇到的困难。

【白脱油】用牛奶制成的淡黄色固态油脂。又叫“白塔油”“黄油”。英语音译。

【白贼七/白賊七】闽谎言；说谎的人：他对自己在辩论会上的表现很满意，强调是场“真话”对抗“~”的辩论｜政治圈尔虞我诈，滥开番石榴票不负责任，已成常态，却没人被骂“~”。

【败部复活/敗部復活】从劣势中找到转机，使形势发生有利的转化：北宜直线铁路过去卡在环评没过关。前不久，由“交通部”编列一千多万元，重新评估局部修改路线，让该项工程可望~。

【拜票】选举前，候选人为拉选票而登门拜访，拜托选民给自己投票。

【班导/班導】“班导师”的简称。

【班导师/班導師】班主任。简称“班导”。

【班联会/班聯會】“班级代表联合会”的简称，即学校内学生的组织。也叫“学生会”。大陆叫“学生会”。

【搬风/搬風】打麻将时用掷骰子的方法决定东西南北座位。引申为机构调整或人事变动：面对台湾民众，特别是民众团体在这方面的发声，新的人事布局也一定程度的做出回应，这些新人事的安排，自不应以酬庸、~视之，而是要面对挑战展现施政效能。

【扮白脸/扮白臉】义同大陆的唱红脸：他究竟是~当民进党、共产党桥梁，还是当黑脸不承认“九二共识”，如果黑脸、白脸都想当，最后只会“满脸花”。⇨台湾“扮白脸”与“扮黑脸”相对，犹如大陆的“唱红脸”与“唱白脸”相对。

【扮黑脸/扮黑臉】义同大陆的唱白脸：他虽为党带来活力，但也常～，作风直来直往，因此也许有得罪中常委之处。

【扮猪吃老虎/扮豬吃老虎】比喻故意示人以弱，再趁机胜过对方：“台联党”虽是小党，仍可“～”，抢攻泛绿选票。

【伴手礼/伴手禮】闽出门到外地时给亲友买的礼物，一般是土特产或当地纪念品。⇨《重编国语词典》收有“伴手”。台湾闽南语的“伴手”到大陆演变为“伴手礼”。

【包装水/包裝水】包装出售的饮用水。

【包粽】闽包粽子，谐音“包中”。寓意一定考中或被选中。

【宝特瓶/寶特瓶】一种由聚乙烯做成的装饮料的塑料瓶。也作“保特瓶”。

【保固】保修。

【保固期】保修期。

【保全】△①“保全员”的简称。大陆叫“保安”“保安员”。△②保卫治安：她偷了一些零食、化妆品，跑出门口时触动警铃，被～人员当场制止报警。☆③保养维修机器设备，使其正常使用：这几位是我们厂的优秀～工。

【保险杆/保險杆】大陆叫“保险杠”。

【爆裂物】大陆叫“爆炸物”。

【杯葛】抵制。英语 boycott 的音译。

【笔电/筆電】“笔记型电脑”的简称。

【笔记型电脑/筆記型電腦】笔记本电脑。简称“笔电”。

【毕旅/畢旅】毕业旅行。

【便当/便當】即盒饭。源于日语“弁当”。也叫“饭盒”。大陆叫“盒饭”。

【博爱座/博愛座】公共汽车等大众运输工具设在靠近车门的、供老幼病残孕者乘坐的专座。

【补教业/補教業】在校外，以补充知识或提高学习能力为目的的行业：落榜生越来越少，而补习班却不断增加，让岛内~市场陷入更加激烈的竞争中｜部分民众为了提升自我，年后进修，~职缺首度进入前五名。

【补救教学/補救教學】对成绩落后的学生进行强化性补习、辅导，帮助他们赶上教学进度的教学活动。简称“补教”。

【补强/補強】本指对结构有缺陷的建筑做局部强化。也泛指补充或加强：设在三楼出境大厅的旅客临时通道隔板，昨天下午封闭调整~时突然坍塌｜球队欲选韩籍后卫~阵容｜对照台湾现在的防灾准备，我们应~之处仍多到不可胜数，岂可不戒慎恐惧，引为殷鉴。

【不景】不景气：受金融危机影响，玉器档生意~，股市也大跌｜岛内经济~，百姓荷包缩水，地下钱庄却因此而活跃｜在台北演唱会~的情况下，腾格尔演唱会的门票售出六到七成的好成绩，也出乎承办单位意料。

【布建】布置建立：公司将协助客家特色产品企业~全球通路｜下旬将召开全体主委会议，讨论在岛内各乡镇市区逐步设立联络站，~1万多个监票系统｜这项“铁卫虎符”项目，要求保防系统，透过各单位所~的“咨询员”，对近20项的信息进行搜集。

【部落格】博客。

C

【财货/財貨】财富；产品：一旦原有的社会关系无法维系，治理公共~的集体行动就难以维持｜第四季度，在~与服务出口与进口成长率方面，都有不错的表现。

【财主单位/財主單位】负责财务管理和审批的单位：这部分会增加新台币128亿元的国库负担，~有不同看法｜这笔经费预算还得~确认并审议通过，2012年即可实施育儿津贴发放｜军公教调薪有满好的机会，目前多数建议调幅为3%。本周他将召集~开会做出建议。

【草地】①长草的大片土地。△②闽指农村：她表示，有人电视政论节目，批评南部党代表收礼，“身为~出身的我，一定要为他们抱屈”。

【草地人】闽 指乡下人：嘉义县与云林县当“~”已经很久，两县市是长期经济弱势的地区，非常希望能够支持云嘉升格。

【策进/策進】策划推进。

【查察】调查考察。⇨“查察”为传承词。

【产官学/產官學】产：产业、企业；官：政府；学：学术界，包括大学和科研机构：台湾联合报系举办“关键两年——为台湾经济开路高峰会”，集合~界力量提出七大宣言，希望促进台湾转骨工程。

【长才/長才】优异的才能；特长。⇨“长才”为传承词。

【唱将/唱將】有实力的歌唱家；歌唱得好的人。也叫“唱家”：实力派~丁当，唱红许多脍炙人口的歌曲｜公司希望将王力宏打造成一个张学友式的~，可结局是，第一张专辑《情敌贝多芬》成绩并不是很好。

【超博士】博士在大学或科研机构从事研究工作并继续深造的阶段；也指这类研究人员。也叫“博士后”。大陆叫“博士后”。

【车掌/車掌】公共汽车上的售票员；列车上的乘务员。⇨“车掌”用于早期国语。

【扯铃/扯鈴】即抖空竹。⇨“扯铃”也叫“扯铃子”，多见于某些南方方言。

【成军/成軍】△①编入军队：两艘自行研制的航母也在兴建中，未来~后将对两岸及东亚形势产生深刻影响。△②成立：在两大清算银行相继~之后，两岸货币清算机制的建立只剩下临门一脚。⇨“成军”为传承词。

【成屋】现房：台湾一份杂志计算台北市平均购屋负担的痛苦指数达26.3，也就是要在台北市购买35坪的预售屋或新~，平均要26.3年不吃不喝才买得起。

【成长/成長】①向成熟阶段发展；生长：茁壮~。△②增长：台空军人员人数目前为负~｜贸易部门认为，由于去年台湾出口~基期低，即使今年第四季国际经济前景不佳，全年出口预计仍可达双位数~。

【酬庸】给出力的人报酬；酬劳：新阁虽自称“财经内阁”，财经阁员却未见新气象，反而沦为政治~｜此人只有新闻经历，却没有相关行政经验，这样的人延揽入阁，~味道相当浓厚。⇨“酬庸”为传承词，大陆今罕用。

【出版品】出版物。

【出包】出现意外；出轨：当局当然知道，冻结油电价格可以讨好人民，只是让中油及台电继续承担巨额亏损而已，只要掩饰得好就不会~｜台湾现在正力拼观光，可是桃园机场却频频~，日前大雨竟造成飞机主要滑行道出现破洞｜二人婚变危机延烧一个半月，她这次铁了心不再原谅多次~的老公。

【出草】△①台湾当地民众割下敌人的头颅，表示自卫、勇敢，并具有宗教意义。△②借指强烈的行动或抗议：台湾当地民众再次“~”，以表示对遭受侮辱的愤怒和进行不甘尊严被创的抗争｜许多怒火难消的当地民众聚集到凯达格兰大道和雾社纪念碑前抗争，甚至高举番刀和对空放枪表示“~”。⇨“出草”原义指狩猎，后特指台湾部分民众的一种习俗。一部分南岛民族也有这种习俗。

【出糗】失态；出丑：冒充内行险些~｜娱乐圈的明星总是漂亮、帅气的亮相在荧幕前，但他们在公众场合~的囧样也很常见。⇨《现汉》收入并提示该词多用于台湾地区。

【出头天/出頭天】闽出头之日；取得成功：这家报纸推出《新台湾人~》系列报导，表现大陆来台人士与外籍移民在台奋斗的故事，获得社会的重视｜许多体育明星的成功，让许多父母重新调整“读书才能~”的刻板印象。

【初试啼声/初試啼聲】比喻初次尝试：实践大学管理学院的创业产业博士班~，成为第一所以创业元素产业化研究为导向的学术单位｜由他创立的现代瓷器品牌“法蓝瓷”，在推出之后不久~，以一套蝶舞系列，一举拿下 2002 年纽约礼品展“年度最佳收藏品奖”｜金穗奖是台湾短片竞赛的指标，也是新锐创作者们~的交流园地，已成为台湾电影人才的摇篮。

【刍像/芻像】模拟的人形，多用草和纸扎糊而成：美浓反水库大联盟正式成立。大会最后并焚烧赞成建水库者的~｜台湾各地“农民权益促进会”发起一项大规模抗议活动，反对美国农产品倾销台湾。参加者5000余人，沿途焚烧~，并不时与警方发生冲突。

【除役】△①在以下几种情况终生不再服役叫除役：届满服役年限、因病残不能继续服役、因某种原因离队三年未归。△②武器装备或水力、火力、核能等设施因使用年限到期而封闭：服役超过50年两栖船坞登陆舰“中正军舰”，和海军最后的20艘“海鸥级”导弹快艇，昨天分别在高雄左营和旗津举行~典礼，7月1日正式~。

【储值/儲值】充值：IC卡最低可~500元，若幸运中奖，可将中奖奖金~到卡内，直接于店内消费。

【春安】春节期间的治安：劳委会今天启动“岁末及~期间加强工安施计划”，结果发现多项缺失｜很多事业主岁末除旧布新，进行岁修，因临时作业，增加危险性，因此启动岁末~联合检查。

【搓汤圆/搓湯圓】①制作汤圆。△②借指在竞标或竞选中，一方为了让另一方退出竞争用金钱去贿赂安抚。也指同一政党内在两强并出的情况为了本党利益劝说其中的一位放弃，作出牺牲：明明有竞争机制，却要用~的心态先协调，民主机制显然徒具形式｜大家现在才知道，协调剩一个候选人也不好，高层的~，下面没选择余地。

【厝边/厝邊】闽 邻居：有钱难买好~｜今年金视奖以“金视好~、就在你身边”为主题，订8月21日在台中市园侨饭店举行颁奖典礼。

【厝边头尾/厝邊頭尾】闽 房前屋后。比喻邻里周边：他祖父种昙花是为了给人治病，他在世时经常把昙花晒干，再分送给亲戚好友，还有~。

D

【打回票】指（报告等）被退回；遭到拒绝：办签证每次都被不同理由~｜中移动入股远传虽被政府~，但后续两岸企业策略联盟带动的庞大钱潮，已慢慢发酵｜开庭前听说，认罪协商可能被~，他眼神空洞脸色苍白。

【大拜拜】一种台湾民间习俗。寺庙谢神或建醮等重大庆典时举行仪式，并以流水席大宴亲友的活动。比喻热闹、杂乱的景象：台中大甲的妈祖要出巡，各地都有~，很是有趣｜也有七成厂商不打算参加今年的就博会，主要是求职者的态度随便、像逛园游会，闹哄哄像~。

【大车拼/大車拼】闽奋力拼斗；双方进行激烈的竞争：为了抢生意，不惜降价~｜台南市“立委”补选最后一夜，蓝绿阵营分别集结上千人，在直线距离不到500米的东区~｜他们手持“那些年，我们的青春岁月”小册子，一起回顾学生时代，还有“校歌~”，气氛热闹温馨。

【大陆妹/大陸妹】台湾、香港、澳门称来自大陆的年轻女性。

【大尾】△①个儿大的鱼：野生黄花鱼最抢手，而且是愈~价格愈好。△②比喻重量级人物：他是这个帮派中的~｜这次众院大选，自民党内包括有当过首相的~议员在内可能纷纷中箭落马。

【大众捷运系统/大眾捷運系統】以都市为中心的快速、安全、经济的交通系统。

【歹命】闽不好的命运：台湾劳团大叹台湾劳工~｜才演完台视《再见阿郎》中~妈妈，她就迫不及待地换上性感服饰美美亮相。

【歹势/歹勢】闽抱歉；不好意思：真~，让你等这么久｜别再夸我了，不然我会很~的｜摊商发现是“酷酷嫂”，直说“~”｜周爸牵着他的手不断亲吻，对当年的严格管教感到“~”。

【歹戏拖棚/歹戲拖棚】闽原指坏戏、烂戏占着摄影棚，没完没了。形容让人难以接受的东西硬要塞给受众，让人不胜其烦：目前上演的“挺扁不挺扁”戏码，虽然也让民进党左右为难，却是一场典型的闹剧；而且~，五年多还看不到完结篇｜由于话题不断延烧，她在一时之间似还要承受“~”的煎熬。

【带同/帶同】带领；携带：最近~小朋友访港的旅客比例上升，相信与迪斯尼乐园有关｜家长不要因为停课，~子女四处游玩，避免受到感染｜歌迷们大多穿上黑色或白色衣服进场，并~红玫瑰。⇨为传承词。

【单眼相机/單眼相機】即单反相机。

【挡修/擋修】大学课程的学习有一定的顺序，某项学科成绩不及格，没有资格学习下面的相关学科：~课号｜~档｜~学生名单｜课程有先后顺序，所以应该找出修课的先后顺序，不要造成先修课程尚未修过的~问题｜那门课是我们系很重要的一门课，如果不过的话，就会被~。

【当/當】指考试不及格，英语 down 的音译：他上学期被~两科｜开始无法独立适应大学生活，我的成绩曾一落千丈，险遭“死~”｜他最讲求课程实时互动，特地设计网站让大家提问发言，但也因为行事风格不啰唆，遇到不爱上课的学生，直接~。⇨台湾高中以上的学校，考试成绩如果距离及格分数线相差 10 分以上为“死当”，一般要重读一年。离及格分数线不到 10 分为“活当”，可以参加补考。

【当机/當機】死机。也叫“宕机”：知名黑客组织“匿名”成功实现上周攻击预告，让纽约证交所网站~，以此力挺占领华尔街的抗议行动｜台湾气候炎热，当汽车于路边置放一段时间后，车内高温会让智能型手机~，所以还无法正式应用。

【导护/導護】指导、保护：小学老师要处理校务及教导孩子，当时还要兼顾~儿童上下学的交通安全｜交通事故死亡人数逐年下降，与平常在岗位上默默奉献，数十年如一日的交通~、优良驾驶有关。

【倒数计时/倒數計時】倒计时。大陆叫“倒计时”：今年创新的跨年倒数方式，是以高雄最高的“85 大楼”为背景，以镭射投影方式打出~数字，配合周边灯光音效及绚烂低空烟火，呈现璀璨夺目的跨年视觉效果。

【底定】确定：大联盟明星队这个星期天就要来台，五大先发投手也已经~｜无论持何种观点，（台北县）升格大势~｜党内高层透露，谁任党主席已“大势~”。⇨“底定”为传承词。

【地方人士】当地有地位、有影响的人士；当地人：受到演出邀请后，他却为旅费烦恼，还好~大力支持，让孩子有机会宣扬台湾传统艺术于国际｜金门大桥多灾多难，每逢选举总会成为竞选支票，选后常常都不兑现，~都说是“选举桥”。

【地目】依土地用途、性质而区分的土地类别：他的买地、养地哲学，就是整片、大面积地买，然后一放二三十年，以逸待劳等待经济起飞，以及都市发展后政府主动变更~，坐享巨额的增值利益｜从买地，提出申请、规划、申请开发许可及杂项执照，再整地、变更~到申请建照，前后长达九年。

【地牛翻身】对地震的俗称：上周他搭高铁到台南与朋友见面，巧遇两次~｜万恩在 1976 年也曾~翻身，造成将近 5300 人丧命｜意大利政坛~，但意大利民众还是照样做生意过活，因为没人相信，老贝会乖乖走人。⇨中国传统民间文化曾认为大地像一头牛，地震就是地牛翻身。古代堪舆类书中，也有类似记载。

【地下铁/地下鐵】“地下铁道”的简称。也叫“地铁”。大陆叫“地铁”。

【地主队/地主隊】比赛中与客队比赛的本单位或本地、本国的代表队。也叫“主队”。大陆叫“主队”：“2009 第五届数字讯号处理创思设计竞赛”在南台科技大学盛大举行，共有来自 21 所院校共 99 队报名，~表现优异，共获得 14 个奖项。

【地主国/地主國】国际运动会主办国或负责组织在本国举行的国际会议的国家。大陆叫“东道国”：在年纪最长、对方是~，又是第一次参赛等情况下，外界并不看好中华队。

【点选/點選】点击：近来有黑客假借圣诞节名义，在社群网站 facebook 张贴假讯息或假网页，诱使网友~｜除上述网址，也可至台湾动物紧急救援小组网站，~影音区，进入观看流浪动物被严重不当对待的纪录短片。

【电扶梯/電扶梯】步行电梯。也叫“手扶梯”“自动扶梯”。

【电锅/電鍋】电饭锅。

【电联车/電聯車】台湾铁路管理局的一类车型，是“电车组”（大陆叫动车组）的一种。⇨电联车的两端都有驾驶室，调车方便。电力驱动采用动力分布式，动力效率高，制动能力优良，尤适于停站较多的近郊通勤铁路和地下铁路。

【电视影集/電視影集】即电视系列片：她因为~《霹雳娇娃》走红｜因为看了~《洛城法网》，她希望自己能当律师，守住社会最后一道正义防线。

【垫档/墊檔】△①指报刊编辑用另外一部作品替代因某种原因无法刊登的作品的空缺：某次发生一个颇为重要的事件，这家报纸却没有发社论表达立场，只拿过去~社论充数。△②填补因故造成的空档，弥补缺失：联盟已经取消了到月底以前所有的比赛，电视台拿影集~｜这几年，各台为了节省成本，以外来剧~的状况层出不穷。

【吊车尾/吊車尾】闽坐在车后面。比喻排在最后：最近几年利差缩小、资金泛滥，过度竞争的结果，导致台湾金融业的绩效已经在亚洲~｜“最喜欢运动的城市”排行榜由新竹县夺冠，台北市、南投县等七县市次之，而云林、嘉义两县则~。

【定谳/定讞】对案件作出判决；也指判决的结果：她的案子，年底将三审~，一般认为入狱难免｜此案历经十二审的程序，才让曾遭羁押多年的三名被告无罪~。⇨“定谳”为传承词（谳：议罪）。大陆今罕用。

【动见观瞻/動見觀瞻】一举一动都会受到注意：号称台湾最高学府的台湾大学陆生交换计划也是~｜他是台湾政坛少见的精明人物，即使在监都~，应该很清楚低调才是最有利的做法。

【冻蒜/凍蒜】闽当选。因闽南方言中“冻蒜”与“中选”谐音：整个斗六市从傍晚就战鼓声频传，入夜后更是鞭炮声不断，每个阵营都高喊“加油”“~”｜台东县政府大礼堂，县议员参选人忙进忙出登记参选，穿着五颜六色的支持者不断高喊~，炒热选举气氛。

【洞烛机先/洞燭機先】预先察知事情的发展、征兆。也作“洞烛先机”：我们无法预知今年美国的经济展望，处于被动位置的台湾，却不能没有~的能力｜从他这席谈话8年后的今天来看，他可称得上~，先知先觉。

【逗阵/逗陣】△①共同；结成伙伴。也作“斗阵”：台北市小区及志愿服务推广中心举办“有志无国界，~来闯关”活动，以健康、环保与安全为主轴，为志愿服务团体设计系列闯关游戏｜他提议举行奠安庆成大典时，邀请台湾郑氏族人返金门~热闹，共同见证台金历史渊源｜由外籍学生组成的乐团也~来热闹，热情的南美洲音乐表演为集会增添不少异国风情。△②比拼；对决：这是一部野心很大的片子，里面充满着~、血腥、性暗示、报仇等西部片的元素。‖来自闽南语。

【杜鹃窝/杜鵑窩】指精神病院。

【对造/對造】法律用语。指双方中的一方：在民事案件中，当事人提供担保后，即可声请假扣押~财产，以避免日后胜诉，却只拿到一张债权凭证，赢了官司，实际却是一场空｜买方苏先生为节省运费，乃拨打电话询问~张先生是否能将四样商品一并寄出｜少年家长已与~达成民事损害赔偿之和解。

E

【恶法/惡法】不好的法律：有人为抗议“集会游行法”是~，故意不申请游行日的路权｜可不可以抽烟，没个标准答案，搞得民众无所适从，当然怨声载道，把一部良法变成了~｜他认为，流氓，是危害社会的恶人；对付恶人的检肃流氓条例，却是一部~。

【二手屋】即二手房。

【二一】“二一退学”的简略说法。常用于“被二一”的格式，“被二一”即受到“二一退学”的处分：在个案的辅导经验上，大学谘商中心刘老师表示，谘商中心会主动接触被~的学生，探询学生是否有沉迷网络的状况｜律师告诉我，被~可以请求行政救济，请法院宣告规定~退学的规定无效，因为其违反“法律保留原则”。学籍规则的退学处分并无法律授权依据。

【二一退学/二一退學】台湾一些学校规定，一个学期各科成绩有二分之一不及格者，要被勒令退学：在备受争议的世新大学~案中，某学生因一学期所修学分达二分之一不及格，被学校依校规予以退学处分。

F

【发表/發表】①向公众或社会表达、发布意见或决定。②在报刊上登载（文章、诗词等）。△③推出；展示（新产品）：台湾美食展，活动内容包括新菜肴的~、饮食文化的推广，还有海内外厨师厨艺大赛等｜宏碁在IMAX的三D戏院盛大~轻薄笔电，一口气推出二十多款新产品，全球媒体惊艳。

【发表会/發表會】介绍新产品、新作品等的展示活动。也叫“发布会”：在成果~上，参与的学者一致呼吁，台湾应花更多经费及人力投注在气候变迁研究上｜“纸风车”除了在剧场的公演外，演员也得接各种活动演出，包括公司行号的新品~、记者会活动、企业尾牙春酒，甚至工地秀。

【发想/發想】构想：另类的面具撕纸艺术创意~，展现商设系学生的才华｜在数字时代的冲击下，该怎么因应新潮流，是出版社必须思考的问题。正巧台湾开始推广文创产业，让他兴起了怎么将文字转化为文创的~｜在创作过程遭遇瓶颈及缺乏灵感时，以蟑螂旺盛坚韧的生命力与绝地求生的精神自我惕厉，从蟑螂~创作一系列的主题作品。

【罚锾/罰鍰】即罚款：民众如因此有法律问题，他愿义务协助，并代缴~｜财政部主张的纳税义务人逾期缴纳~，应该加征滞纳金与强制执行｜新闻内容有害儿少身心健康，有限制级内容未做分级的动作，依法可处新台币10万元以上、50万元以下~。

【犯意】犯罪意图：就法论法，应该查明陈幸妤等人与吴淑珍有无~联络、是否共犯｜倘若不能证明其有这种~，至少应给予行政处分，这样才能整饬检察官的纪律，树立检察官的威信｜关于图利罪所必要之图利自己或他人的“~”，检察官始终未提出具体证据。

【泛蓝/泛藍】台湾两大政党派系之一。由中国国民党、亲民党和新党等组成。亲民党和新党都源自中国国民党，而中国国民党党旗是以蓝色作底，故称。

【泛绿/泛綠】台湾两大政党派系之一。由民主进步党（简称“民进党”）、台联党等组成。其代表党派民主进步党党旗是以绿色作底，故称。

【贩卖部/販賣部】机关、部队、学校以及某些公共场所中所设的小卖部：许多人挤进纪念品~，最受欢迎的是各式各样的“翠玉白菜”复制品。

【贩卖机/販賣機】“自动贩卖机”的简称。大陆叫“自动售货机”。

【防杜】防止杜绝：美国海关通知有一大陆籍旅客证件不符，要求华航协助~人蛇私渡并配合调查｜如何~政治人物假借“服务选民”或“反映民意”之名来图利自己及他人，正是此案所留下的最大课题｜此次金门的流行病毒如何进入，其与当时防疫那些防疫漏洞有关，必须厘清，才可~下次再漏球。

【防护团/防護團】机关及学校等单位组成的负责消防、救济等事物的组织。

【房仲业/房仲業】“房屋仲介商业”的简称。是经营房地产买卖的中介行业。也叫“房屋仲介业”。⇨1987年台湾经济事务主管部门于商业团体分业标准中增加“房屋仲介商业”（简称“房仲业”）。“仲介”为台湾写法，大陆作“中介”。

【放牛班】把学习成绩不理想的学生编成的班级。通常不被学校重视，对这类班级的学生，老师几乎放任不管。也叫“牛头班”：当年他因为家境清寒无法升学，编在“~”，但他经常不气馁地利用课余画图，并从岳飞等历史人物的画像中，找到自信｜他的课业成绩并不出色，念过~，后来又到升学班吊车尾。

【飞安/飛安】“飞行安全”的简称：为强化~要求，台军方发言人表示，要分别在各部队办理三军飞行作业程序与飞行纪律示范观摩｜花莲401联队两架5型战机9月间失事后，专案调查小组已在10月21日完成报告，目前协请“行政院~委员会”、“民航局”及专家审查。

【飞弹/飛彈】即导弹。

【分发/分發】①分配发放。△②分派某人至某处任职：当年他刚~到海军后勤司令部料配件总部，担任少尉技术官。△③经考试、考核录取分配到某校学习：致远管理学院说，对休闲产业有热忱与被~到致远但对休闲产业没兴趣的学生，致远选择前者，盼透过单招找到有潜力的学生｜嘉义市去年有119名学生获~到嘉义高工实用技能班，如今~在即，~要点却大幅更改。

【丰年祭/豐年祭】台湾山地民众最隆重、规模也最大的传统节庆。每年秋收季节举行，为期一周左右。除歌舞庆祝，还要举行祭祀活动，祈求来年五谷丰登、人畜两旺。

【伏地挺身】也叫俯卧撑：为了完成挑战，他已展开密集特训，每晚单手练120下哑铃、80次~。

【服勤】服务，执勤；也指服勤员。⇨“服勤”为传承词。

【浮滥/浮濫】数量过多，超过实际所需：台湾银行靠着公开市场操作，冲销市场上~的资金｜越来越多的事证显示，机密涉外经费是如此的被~使用。

【辅育院/輔育院】“少年辅育院”的简称。是负责施行少年感化教育的机构，处理对象是十四岁以上至未满十八岁的少年犯。也叫“少年感化院”。

【复健/復健】即康复医疗：刘姓学生身体状况至今未有显著改善，目前仍持续~｜为了要恢复体力，出院后他开始慢慢靠着骑单车~｜台湾目前有非常好的骨科和~科，但就如何进行中西医整合医疗还做得不够。

G

【概括承受】不论好坏统统接受：面对未来的竞争对手来势汹汹，若是无法顺利连任，除了个人的政治生命宣告结束，更将~败选“原罪”的批判｜总计一个多月的时间里，全联实业总共退了超过一亿元现金给顾客；虽然最后厂商决定全部~，全联并没有因此蒙受损失。

【甘草人物】戏剧、影视中的重要配角。甘草是中药中对方剂的各种成分起引导、平衡作用的一种药物。某些配角能衬托出主角的光彩，维持整出戏的平衡，作用如同甘草，故称：《海角七号》的最大推动力，更非来自多知名的桥段或明星，而是片中多名令人捧腹、回味再三的~｜虽然他的成就不及其他兄弟，电影中大多担任~或是配角，不过他的亲切笑容还有演技却留给观众深刻印象。

【感心】由衷感激；感动：由于他多次南下为属新潮流系的高雄市长参选人助选、拉抬，也让新系内部相当“~”｜不过从电视上看到她那真实的素颜模样，却让党内的支持者“足~”。

【感性】①属于感觉、直觉等心理活动的：~知识｜~认识｜从~上升到理性。△②令人感动的；充满感情的：台湾社会对于汽车民族工业的~支持，只会再给裕隆集团一次的机会｜他卸下霸气的盔甲，露出不为人知、~的一面。

【感训/感訓】感化训导：监房按“忠孝仁爱，信义和平”八字命名。犯人则被称为“修养人”，“修养人”接受的是“~教育”｜台东县选委会表示，根据“选罢法”规定，受保安处分或~处分之裁判确定，尚未执行或执行未毕者，不得登记参选人。

【高等考试/高等考試】台湾的一种考试。全称为“公务人员高等考试”，简称“高等考试”“高考”。⇨“公务人员高等考试”是“考试院”依据《公务人员考试法》主持举办的“国家考试”的一种。考试通过后，可赋予公务人员荐任资格或特定类科的执业资格。

【高阶/高階】①高级。△②高级别的，义同“高层”：周姓男子与妻子签赌六合彩，先后多次假冒董事长或~主管｜一个以“清廉”为核心价值的执政团队，怎么能让一个涉嫌贪渎情节如此严重的人一路被拔擢晋升到这么~。

【高球】高尔夫球的简称。

【告白】①说明；表白。△②特指男女双方中的一方向对方表达自己的爱意：她觉得心和心的连结最重要，要懂得怎样选择真爱，而且她现在会主动~，有勇气去追求真爱｜16岁时，有位女友人向他~，虽没成为情侣却变成了很好的朋友。

【告解】原指天主教的信徒在神父面前说明自己犯的罪过，表示悔改，以求得天主宽恕。现泛指忏悔、承认罪过：女主角当时在剧情中知道自己怀孕后，曾到罗东天主堂向神父忏悔~｜要鼓励昔日的加害者真心~，以争取原谅和宽恕。

【更生人】指犯过罪但已刑满出狱重回社会的人：一般工作较不适合询问求职者犯罪前科，因~也拥有找工作的机会，希望不被以歧视眼光看｜未来，他将放下一切，推动“~”的中途之家，努力推动“~”就业。

【工安】“工业安全”的简称。指企业的安全管理。

【工作列】电脑用语。即任务栏。

【工作天】即工作日：昨日为地铁将军澳支线通车后首个~，列车运作正常｜这次初选将由五家民调公司同步展开作业，每家公司都必须取得三千份以上的成功样本，预计需要两个~才能完成。

【公所】处理公众事务的行政机构。⇨台湾的县一级行政区划，下设县辖市、镇和乡。县辖市、镇和乡的行政管理机构叫“公所”。如市公所、镇公所、乡公所。负责综理乡镇市政务，并指挥监督所属机关及员工。与县同级的基隆、新竹和嘉义三市，下设区，区有区公所。如基隆中正区区公所。

【公帑】公款，政府的钱：因电价影响其他三百多项法案无法审理，不仅是政治斗争也是浪费~｜联勤司令部没有在采购契约订定预防性规范，导致重复购入不良品，事发后还陷入巨额~追偿无门的窘况｜她一再表示，有关对她“虐佣”的指摘绝非事实，她也未将~纳入私囊，更无任何贪渎不法情事。⇨台湾也多用“公款”一词，但“公帑”也高频率地出现于书面语和口语。

【攻防】①进攻和防守。△②指辩论时向对方的论点发起攻击，也防范对方对己方的攻击，并极力为自己的主张辩护；泛指双方辩论、争斗：特侦组昨日开庭，检辩~长达12小时，当事人最后坦承收贿，让案情急转直下｜双方针对临时会三个议程各有~，不排除是一场“表决大战”｜围绕着证所税问题的朝野~，已经让台股空转了半年之久｜美牛问题本是经济议题，但在岛内政治光谱两极化的对立氛围中，却演变为蓝绿~的焦点。

【古意】△①古代的风格意趣；古人的思想情趣。△②忠厚老实：这里的老百姓大部分是热情的，也是~、好客的。只要有客从远方来，大家都会很欢迎｜有乡亲表示，明年选举是一场“奸巧对~”的选战，希望大家张开眼睛支持该支持的人。⇨《重编国语辞典》提示该词为闽南方言。

【古早】闽 久远；过去：小吃中藏着台湾最深最~的人文风情｜“台北探索馆”的二楼正在举办题为“插画看台北”的特展。展品种类丰富，既有~的地图，老旧的招贴画，还有不少漫画以及绘本作品。

【寡占/寡佔】少数人或少数团体占有；垄断占有：岛内涂布纸

市场已成两大纸厂~局面｜公平会的此举在于向市场传达一个信息，政府时刻关注涉及民生的物价问题，厂商不要以为~市场就可以予取予求｜因电信业属~事业，在过渡到竞争市场中要求业者降价，符合庶民经济｜物价上涨除了极少数~者联合行为、或菜虫米虫等黑道把持之外，是根本管不了、也不该管的。

【怪手】“挖掘机”的别称。

【关防/關防】①驻军防守的关口要隘。②明清时期政府或军队用的印信，多为长方形。△③一种机关团体使用的印信，多用于临时性或特殊性的机关公文。⇨按台湾2000年新“修正”的“印信条例”，公用印信共有五种，“关防”为其中一种。“印信条例”第十五条关于“印及关防”的使用规定：“印盖用于永久性机关之公文；关防盖用于临时性或特殊性机关之公文。”

【关说/關說】请托说情；托人代为疏通。⇨“关说”为传承词。

【观护人/觀護人】对缓刑的或服刑假释的犯罪分子依法监督护、管束、教育的人员：黄某（66岁）被逮时哭说“很后悔”，和嫌犯吕某（61岁）要求打电话给~说“对不起”｜陈姓医师必须于缓起诉确定后，定期向台北地检署~报到，以追踪是否再吸毒｜受保护管束的加害人若获假释，须向~报到，并视状况实施约谈访视，若有必要可施以电子脚镣。

【观护所/觀護所】全称为“少年观护所”，是保护、管束、教育、监督青少年犯罪者的机构。

【管道】途径；门路。大陆多叫“渠道”：两岸通过既有的教育交流~，针对陆生赴台就读的实施现况进行深度的讨论与沟通｜媒体一再痛骂油电双涨的决策，指出“中油”“台电”“中钢”有许多见不得人的利益输送~和浪费公帑之举。

【灌救】洒水救火：经过消防人员全力~，火势已经控制｜现场浓烟密布，多人呛伤，其中7人比较严重。宜兰县派遣消防队前往~并疏散乘客。

【灌水】①网络用语，指在网络上大量发表内容空洞的文字：某些论坛认为应容许~，甚至开放专区为用户提供~空间。△②与实际不符，有夸大成分："亚洲舞王"罗志祥昨日在西门町举行第9张专辑《有我在》签唱会，创下新纪录，此举也证明"10万唱片销量"绝无~｜前高雄县长也到场为对高雄市的建设见证，指"3702亿元"这个数字没有~。

【光碟机/光碟機】△①影碟机：除了电池还再跌价之外，零组件都涨价，~也因为日本读取头缺货而涨价。△②光盘驱动器。

【光纤电缆/光纖電纜】即光缆。

【归化/歸化】放弃自己的国籍，取得别国的国籍：现行"国籍法"施行细则规定，外籍配偶要申请~时，除连续在台湾居住3年、每年达183天以上外，还要通过中文考试、放弃原母国籍｜台湾还活跃在台面上的几名"独派"大佬，他们共同的背景是早年在日本受教育、亲日、家庭富裕，其中有些人的后代甚至已~为日本人。

【龟毛/龜毛】闽爱挑剔的；特别讲究、较真的：她一直说自己是"~"的人，因为买不到跟原型一样的花纹，就自己用立体笔来画，为了花纹，她和朋友赶了三个通宵｜如果你认为婚前协议只是钱和孩子，那就错了，有些明星~到吃喝拉撒都要严格规定｜专家表示，补水也应循序渐进，喝水太快、太多或太凉都不行。喝个水都需要如此"~"。

【粿】把米磨成粉或浆制成的糕点。

【过动儿/過動兒】患有多动症的儿童；也喻指行动过频、过分的人：这些年追打弊案累积的经验，让他只要"嗅到"某种"不寻常"的味道，加上"~"的特质，马上就四处查证，往往为了一个关键点，就必须亲自跑一趟。

H

【海基会/海基會】台湾民间机构"海峡交流基金会"的简称。

【寒害】冷害。大陆叫"冷害"。

【喊话/喊話】①在阵地前沿向敌方宣传或劝降：~有了效果，敌军士兵已经知道了他们注定被歼灭的处境，很快乱成一团。△②发表意见，以引起注意：他忧心客家话的流失，也忧心客家政治地位的日渐式微，经常在相关场合~，呼吁政府重视｜本案爆发后，外界质疑台军高层缺乏指挥道德、为卸责坑害部属，甚至有退役宿将出面~，为当事人抱不平｜好友相当有义气地对他的家人~，“有什么需要的，都会尽力帮忙”。

【好康】闽好事；好东西。用于有优惠或有小便宜可占的情况：为迎接这一波旺季热潮，数十家婚纱、喜宴及珠宝水晶相关业者祭出超值~｜这次只要消费满一千元就可以参加抽奖，最大奖是轿车一辆，另外还有机车、脚踏车、圆山饭店住宿券、现金抵用券等等的~。

【好兄弟】闽指无主的鬼魂。

【号子/號子】①指监狱的牢房。△②证券营业所的俗称。因每家证券行都有一个代表号码，故称：盘中超过200档股票打入跌停，~里的散户气到不想看盘、券商的客户干脆不进办公室｜台北捷运古亭站旁的~里，散户从农历过年后逐渐回笼，对这一波行情充满期待。

【和平岛/和平島】马路中间的交通安全岛。

【和诱/和誘】利用诱惑方法骗取未满20岁的被诱人的同意，以达到犯罪目的。⇨台湾刑法上有和诱和略诱两种，所谓和诱是指被诱人知道拐诱之目的而仍予同意；略诱是指违反被诱人意思，如施用强暴胁迫手段或以诈欺方法，将被诱人置于自己实力支配下。如果被诱人尚未满十六岁，则即使是得其同意，也算是略诱。

【核备/核備】核实备案。为“鉴核备查”的缩称。一般作为公文用语。

【核能电厂/核能電廠】核电站。

【黑白讲/黑白講】闽随便说话；胡乱讲话：这些人刻意以错误信息误导民众，如此“~”不仅伤了农民，也伤了农民的心｜他还辩白，月历所说“柿子”并非甜柿，而是台东的牛心柿。台东果农立即驳斥这是“~”。牛心柿只在台东成功镇有十余名农民种植，面积不到5公顷。

【黑盒子】△①黑匣子：找到~，就可以知道这架飞机失事的原因｜空军官员表示，海鸥直升机上并没有～，仅配有在遭受巨大撞击力时启动发射求救讯号的“紧急定位发射机”。△②隐秘；暗藏隐秘不能公开的地方：（台湾）当局的涉外预算是个～，从不对外公布。

【黑金政治】一种政治现象。黑金代表政治人物利用暴力和贿选等手段控制地方政治势力，进一步取得官职或民意代表的位置。⇨上世纪末，香港曾经拍了一部著名的电影《黑金》，影射台湾缘起于李登辉时期的一段影响恶劣的黑金政治，影片塑造了一名因为坚持打黑得罪权贵、最后不得不挂冠而去的“法务部部长”的形象。

【黑手】①借指暗中从事阴谋活动或在幕后指挥、操纵阴谋活动的人或势力。△②对制造业工人的称呼，因手上沾满油渍，故称：只会弹月琴的老邮差茂伯、在修车行当～的水蛙和小米酒制造商马拉桑也参加了这个乐团｜宏碁创办人施振荣提出“学士～”的概念，认为教育事务主管部门应将科技大学定位为培养世界级“学士～”的摇篮。

【红单/紅單】罚款单：一个月来，要交罚四五张交通违章～，真是够呛｜警方向胡姓男子说明，无照又肇事逃逸，依法要开出～｜这名在某电子公司工作的中年男性工程师，从2003年起就有积欠～情形。

【护贝/護貝】为防水、卫生、耐用等而用塑料膜封闭起来。大陆叫“塑封”：他又拿出已经泛黄、～的聘书给人看｜他特别把老祖宗的照片～永久保存，把家谱送给爷爷当82岁的生日礼物，希望家族间浓厚的感情可以代代流传。

【护持/護持】保护、维持：当局当务之急，是须监控金融市场因股市暴跌可能引发信用风险，而不是把心力放在～特定股价指数｜风水只是无稽之谈，尤其选举更不能依靠风水命理～。

【护航/護航】①护送船只或飞机航行；比喻保护或保卫某种事业顺利进行。△②帮助他人考试作弊：警方介绍，黄某向每名考生收取四十万元，再以一百七十五万元雇用七名岛内明星大学的在校生入场～。目前黄某等人都已承认集体考试舞弊。△③为谋私利保护、袒护某一对象：台湾前“消防署长”辩称，黄金与账户款项都是辛苦赚来的，相关资产都是个人理财所得，否认～厂商。

【滑鼠/滑鼠】即鼠标。

【划位/劃位】划定座位：屏东县立图书馆自修室采～制，若超过一个半小时座位无人，取消～｜南航是首家在台湾推出网络～的大陆籍航空公司｜搭乘首航包机的台湾旅客一大早就来到机场。来自台北市的沈女士首位完成报到手续，～是十二｜15日至19日之间，几乎每班列车都有重复～。高铁正全力清查资料，希望让每位旅客都有座位。

【缓颊/緩頰】为人说情、作解释；讲好话。⇨“缓颊”为传承词。

【会报/會報】相互有关联的机关或同一部门内部在固定时间会合举行的例行会议：高级将领买官卖官的流言很盛，他花了一年多时间，每三个月亲自主持一次～，把可能查的统统查完｜“卫生署”已启动“肠病毒流行疫情处理协调～”，加强当局与县市防疫资源统筹、协调与整合工作｜中国国民党方面目前对追查枪击案相对保留，最近在“中山～”（国民党的党政高层会议）与“中常会”上，并未触及此一议题。

【会外赛/會外賽】即预选赛。与“会内赛”相对：算一算，由～开始，她已连闯四关。

【货柜/貨櫃】集装箱。

J

【机车/機車】①用来牵引列车车厢的动力车，即火车头。△②“机器脚踏车”的简称，即摩托车：“中油”再运送各8000升汽、柴油及两部加油机，兰屿又将恢复～穿梭的旧景。△③[闽]爱挑剔，要求过分；让人讨厌：新专辑除了样样自己来之外，更坦承专辑制作时要求高，甚至觉得自己很～，至于对感情是否也要求颇高，她四两拨千斤笑说：“整体来讲，应该算很～的。”⇨“很机车”在台湾已成为某些人的口头语，意思也较宽泛，做事过分挑剔是“很机车”；拖拖拉拉，不爽快是“很机车”；无原则，不靠谱也是“很机车”。凡让人感到讨厌不爽的事物、行为都可说“很机车”。

【机运/機運】机遇；运气：无论对哪个演艺人员这次演出都是毕生难得的机会，更是史上难得一见的~｜他语带感性地说，他对于自己人生有这样的~，没有什么不满足，希望他进退的态度，也能够给很多有“非我不可”思考的人一些参考。⇨该词为传承词，大陆今少用。

【鸡婆/雞婆】闽指爱管闲事的人：很多医师很~，主动告知宝宝性别，多少影响准爸妈的决定及女婴的生命｜而在这一波的禽流感事件中，我们虽然尚未看到“防检局”有~公务员挺身而出，还好有民间人士很“~”的挺身检举｜“社会局”呼吁台湾民众发挥~精神，一旦发现家暴或儿少虐待，立即拨打113保护专线。

【鸡同鸭讲/雞同鴨講】比喻各说各的话，不能沟通：人工查号有时也会出现~的情况。有查号员曾把“长庚急诊室”听成“长庚屈臣氏”｜台湾习惯说马铃薯，大陆习惯说土豆；台湾称滑鼠，而大陆称鼠标，我也因此闹了不少~的笑话｜有人不愿意接受“九二共识”，却无法提出一个可以让大陆接受的政治论述，导致民、共之间，永远只能停滞在那里“~”。

【积体电路/積體電路】集成电路。大陆叫“集成电路”。

【计程车/計程車】出租车。也叫“出租汽车”。

【加持】原佛教用语，意谓施加佛力于众生，给予保护、扶持。借指给予助力、支持：极负盛名的龙山寺祈福法会，每年指考前都会举办考生专场，法师诵完经文后，还将~过的铅笔和圆珠笔，发送给考生和家长｜卸下党内职务以后，她失去政治舞台~，光环递减｜受到大乐透高额彩金影响，再加威力彩头奖上看12亿元~，近日买气只能用“强强滚”来形容。

【加护病房/加護病房】即重症监护室。

【加给/加給】在薪金之外增加的薪酬和补助；增加（工资或补助）：职务~｜外岛~｜山地~｜对于独力负担家计之失业劳工或家中就读大专院校子女数在两人以上者，依现行补助标准~两成补助。

【加值】△①充值：途中她还走进便利店为悠游卡~。△②增加收费数额：“中华电信”公司表示，“色情守门员”产品是~服务，收费的原因是因为有建置系统成本，要固定安排人力去编辑有害网站名单。△③提高、开发事物或人才内在的价值："劳委会"所推动的"充电~计划"，主要是针对每两周放无薪假超过16小时的企业，企业开课的费用可以百分百获得当局补助。△④超值、优惠的：购票者还能享有包含保险、酒店优惠、机票优惠等多种~服务。

【家庭计划/家庭計劃】家庭生育计划。也作"家庭计画"。

【假处分/假處分】对人身、财产等暂时加以限制的法律程序：如果权益或健康受损，可以提出民事诉讼，还可透过~防止厂商脱产（脱产：对财产进行隐匿或转移）｜选委会放任刊登这种政见在选举公报上已经违反"选罢法"，已委托律师向地检署提告选委会主委，同时向法院申请~，禁止违法选举公报印制、散发。⇨"假处分"或"假扣押"类似《中华人民共和国民事诉讼法》中的"诉讼保全"。

【假扣押】民事诉讼在未判决以前，先暂时扣押债务人财产的保全程序：为防止他转移财产，你最好先申请~。

【假仙】闽装模作样；虚情假意：有人甚至说，选举时收献金很平常，大家不用"~"｜有人一面抢改革的道德光环，一面肥厚自己的荷包，让人觉得非常"~"。

【尖峰】比喻事物、事态的发展顶点。大陆叫"高峰"：新竹市元培街是玄奘、元培科技大学出入市区必经要道，~时间人车抢道，交通事故频传｜由于圣诞和元旦双节即将到来，港台和内地明星马上又要迎来一年一度的抢钱"~时刻"。

【尖峰期】高峰期。

【兼差】△①兼职做某事：她年仅25岁，从事精品包买卖并~模特儿，且有不少演艺圈朋友，身旁追求者众｜刘女士是上班族，下班后变身古筝老师，除了在校园的社团指导学生，也~在婚丧喜庆等场合演出。△②兼任的工作或职务：上班族更会精打细算，近八成受访上班族表示有考虑想找~。‖也作"兼职"。大陆叫"兼职"。

【检定考试/檢定考試】△①为不具有相应的学历或资格的人所举办的考试。分高等检定和普通检定两种：他曾就读台湾大学医学院医科，并且于就读大学期间通过律师高等~｜一名不愿具名的牙医师推测，所谓第一阶段考试应指美国国家牙医~。△②为检定是否具有某种能力或能力等级所举办的考试：为了推出能与大陆的考试竞争的同等考试，台当局教育官员说，也正积极研发“华语文~”｜客语能力认证初级考试定位为“国家级”~，除命题采入闱方式，阅卷过程亦十分严谨。‖也作“检定考”。

【简讯/簡訊】①简短的消息。△②即短信：他弟弟不接电话，仅以~回“我在大陆”，不愿多谈｜随着网络时代的来临，通过电子邮件、手机~等传播威胁、侮辱性讯息被称为“网络霸凌”。

【建地】建筑用地：农地不会因为盖了农舍而变成~，农舍以外的农地仍应继续从事农业使用。

【建坪】指建筑物的实际面积：营建署表示，在居住水平方面，去年平均每宅~为43.23坪，平均每宅人数为3.35人，平均每人居住面积12.9坪。△坪，面积单位。一坪约合3.3平方米。

【建商】建筑商：协调会上，同意都更（都市更新）的住户希望王家和~各退一步，让都更案早日实施，~也提出折衷方案。

【建物】建筑物：气象部门估计昨日最大阵风达10级以上，很多大树被风拔起，~有相当破坏程度｜活动地点在大同大学“志生纪念馆”，为一座日、洋混合式~，外表古色古香，平常不对外开放。

【剑及履及/劍及履及】行动坚决迅速：一方面要大刀阔斧改革，一方面又希望人民安心，这两者间存在着推进速度的矛盾，前者必须~，后者则讲求循序渐进｜“内政部”“法务部”的行政效率突然变得奇佳，减刑条例简直是~，7月中就放出来近万人，其中有不少是吸毒犯。⇨“剑及履及”或作“剑及屦及”，为传承词。大陆今少用。

【健保】健康保险。相当于大陆的“医保”：有“立委”已提案修改“全民健康保险法”，建议在台就学满6个月的陆生，可以参加台湾~｜陈先生先前动用的维生系统都由~给付，不用自费支付昂贵的心室辅助系统。

【健检/健檢】即体检：医师仅看了~报告，没做检查就说要开刀｜昨天他赴桃园医院进行~，结果证实罹患冠心症｜大陆第一个约20人的台南观光医疗首发团，12日将抵达台南的成功大学附设医院，接受高阶~。

【捷运/捷運】“大众捷运系统”的简称。一种为缓解城市交通而建立的轨道交运系统。以地铁或轻轨组成。运行于专用轨道，不受街道交通的影响。因可提供快速便捷的服务，故称。

【解除安装/解除安裝】电脑术语。指从电脑中删除软件的操作。大陆叫“卸载”：如果您使用这些方法仍无法~谷歌浏览器，可改为手动~。

【介聘】介绍聘任：由于未来小学还要减1000多班，势必有许多老师会因减班被超额~到其他学校。

【戒护/戒護】△①警戒，保护：22日的马宋会，为预防出现混乱的场面，现场动员大批警察，层层~｜载运第四核能电厂反应炉压力容器的荷兰籍巴卡尼重件船，今日凌晨在台“海巡署”巡防艇~下从基隆港出发，于7时左右驶抵贡寮码头。△②特指对在押或已判刑的犯人进行看管。

【借镜/借鏡】借鉴：台湾产业发展已到了关键时刻，应~国际问标竿政府及国际企业策略思考方式与发展轨迹，从中掌握台湾厂商比较优势所在｜这种优闲自在的气氛，和台北的捷运、公车路网不夜城，都是吸引个人游游客的要件，值得台湾其他县市~。⇨“借镜”为传承词。大陆多用“借鉴”。

【禁足】限制活动；禁止外出或进入：原来她进行6次化疗，被医生~，刚选上“立委”，得养病请假一整个会期｜该员因身体不适才私自离开岗哨，但只是在楼梯间休息，该单位已处以~三日处分，并调整单位。

【经建/經建】经济建设：台“经建会”内部已着手研订~目标，会有经济成长率、物价上涨率和失业率三项目标｜利息支出若冲击预算结构，~费用就会被排挤。

【精华地带/精華地帶】城市中的黄金地段。也作“精华地段”：松山地区是城市早期发展的~，当时由于铁路交通方便，商圈及市集林立，这里的市场有些年纪｜饭店正好位于港区的~，正面是庙口夜市、背后则是中正公园。

【精省】精简“（台湾）省政府”：由于当局实施“~”，许多具有“台湾省”名称的机关与机构逐渐更名而减少｜受到台湾当局“~”影响，由台湾省政府主办的光复节庆祝活动逐年缩水，今年只办理庆祝大会，没有庆祝酒会及施放高空焰火。

【纠举/糾舉】对违法或失职人员的揭发举报：请立法、监察两院各自本于职权，要求有关行政官员辞职下台，或对行政缺失～弹劾｜刘女表示，她想如果轻易姑息放过色狼，难保将来还会有女性受害，因此决定挺身而出～色狼。

【纠弹】揭发违法乱纪的公务人员，并按法律程序加以追究："新潮流"几位开基祖相继被官司、～缠身，对号称"党内防腐剂"的"新潮流"而言，显得难堪｜监院昨天决议，将于明年举办"监察档案特展"，要秀出过去监院～高官大吏的机密资料。⇨"纠弹"为传承词。

【揪团/揪團】组团：台湾新竹市世博台湾馆预计9月底点灯。许多人～相约"9月一起来看现场点灯"｜来冈山看灯会，既可赏灯也可～来听音乐会，三五好友席坐草地听音乐，是最浪漫的事。

【捐输/捐輸】捐献：2008年四川发生大地震，台湾民众踊跃～，而隔年"莫拉克"台风侵袭台湾造成重大伤亡，大陆民众也慷慨解囊｜上周二她捐肾给洗肾多年的母亲，她～的肾可用15至20年。⇨"捐输"为传承词。

【倦勤】比喻官员自动辞职：宣布七人小组名单时，他就提过退休，当时没让他离开，现在他却没有表达～之意｜即使现在环境艰困，但面对外界的压力，他给人的感觉，并非外界揣测的挫折沮丧，甚至～，完全没有。⇨"倦勤"为传承词。

【眷村】安置部队官兵及其家属的居住区。

【军公教/軍公教】"军人、公务员、学校教职工"的合称：～体系被视为是国民党的庞大铁票部队，加上工作稳定且不会因外在经济波动而影响工作权，长期以来被认为是反对改革、封闭心态浓厚的独特群体｜台湾～待遇稳定，退休后终身可领八九成薪，工农阶层难以望其项背。

K

【卡司】演员表，也指演员阵容。英语cast的音译。也作"卡斯"：她看到自己女儿的名字列入～，可开心了｜这部电影的主角都由大牌明星担纲，真是大～，大制作。

【开发中国家/開發中國家】即发展中国家。

【开跑/開跑】开始；开始启动：南投县仁爱乡清境火把节~，昨天登场的是象征丰收的长街宴｜文化局下午在纪州庵文学森林举办“2012 台北诗歌节”~记者会。今年活动主题为“诗，无障碍”。

【凯子/凱子】指花冤枉钱的人；戏称有钱而出手大方的男子：群众手持抗议标语，还演出行动剧，质疑美国对台军售在经济上把台湾当作提款机，甚至视为~和傻子。

【客制化】按客户需求进行生产或提供服务的经营模式：三民书局近年来强调“~”，从消费者角度思考，提供其他书店没有的服务和浏览体验。

【空窗期】△①潜伏期：因艾滋病有 3 至 6 个月~，还需追踪观察。△②新举措、新阶段开始前的空缺时期；特指感情的空白阶段：文化艺术交流需要平台，签署协议是大势所趋。但在此前的“~”，也不能错失良机｜聊到感情生活，他坦言自己目前处于~，但很向往婚姻生活，也很爱小孩子。

【跨刀】从旁辅助别人；助阵：他的感情生活始终交白卷，替其他艺人~的这首歌，给人感觉似乎是在缅怀旧爱｜他在法界、学界拥有好名声，在司法弊案丛生之际，~担任当局推动司改的救火队｜这部微电影首日浏览率破 300 万，他归功于友情~的朋友们。

【快锅/快鍋】高压锅：多用~或焖烧锅煮食，既省燃料又省时间，更保存营养。

【宽频/寬頻】即宽带。

L

【老神在在】闽形容极有把握，神态显得非常轻松：看他~的样子，就知道事情已经十拿九稳｜特侦组人手明明不足，“监察院”为此提出纠正，他仍~，放着所有检调机关的充裕兵源不用，自称足堪应付。

【乐捐/樂捐】自动捐助：这次水灾，各地~金额已达三千万元｜为帮助台东学童募集学习及早餐经费，台东广原小学合唱团前往台北市参与慈善音乐会，生动的表演吸引观众纷纷慷慨解囊~。

【勒戒】勒令戒除：张男沉迷赌博电玩及染有吸毒恶习，观察~后仍无法戒除毒瘾，因此到眷村闯空门行窃，将赃物变现换取毒品｜每年台军约有四十名官兵因吸毒被判刑，一百多人被观察~。

【雷射】激光。英语 laser 的音译。也作“镭射”：突然幕一升，舞台正中央射出~光圈，在全场惊呼下，她缓缓走向台中央。

【冷媒】指氟利昂一类的制冷剂。

【冷气机/冷氣機】空气调节器。也叫“冷气”“空调”。大陆叫“空调”：夏季长时间处于~抽湿下，头发的水分会被逐渐抽干，使头发变得干燥、易脆｜汽车内大都密闭不通风，空气混浊，~本身还会散发出一些有害气体。

【离峰/離峰】比喻事物运行过程中低迷或低落的阶段。与“尖峰”相对。大陆叫“低谷”：若游客挑选相对~时间出游，机票价格可能优惠许多｜高铁 1 月推出大专院校学生项目，购买“指定~车次”标准车厢对号座可享五折或七折优惠。

【理则/理則】道理原则：讲清~，有所遵循｜政治是在一定的体制下，管理众人的~，因有与时俱进、不断成长的特性。

【理则学/理則學】逻辑学：初遇~，原本以为它是一门艰涩无趣的学问，直到上了老师的课，发觉并不是这样。⇨大陆在上世纪四十年代前也用“理则学”一词，如贺麟著有《黑格尔理则学简述》（1948 年单行本出版）。大陆今已不用。

【例假日】法定假日和每周的星期六、星期日。一般指每周的星期六和星期日：2011 年台湾办公日历表出炉。~及纪念节日总数 115 天，史上最高｜他因艺人身份多次配合局内活动宣传，周六周日~仍出勤，因此特批给予荣誉假｜因风景优美，吸引许多铁马族到花莲活动，每逢~都可看到大批铁马族在自行车道上驰骋。

【良窳】好坏：台湾总体经济的好坏，更牵动失业率的高低及庶民生活条件的~｜文章表示，警察形象好不好，关键在风纪~，与名称实在无关。⇨“良窳”为传承词。大陆今罕用。

【列管】因公共安全或相关法律需要，将特定人物、货品列入查考、管制范围：台教育事务主管部门表示，会研议将性骚扰情节严重案件纳入不适任教师数据库~｜警方调查，两人都有诈欺前科，被警方列为治安顾虑~人口｜云林检方指出，氰化钾是~毒物，市面无法取得，这次查获多达一吨多的氰化钾，数量吓人。

【列印】打印。将计算机中的文字、图像等印到纸张、胶片上：信中全是英文，由计算机~，内容全是针对他的恐吓字句｜受理选手认证的柜台有近20台计算机，为参赛选手比对证件及核发证件，如果没有多带备份照片者也随即拍摄~。

【列印机/列印機】打印机。

【临工/臨工】临时工：这名外劳来台逃逸期间，四处打~为生。

【零组件/零組件】即零部件：一家生产电梯~的工厂传出火警｜目前供应不足的并不是所有手机芯片，也不是所有~都有缺货的问题。

【漏气/漏氣】①气体外泄：自行车的轮胎~了。△②表现不好，令人失望：无论是公部门还是私部门，都应该全力做好相关的配套措施，不要让马祖乡亲失望，也别让台湾~。我们不是很在意到澎湖观光的人数，但品质一定要做出来，澎湖才不会~｜不幸的是，19枚导弹中有6枚脱靶。近年来的“最大军演”变成了“最~军演”。

【陆客】指到台湾的大陆人。也作“大陆客”：吸引陆生到台可以因应台湾私校招生不足问题，吸引~到台可以以台湾的软实力，扩大两岸交流｜大陆游客赴台旅游热度不减，今年10月冲破200万人次，~占赴台旅次35%。⇨《重编国语辞典》“大陆客”释为：“俗称私渡来台的大陆同胞”。

【录影/錄影】△①即录像：店里有监视器，~画面都保存，之后也可调阅，已尽力做到保护客人的安全｜商场的柜台角落会挂上“~中，请微笑”的标语，而不是“严禁偷窃，违者重罚”的标语。△②录制：华视电视台《亚洲天团争霸战》，从一开播收视就十分惨淡，昨日是本季最后一次~，节目可能就此收摊｜昨在《康熙来了》~后台，与她谈及亲子间互动，她立马收起搞笑神情。

【录影机/錄影機】录像机。也叫“录影器”。

【履勘】亲自实地勘查或测量：警方会同消防局人员到现场~，发现起火点是官邸正房右侧的回廊｜他曾是“湄公河探源考察探险队”的成员之一，他~了湄公河上游澜沧江的雪域源头，用文字报道了所见所闻与所思，更用镜头生动地记录下山川之壮丽。⇨“履勘”为传承词。

【绿营/綠營】特指民进党人和亲近民进党的人士：媒体方面，除少数~媒体恶意中伤外，主流舆论对两岸签订货币清算协议均表示高度肯定。

【罗生门/羅生門】真假难辨，真相不明的情况：卫生署昨天果决对台大和成大医院祭出首张罚单，以暂时安抚受害病患、家属和社会不满情绪。艾滋病器官移植感染事件到底是协调师、检验师，还是医师的错？现在已成了~。

【落翅仔】闽指离家出走，以出卖色相为生的少女。落翅，闽南方言，指飞鸟因翅膀受伤而坠落下来：家暴让这个无知少女离家出走，沦落作~｜她坦白承认，自己就是掀起两路人马大火拚的女主角，即之前报纸所登的“~”。

M

【麻糬】一种用糯米粉包馅制成的小点心，也叫“糍粑”“草饼”。源自中国大陆南方地区：新北的良柚柿饼、台南的得意虾饼、屏东的东港东西，花莲的曾记~，金门的马家面线等等，都是台湾知名的伴手礼品牌。

【马杀鸡/馬殺雞】按摩。英语 massage 的音译：为了博得师姊的欢心，除了献上的补品之外，还替她搥背，~｜无论在宿雾岛还是在薄荷岛的沙滩，到处都有穿着工作服的菲律宾女人向游客兜售~。

【盲胞】失去视力的人。大陆叫“盲人”：保健按摩是~为社会服务的传统领域。

【没营养】说话或做事没根据、没意义：难道我们只能在媒体上聊~的八卦，一聊到与我们权益相关的话题就要被扣帽子？｜家长们也不觉得这是部幼稚、~的单纯喜剧片，而是更愿意陪孩子一同观影，享受亲子时光。

【密医/密醫】无合法执照的医疗人员：切勿乱投~，以免花钱又伤身｜警方也调查出该护肤坊非立案诊所，施术者无执照，根本是个～｜她也相当自责，认为没有及早发现，否则不可能让妹妹听信～的话，延误就医。

【民代】民意代表：他对自己担任～期间的作为问心无愧｜台北故宫院长冯明珠送给～的礼盒，是市价逾新台币2000元的日本进口高级无籽大葡萄｜2012年台湾选举，国民党共获64～席次，今天中午进行的假投票共58人到场。⇨民代是台湾地区“民意代表”的简称，各级民代的任期为4年，但没有届期的限制。

【明牌】△①本为赌博时向神明求签得到的能中奖的号码，后指猜测的可能中奖的号码：台北市六张犁地区一处山洞，月前被传出有神迹报～，因此成为最新的乐透彩求～圣地，有时出现人挤人的现象，非常热闹｜该诈骗集团通过网络聊天室以“乱枪打鸟”方式搭上被害人，之后谎称是香港六合彩公司员工，手上握有～，诱骗被害人汇款｜还有网民说，今晚大乐透的～就是土城看守所的一个编号。△②借指预测可能拉升的股票。这种“预测”也可能来源于内幕消息。

【没入】执法机关没收个人或集团的非法所得或所查获的违禁物品：他曾因收受未成年人捐款，被～20万元｜对酒驾累犯，现已行文交通部门，建议将“汽车～”规定纳入修法｜进口商违反相关规定，可处6万元（新台币）以上600万元以下罚锾，且违规产品应予～销毁。⇨“没入”为传承词。

N

【男生】①男学生。△②指年轻男子：这个餐厅的服务员多为～｜对于大陆男性的优点，其中评价最多的是“有教养有能力，而且男女平等，～回家也会做家事带小孩”｜台当局环保部门负责人沈世宏26日发起“～坐马桶上小号”运动，表示这可让厕所保持干净，他已养成这个习惯，环保部门也会加强倡导。此义大陆也用，但不够普遍。

【女生】①女学生：他们班的～爱跳舞。△②指年轻的女子：食物中的胶原蛋白是～皮肤的美容圣品｜在大陆美发师好像都是男生，三两下就结束，并不会跟你聊天。洗头就不同了，好像全是~，每次洗头她们都会洗得很彻底，也花上很多时间帮你按摩，偶尔也聊一两句。此义大陆较少用。

O

【欧巴桑/歐巴桑】对中老年妇女的称呼。日语音译。也作“阿巴桑”：43岁的家庭主妇水谷雅子被称为童颜不老的~。

【欧吉桑/歐吉桑】对中老年男子的称呼。日语音译。也作“阿吉桑”：一位留着苍白胡须的~慢慢走过来。

P

【贫户/貧户】生活贫困的人家。大陆叫“贫困户”：边缘~｜对~与中低收入户提供免费午餐，当然有其必要性｜出身~的台南县眼镜行业者吴先生，因日前对经济困难的母女到店里配镜时付不出镜片费，发愿帮助弱势儿童免费配镜。

【品管】“品质管制”的简称：今年“农委会”编列800万元推广、强化台湾牛的安全~｜要杜绝黑心食品，除了希望商人“流有道德的血液”外，要让商人绝对不能存有侥幸的心态，除了制程与~检验的严格把关外，也必须要有严厉的法律处罚作后盾。

【品质管制/品質管制】为使产品质量保持一定水平而进行的管理工作。简称“品管”：台湾卫生主管部门计划建立中药材管理机制，如建立“中药境外认证暨境内~中心”，对中药材进行源头管理｜经世界动物卫生组织认定为牛海绵状脑病风险已控制地区的牛肉及其制品，申请输入时应检附输出国核发的~系统证明书及相关卫生证明文件。

【平快车/平快車】即普通旅客快车。大陆叫“普快”：台北市为纾解各平交道路段交通瓶颈，将铁路予以地下化。车种分普通车、~、电车、复兴号、莒光号及自强号，搭车地点可在万华站、台北站及松山站。

【平易近人】①态度亲切和蔼，容易接近：张先生是一位~的长者。②（文章、言谈等）内容浅白，易于被人接受：这本小书文笔~，广受好评。△③（商品）物美价廉，受顾客欢迎：安吉丝洗面乳清新高雅，每瓶仅售 99 元，十分~｜今年台大的健康年菜全部选用当季盛产的新鲜食材，光是种类就超过 40 种，但价格却很~，满满的一整桌，食材费只花了 2500 元新台币。

Q

【启聪/啟聰】对听力有障碍的人进行特殊教育：~班｜~学校。

【启聪学校/啟聰學校】为听力有障碍的人提供特殊教育的学校。大陆叫“聋哑学校”。

【启明学校/啟明學校】为视力有障碍的人提供特殊教育的学校：二十二岁那年，他正在台北~就读，一心一意想考大学，然而天不从人愿，校方规定在晚上九点半熄灯，对于原本就弱视的他真是一大考验。

【起站】始发站：机场捷运的~是在双子星大楼。

【牵罟/牽罟】闽拉网捕鱼。罟，渔网：沙滩节活动包括：美少女选拔与摄影、沙雕比赛、~、大目船摇橹、花火秀、美食品尝等。⇨牵罟是台湾一种古老的捕鱼方式。操作方法是利用鱼群密集靠岸的习性，以小船将渔网放置海中，两端固定在岸边，围住鱼群后，由岸上的人协力拉网上岸。在渔业没落后，牵罟被转化成当地特有的民俗活动。

【强强滚】闽热闹；声势大：纽约选前周末~，华裔候选人全力冲刺｜短期临时工甄选公开抽签，上午 9 时在体育馆举行，现场~。

【呛声/嗆聲】闽以激烈的言词表示不满或抗议；相互以激烈的言词刺激对方：若是对审判过程有异议，应该是向司法部门来抗议，而不是向行政部门~｜张姓小货车驾驶不满被后方大巴士超车按喇叭，愤而超车后急停，又向大巴士驾驶~｜促进会也动员了超过 600 人，隔着警方筑成的楚河汉界，双方互相叫嚣~。

【翘家/翹家】孩子瞒着父母离家出走。也作“跷家”：他在暴力家庭长大，中学就开始~、逃学，之后因偷窃被捕，强制保护管束。

【翘课/翹課】逃学；逃课。也作“跷课”：当年三人一起～、打撞球和把妹，也共同勇闯演艺圈。

【切结/切結】当事人用书面形式对有关事项作出承诺和保证：有的夫妻结婚，太太要先生～不会家暴｜有关部门要求这五家业者在一年内必须每三个月申报一次做～。

【切结书/切結書】保证书：工程保固～｜签订～。

【窃盗/竊盜】即“盗窃”：～险（为防被盗遭受损失而投的保险）｜～集团｜法院审理认为张某犯下～、强盗案件，侵害他人生命财产安全，因此依累犯判刑七年。

【窃嫌/竊嫌】盗窃嫌疑人：在警方调查下，～终于俯首认罪｜便当店老板说，店内收款机被窃 4 天，警方未抓到～，实在有点没效率。

【亲职教育/親職教育】为强化家长职责所实施的教育，教育内容多为有关儿童、青少年生理和心理的知识，父母关心教育子女的方法和艺术等：台湾儿盟也表示，缺乏～知识常是虐童主要原因，家长可能因情绪失控而伤害孩子。

【轻纵/輕縱】轻视纵容；从轻处置：不能因为他身份如何如何，就枉法～｜特侦组认为两人洗钱金额庞大，严重妨害正义，更一审却只量处法定最高刑度的七分之一，已属～。⇨“轻纵”为传承词。

【情治】情报和治安：～单位｜～人员｜～工作｜他们呼吁岛内的安全部门、～单位加强保护候选人及其他从事选举活动者的安全，也希望所有关心选举输赢者要自我节制，希望选举平安落幕。

【求偿/求償】要求赔偿或补偿，是一种法律行为：丈夫死于车祸，她向肇事司机～｜由于是受政府要求全面变更工程设计，属不可抗力因素，公司财务及法务单位都主张应向政府～。

【区隔/區隔】分清界限，区别开来；区别；差别：“法务部”尊重“卫生署”的决定，但也建议修法时要有专章、专法，并与民法～｜大陆市场看起来很大，但将其市场～来看，又似未必｜台塑方面，纸媒是透过集团投资，电视则是由个人投资，也有～。

【缺缺】缺少；一点没有：擅长跳现代舞的他还有“舞林高手”

封号，但他对演艺圈兴趣～｜华裔对公共服务领域兴致～，主要是不了解这个领域的范畴，以及对它产生负面印象｜字外功夫诗内得。这也是书家智能结构中不可～的重要组成部分。

R

【人工智慧】即人工智能：此人学术研究专长为因特网应用、知识管理及～，研究成果及发明专利相当卓著。

【日据时代/日據時代】指1895年至1945年台湾被日本非法侵占的时期。早在～，考古学者就对八仙洞遗址充满兴趣。

【日新又新】每天都有新面貌，形容发展、变化很快：高铁乃时代宠儿，亦系交通枢纽，攸关全民生活福祉，不但服务质量会～，而且营运业绩要蒸蒸日上｜林先生欣然提笔写下了一句话："两岸文化传承，～永远传承"，表达了他对两岸文化传承的美好期盼。

【入闱/入闈】①科举时代应考的或监考的进入考场：士子～｜秋后～。△②机关或学校举办重要考试之前，考务工作人员及印制试题的工作人员进入考场工作：考务人员～｜由于基测考试中午结束，～的闱场人员也在上午11时30分出闱。⇨"入闱"为传承词。大陆今少用。

【软体/軟體】△①计算机系统的一个组成部分，是计算机运行所需的各种程序、数据和文档的统称。△②指教学、科研、经营等方面的人员素质、管理水平、服务质量等非设备性因素：至今两岸的交流也不再局限于协助硬体的建设，而是进一步协助～的建设。‖与"硬体"相对。大陆叫"软件"。

【软土深掘/軟土深掘】闽比喻双方相处，一方越软弱可欺，就越容易受到对方欺负：你不要这样～，欺人太甚｜现实世界中的好好先生，固然容易相处，很可能遭到"～"的命运｜我们不断委曲求全，以大笔金援交换涉外承认及国际组织中的代言。对方既然知道台湾硬不起来，有时就会～……

【芮氏】即里氏。

S

【三八】△①（女子）不遵礼仪，举止轻浮，语言粗俗：~婆|她这人真~，讨厌死人。△②指不遵礼仪，举止轻浮，语言粗俗的女人：臭~|谁拿她这个小~也没办法。

【扫街/掃街】△①沿街串巷（拜访、宣传）：台北市市长傍晚也将主持开卖仪式，并~拜访店家|为新戏宣传，剧中男女主角起了个大早，乘坐吉普车沿途~，并到传统市场与婆婆妈妈们“送葱搏感情”。△②义同“扫街拜票”：经由连日来密集~动员，选民投票意愿低落的情况已逐渐改善|绿营新竹县造势，蓝绿之间多次上演~冲突事件。

【扫街拜票/掃街拜票】指参选人到社区街道或市场等处拜访选民、争取选票的行动。也简称“扫街”：中国国民党高层选前密集到新竹县各乡镇~|由于岛内选举盛行~之风，除了常用防弹车以外，安全部门还要为候选人特别添购防弹扫街车。

【沙西米】生鱼片。日语音译。也叫“撒西米”：两人并肩坐着，共享~、手卷和寿司。

【烧录/燒錄】采用激光技术在光盘上记录文字、音像等数据资料。大陆叫“刻录”：产品包含光盘片、蓝光片等各种~商品。语料~在控制芯片上，进行互动|将她在台这几天的行程~成光盘，留作她对台永远的回忆。

【烧录机/燒錄機】录制影音光盘、数据光盘的专用设备。也叫“烧录器”。大陆叫“刻录机”：除了家电市场外，盛群也切入~、监视器及笔记型电脑等市场。

【摄护腺/攝護腺】即前列腺。大陆叫“前列腺”：诊断还发现，他的~出现了一个1厘米大的肿瘤，目前未知良性或恶性。

【摄影机】即摄像机：当俊俏和艳光四射的巨星们一一出现，立即拿起手中的~、手机拍个不停，场边惊呼声四起，为颁奖典礼掀起热闹的气氛|家长觉得女童身上有伤痕，偷偷装了微型~，才录下这段可怕的虐童过程。

【升等】提升等级。也叫“升级”。大陆叫“升级”：为吸引游客，西泽将推出“幸福 1+1”促销，新台币 3999 元加一成住景观客房两夜，提前预订还享客房~｜从“开发中国家”迈向“已开发国家”就是“国家~”。

【升等考试/升等考試】指公务人员为晋升职务等级而进行的考试。也叫“升级考试”。大陆叫“升级考试”：正式职员中另有 661 人，虽然曾通过金融保险事业机构雇员~，但仍未具公务人员任用资格，因此，不能直接改任公务员。

【失格】丧失资格、人格；背离公认的准则：危机处理严重~，已立案展开调查｜定向越野接力赛中华队~，无缘得牌｜一位在道德上~的前元首，竟仍能如此悠然，则社会黑白与是非标准必被破坏殆尽｜在（台湾的）网络上，他也被批为最~的“体委会主委”。还有网友指出：“失败就被这样批评，谁还想上场？”⇨《重编国语辞典》释“失格”：指播放卡顿的现象。

【失联/失聯】失去联系：这支登山队伍中还有一名队员在白石池附近山区~，消防局已组成 8 人搜救队伍，于下午搭乘直升机入山执行搜救任务｜中国国民党多次向~党员招手，2011 年还在党部大楼挂出“欢迎回家”的大幅标语｜大鹏航空这架飞机是 8 月 30 日上午在执行空拍任务时发生~。

【十八趴】即百分之十八。趴，英语 percent（百分比）的音译。指台湾施行的公务人员退休金优惠存款利率。

【始业式/始業式】开学典礼：大学陆续开学，最近 H1N1 新流感肆虐，各校无不加强防范，南台科大配合防疫措施，将三天的新生~精减为一天。

【世代】①许多年代或好几辈子：~相传｜~友好。△②用法同“时代”。指历史上以政治、经济、文化等状况为依据而划分的某个时期。也有“一代”的意思：肯尼迪家族深深影响美国政坛一个~｜她是“野百合学运~”出来的知识分子，但她没走入政坛，而在毕业后选择一条辛苦的路，而且一路走了 18 年｜76 岁的欧斯特鲁姆说，她获知得奖时非常震惊，但也期望今年的结果能带给新~的女学生和研究人员一些鼓舞。

【市公所】县辖市的行政机构，也指该级政府部门办公的地方。

【适任/適任】适合担任；胜任：董事长撤换了一些不~的中层主管｜现任检察总长到底适不~，“监察院”的动作已成为重要指标。

【手排】手动挡。与“自排”相对：她从一个不谙厨艺、不会开车的瘦弱女子，练就了一身本领，不仅学会开~的小发财车，还研发出多种火锅汤头。

【数位相机/數位相機】即数码相机：天瀚科技以生产~起家｜台商为日本~厂逆境求生少不了的伙伴。

【送做堆】闽本指童养媳圆房，即童养媳和未婚夫开始过夫妻生活。现指男女双方或双方结合在一起；使结合在一起。“暗通款曲”地~后，议员们还是赞他俩脾气、个性都好，真是天作之合｜甚至可以说是因情势使然，两者除了对方，已经找不到其他合作对象，只好勉强~｜这套升格的设计最重要的特色在“由下而上”，就是县市本身要有共识，不是“中央”下指导棋、~、乱点鸳鸯谱｜台湾军方像旅行社揽客并团一样把“立委”与军方团~，一起出岛考察。

【素人】指未受过某方面专门教育和训练的人；平常人：~演员｜~画家｜三读通过公平交易法修正案，不管是名人或~，只要证明荐证人和广告主有对价关系，都要负连带赔偿责任，最高罚报酬的10倍｜擅长挖掘~新星的两位导演不约而同地表示，要让~演得好，就要让他“演自己”。⇨《重编国语辞典》收有“素人画家”。

【速配】①快速搭配。多用于男女结合：随着各档电视~节目的盛行、媒体大张旗鼓的渲染，“爱情~”在最短的时间内飙升为一种时尚，“闪婚”也就应运而生。△②闽合适；适宜；般配：陈小姐和一名白衣帅哥一起来店里用餐，老板直夸两个人真的很~｜该校已有逾100名毕业生成功获~职位，正式上班。

T

【太空船】宇宙飞船：中国神舟八号~日前与天宫一号飞行器成功对接，透过电视台全程转播。

【太空梭】航天飞机：日本今天凌晨发射第一艘货运太空船，将飞往国际太空站，希望在明年美国的~退役后，分担太空运输工作。

【讨海/討海】闽向大海讨生活；靠海为生：在今天的台湾，年轻人再不愿驾船～，优裕的生活早已经松软了他们的筋骨｜“妈祖巡香”日，上万人用盛大踩街游行表达对大海的敬仰，祈求妈祖庇护，新的一年～平安顺利。

【讨海人/討海人】闽靠海为生的人：她家住在澎湖，祖父母和父母都是～｜宗教信仰是～生活中不可或缺的一部分，东港的渔民也是如此。除了鱼多，东港庙也多，有60多座。

【踢到铁板/踢到鐵板】比喻遇到障碍或麻烦：他们在初赛中一路过关斩将，却在决赛中～｜你批评人家要有证据，有些其他县市的批评人没有证据就～，反而受到很大的伤害。

【天妇罗/天婦羅】一种用鱼、虾、蔬菜等裹上面糊后油炸而成的日式食品。也叫“甜不辣”。葡萄牙语的音译：“虱目鱼大餐”由4家知名海鲜餐厅推出，鱼腹～是其中的一道料理｜他在天津的研习课题是《～粉中不同比例色素对口味的影响》。

【跳机/跳機】△①指到海外的旅游团成员脱队滞留，乘机私渡：旅行社管理也有重大变革，承办旅行社一次必须缴交二百万元保证金，若有人脱团～，一人没收二十万元，以旅行社来约制游客管理｜所谓的大陆游客～问题并不如岛内媒体渲染得那样严重，更扯不上什么“危害台湾安全”。△②发电设备等因故障暂时停止运转：台湾南部地区发生大地震，南部火力电厂1号与3号机组因地震～，但不影响供电。

【跳票】本指支票无法兑现，比喻未能实现先前的承诺；计划未能实现：饲养每百公斤猪只成本要6500元（新台币），目前已跌到4800至5200元间，猪农血本无归，有人支票已陆续～，除拟串连猪农向不实爆料猪肉制品含瘦肉精的“立委”索赔，当局更应负赔偿责任｜林女以人头“芭乐票”（空头支票）向光华商场厂商购买近300只手机，另方面向艺人收现金大作无本生意，厂商直到～才知受骗也出面提告。跳票原本为金融用语，指支票账户内没有钱或钱数不足，银行无法兑现支票，便把此支票寄还给支票持有人的行为。

【贴心/貼心】①最亲近的；最知己的：～话｜～人｜让村民感

到~。△②热心真诚的；周到的：现在走访菱角之乡，不难见到正在采收菱角田和菱角摊的景象。这儿的菱农很~，不仅提供煮熟的菱角，还有剥壳服务｜为让各位贵宾能更便捷抵达研讨会场地，本系于10月15日~备有接泊专车｜礼堂、教室、食堂等地都可见无障碍步道和盲道，专为残障人士考虑的~设计。

【铁板/鐵板】比喻障碍或难以解决的麻烦事：获新闻奖的联合报言论部总主笔表示，今年获奖别具意义，他撰写的两岸评论获对岸回响，表示两岸交流未必是~，新闻工作者也有开启对话的可能｜天台股盘再度呈现“上有锅盖、下有~”，上档7800点明显为压力区。

【铁齿/鐵齒】△①形容固执，嘴硬，不服输：如果以“~”形容他，应该再适合也不过了！他的~性格，总是要“踢到~”后，才会依照幕僚的建议“乖乖进行”｜对于他晚年体察时势、勇于改革开放的意志力，恐怕即便再~的人都要给予相当肯定｜他中风已有3年，一直个性~，倒下后咬牙勤做复健，避见任何人。△②一口咬定；说死：说话无厘头的她显然搞不清楚这句话可能得罪很多拍内衣广告的女星，但她也不敢~永远不拍内衣广告，还是留了伏笔：“搞不好哪天想通了，我就会拍。”‖来自闽南语。

【铁票/鐵票】指选举中肯定会得到的选票：~区｜退休军公教向来是蓝营的~。

【通膨】即通胀：去年第三季底雷曼事件爆发后，全球股市一路狂泄，灾难程度远比一般预期的还严重；~疑虑也被经济衰退问题给取代｜过去消费者平均七八年换一辆车，但或许受到高油价与~影响，景气不好，换车时程延后，甚至不换车。

【通学/通學】即走读：交通局、教育局等单位会努力改善相关问题，以塑造安全的~环境｜他~一年，身心疲惫，所以决定住校。

【通学生/通學生】即走读生。也叫“通勤生”。

【头路/頭路】[闽]工作；职业：裁员潮一波又一波，许多人没~｜景气差~难找，不少大学积极负起社会责任，提供免费进修课程，协助放无薪假的上班族、失业者，在这一波景气寒冬中充电加值，重新再出发｜“让企业找到好出路、大学生找到好~”，才是标本兼治之道。

【透过/透過】①穿过；穿透。△②介词。通过：县市合并可以~“由下而上”或是“由上而下”的方式处理｜他上任4年多来不断改善两岸关系，~制度化协商签订18项协议，持续推动两岸和平发展｜观光局和业者近几年来积极参加当地旅展，并~媒体邀访极力推广宣传。

【土石流】即泥石流：莫拉克台风横扫南台湾，灾情惨重，~淹没家园，带来大量污泥｜当时，~从山上朝东南方向冲击，他只听到邻居喊叫，要他赶紧逃命，~就掩埋了他的家。

【吐槽】△①针对某人的言论或某现象予以反驳、批评：他主张有关方面应“共同承担责任”，立刻被人当场~：“办不到。”△②将别人的私密或不便告人的事公开出来，是一种看似攻击嘲讽对方实乃充满友善的玩笑戏谑行为：他们三人日前合组“三大难高音”，四处开唱跑通告，舞台上互相~挖苦对方，始终不减好交情。△③吐露、表白：最近很多朋友聚会的场合，大家都在相互~。对于这一波“无感经济”，大家只能暗自问天“何时是头啊”。‖来自闽南语。大陆今也多见使用。

【推估】推测；估计：若按照去年标准，明道高中~有4人可录取台大医学系，11人达医科标准｜台湾“经建会”~，台湾的老化速度将自10年后开始“起飞”，未来40年内，岛内老化指数将成长5.71倍，老化速度也是全球第一。

【推派】推举选派：地方也~生态工程专家就文建会的说法提出反驳｜“美国高中生数学竞赛”甫于近日结束，今年台湾暂停派出代表队参赛，也是11年来首度未~代表队赴美｜他现在与顶新集团所~的董事一起主持这一项目。

【推甄】推荐并审查甄选。是一种招收录取学生或其他人才的方式：南女中有28人次上榜~名单，其中1人上医科，考上牙医系｜未来第二外语可列入各大学~招生或大学指考的一个选项｜国土建设特别贡献奖和年度建筑人物奖接受~中。⇨除联考外，台湾还通过“推甄”的方式录取少量学业成绩优异或具有特殊才能的学生（包括本科生和研究生）。大体情况跟大陆的“保送”相似。除推荐甄选学生外，“推甄”也可用于选拔其他人才。

W

【瓦斯炉/瓦斯爐】即煤气灶：从~到微波炉，烹调的时间越来越短，并且全无油烟。

【歪哥】△①指行为不正当；不按规矩办事：民众若觉得政府~，对政府不会有信心；政府一定要正派干净，人民才会有信心｜如果政府~乱来，政府不会得到人民信任。△②特指以不正当的手段求取钱财；贪污：大家看到某些官员的贪腐，就要引以为戒，自己不能有~的行为。‖来自闽南语。

【外汇存底/外匯存底】外汇储备：以美元为基准的~机制已失败，美元不该继续独霸，在（国际货币基金组织）的投票权也该重新分配，给其他货币国家更多机会。

【网际网路/網際網路】即互联网：积极建构网路校园，运用资讯科技与~，进行与岛内大学之远距课程交流、岛外大学之线上合作计划，亦邀请国际知名大师开授远距课程与演讲，开拓多元化的学习环境。⇨大陆说的“互联网”和“因特网”，台湾统称“网际网路”。

【网咖/網咖】即网吧：他利用课余时间到~练习电脑操作，比别人多花 3 倍的时间在赶进度，最后甚至超越程度好的同学｜经济部 2009 年全国合法登记的~有 1812 家，大部分业者都符合禁烟法令，只有少数业者有问题。

【网路/網路】①由许多互相交错的分支组成的网状系统：交通~｜经济~。②特指计算机网络：~技术｜~安全｜~电话｜~银行。‖大陆叫“网络”。

【网路银行】网上银行：安泰银行~的外汇交易系统前天上午出状况，在短短四分钟内已被人用 25 万元新台币结汇 25 万美元。

【围炉/圍爐】指大年夜一家人围坐在有火锅的圆桌旁聚餐，欢度节日：除夕夜是全家人团圆“~”吃年夜饭的时间，而元宵则是最大户外狂欢活动｜除夕夜在团圆~的欢庆气氛里，人们对受到大环境牵动和影响的岛内经济动态，自亦难免寄以关切。⇨围炉是闽台文化的传统习俗。围炉的寓意是团团圆圆。席上的菜品也都含有安和吉祥等寓意。

【闹场/闈場】供考务人员命题、印制试卷的专用场所。闱场内有严密的保密治安措施，严禁无关人员进入，隔绝内部人员与外界的一切联系：考期日近，试政、试务均已依时程完成作业，~工作人员亦早已入闱作业。

【尾牙】每年农历十二月十六日的祭拜、聚会等节庆活动：南元农场内的常绿餐厅可容纳 80 桌，适合大型宴会如婚礼宴客、公司团体聚餐、~员工聚餐等｜由于农历年和~购物旺季即将来临，苹果新品对公司业绩将大有挹注。

【未定之天】前景还不明确，尚未确定：这种转型方式虽然冲击较小，但过程漫长且充满痛苦，而且这种转型方式最终能否成功，也在~｜现今学校对学生的评量标准，只注重学科考试，体育只聊备一格，12 年教育能否改变现况，还是~。

【未开发国家/未開發國家】即发展中国家：澳洲总理陆克文认为，已开发国家及~必须针对这项议题做出重大妥协｜在巴基斯坦、斯里兰卡等低所得或~，甚至出现粮食缺乏的情形，恐爆发粮食危机。

【文康】文娱康乐：~设施｜老人~中心｜身兼料理家务者及家长的职业女性，难有时间去进修或参与~活动｜京剧曾是 20 世纪数十年间台湾流行的大众娱乐之一，随军来台湾的将士的~活动亦以京剧为主，军中剧团应运而生。

【文宣】用文字做宣传。也指宣传材料：公布民意调查，鼓吹民众上街抗议，再度使用惯用手法，把民调当做~与政治操作工具，令人遗憾｜各候选人把握最后机会，前往各地主要投开票所拉票，助选员和候选人现场发放~并握手｜博爱座为数不多，捷运公司于是在车厢内张贴~，号召乘客让座给有需要的人士，“让博爱座充满车厢的每一个角落”。

【乌龙/烏龍】荒唐的、错得离谱的：今年上半年台湾错误举发的~罚单就有 3018 件，接近去年全年度件数｜立法机构负责人为弥补日前寄错喜帖的~事件（指给结婚的人错送挽联的事件），亲送一对金戒指，祝福新婚快乐。⇨“乌龙”是英语 own goal（把球踢进自己的球门，对方得分）的粤语音译。在粤语里“乌龙”也有“搞错、糊里糊涂”等意思。《现代汉语词典》第6版收录，标记为方言词。

【屋奴】抵押货款的购房者，因承受还款压力，经济上失去自由，感觉好像是住房的奴隶，故称。大陆叫“房奴”。

【无感/無感】没有感觉；无积极反应：所谓“民众对政府施政~”，大概是指政府的施政满意度偏低，民众感受不到政府拼经济的作为｜台湾似乎已经完全放弃和大陆的军备竞争，对大陆航母的突破性进展，无论是军方或是安全系统的反应都近乎~｜一成不变的包装看久了自然就变得~了，一些品牌为了吸引更多的年轻消费者，推出的限量版通常爱走可爱路线。

【无感复苏/無感復蘇】好转的经济形势没有使民众感到生活有了相应的改善：去年虽然创下两位数的经济成长率，却是“~”，一般受薪阶级无缘分享经济繁荣的果实，因为，财富都跑到大老板的口袋里了。

【无壳蜗牛/無殼蝸牛】比喻没有自家住房的人：为协助~，已协调建筑公会建立房地产“先租后买”机制，针对新婚与首次购屋族群，提供一至二年的体验期。⇨上世纪80年代，房价的年年高涨激起台湾社会广大民众的强烈不满。1989年8月26日台北市发起“~运动”，上万人夜宿台北市的精华地段忠孝东路，表示抗议。

X

【矽谷】硅谷：在~投资多年，他深知~最先进的技术通常都不在大公司，而在新创小公司内。

【下修】即下调："财政部”主计总处去年8月预估经济成长率为4.58%，现在~到1.13%，预算编列高，造成短征｜“交通部”日前正在研究修法，对酒驾进行重罚，同时将最低酒测值从每公升0.25毫克~为0.15毫克。

【现地/現地】现场；现在的所在地：经~鉴定，这辆战车的炮管已经切割过，现在所见应是后人再装上去的假炮管｜审查会将以“~勘查”为主要方向。另外，引进熊猫对台湾保育环境是否有所帮助，也会是审查的重点。

【献金/獻金】△①捐款（给某人或某单位）：天天闹选举，台商回去常当"冤大头"，不断被人要求为选战~。△②赠送的钱款：表面看来，当权者经营政商关系似乎是无可避免，收取~似乎也是民选公职人员不可避免的事，但其实并不尽然｜《政治~法》未对于选举期间外的~加以明确规范，并且也甚难阻却地下化、以现金往来的捐输行动。

【相反词/相反詞】两个或两个以上意义相反的词。如"上"与"下"、"高"与"低"、"前进"与"后退"。大陆叫"反义词"。

【相容】①互相容纳，彼此包容：水火不~｜所谓"民族化"，就是将西方的东西改造为和民族音乐、民族歌舞~的东西。△②特指不同品牌的电子产品可以组装在一起，工作运行不受影响；也指各部件或几种软件能够互相配合，稳定工作的功能。大陆叫"兼容"：~软件｜无线通讯与电磁~技术研发中心｜这款最新照明产品，其深度调光能力可低至全光照强度的1%，并与多种调光器~。

【小食】△①小吃：为了增添喜庆气氛，酒店特地装饰一新，并将在宴会中赠送特色~｜许先生早年经营餐饮业，今年见经济好转，决意一试，将会主攻鱼蛋、烧卖等平价~。△②零食；点心。

【心肌梗塞】即心肌梗死。⇨"心肌梗塞"在大陆为"心肌梗死"的旧称。

【新鲜人/新鮮人】大学一年级新生，也指大学毕业初入社会或某一行业的新手。英语 fresh man 的意译：南华大学大一新生发放小笔电作业，今天在校内学慧楼一楼进行，有近700位新生排队领取，不少新生在家长的陪同下，初尝大学~的滋味｜就业市场紧缩，造成社会~就业困难，毕业生甫出校园即背负着数十万的负债｜他是一位音乐~。

【新血轮/新血輪】即新鲜血液。比喻新增添的成分或力量：入列者全系年轻、没经验的~，投手不稳定、守备失误多，要求这样一支球队于国际赛闯关本属奢求｜目前台湾烟酒员工平均年龄五十一岁，需要~｜新媒体部门大量拔擢网络世代的年轻人，这的确是"台湾加油赞"的团队特色之一，也为"台湾加油赞"注入~。

【刑求】用刑逼供：狱中对嫌犯实行~的现象，时有所闻｜后三人陆续翻供，称遭到警方~才被迫承认涉案｜新店警分局经督察组调查，并勘验警察随身录像机及监视器画面，未发现警察有～殴打许男等违法情事。

【行动电话/行動電話】移动电话。

【行人穿越道】人行横道：台北市街头每天处处都见游览车趴趴走，游览车随处违规临时停车或并排停车，在红线违规停车上下客、占据～。

【行事历/行事曆】闽日程表；工作日历：她买了一本很大的～，详细记录该做的事情，并且确实掌控时间，甚至提早完成事情｜人事局将修正“纪念日及节日放假办法”，以行政命令规定儿童节放假一天，让教育事务主管部门可及早规划2011年上课的～。

【秀逗】本指电路短路，转指思想或言行不正常、犯傻。英语short（短路）的日语音译：他偶尔也会脑筋～讲错话｜有人做了三首打油诗。第一首有这样的句子：“台湾人、反军购、不给老美做肥肉、他们肥了我们瘦、我们大脑真～。”

【叙奖/敘獎】奖励；评奖：台北市教育局昨改口称“有奖无惩”，若校长有效降低学生近视、蛀牙率，将予～，若防治不力仅会列入高关怀名单，加强辅导｜警政署这项～名单日前已报请“内政部”核定，但看不过去的部分警官决定放弃～，他们希望以“知耻”来彰显社会公义。

【叙薪/敘薪】评定工资级别：有的学校为筹措经费，一切向钱看，甚至会依教师获利能力作为～标准｜通过调查员考试，受训一年及格，即可荐任第六职等本俸一级任用～，月薪7万元起跳。

【宣慰】安抚慰问：～灾民｜～侨胞｜外界常以为艺工队是“爽缺”，其实他们绝对不是当大爷，必须走遍全台湾各地营区～官兵，甚至要到外岛第一线据点表演。⇨“宣慰”为传承词。

【学测/學測】“大学学科能力测验”的简称：高雄女中黄行止以～73级分，同时录取台大企管等四个系及香港大学企管系，她决定舍台大读港大。⇨台湾从2002年起开始实施“大学多元入学新方案”，自1954年开始推行的大学联考制度就此结束。这是台湾大学入学考试制度的重要变革。这一多元化入学新制度规定：考生首先要参加“学科能力测验”（学测），“学测“通过以后才能参加下一步的推荐甄选和入学申请考试。

【学程/學程】指不限院系或研究所都可以选修的课程：台湾教育部门初步审查通过，同意高雄市东方设计学院开设台湾第一个四年制的“摄影学位~”，2013年度开始招生｜电机学院的学生也可修读管理基础~，作为攻读的基石｜六年前业界曾吁请政府调整大学的~，以让校园人才能为企业所用。当局几经讨论，设置了产业硕士专班。

【学群/學群】学科领域：今年指考新增“公民与社会”一科，共有129个校系采计，法律、政治、社会三个~采计尤多｜有调查指出，近两年毕业的受访大专新鲜人中，27.97%曾遭逢非自愿性失业，建筑艺术、商管财经、理工信息等~遭逢非自愿性失业的比率较高｜在可复选情况下，企业对实习生较青睐的~，包括理工/信息~、商管/财经~、建筑/设计/艺术~。

【血拼】①指进行激烈的殴斗或竞争。△②购物。英语shopping的音兼意译：~扫货｜网上~｜今日新闻网今日刊出调查公司针对“折扣”的相关议题进行的市场调查，近六成民众不会趁换季时进行~｜热销的明星商品，担心人太多，已经四馆都有铺货，门口三五成群地围在一起，讨论~作战计划，就是等着开门那一刻。

【血球】即血细胞：对苯二胺可以让色彩更持久，经常被加在黑色的染发剂当中，是一种经过确认的过敏原和致癌物。它会破坏~、阻碍代谢，甚至会导致贫血、乳癌、膀胱癌。⇨“血细胞”大陆旧称“血球”。

【巡弋飞弹/巡弋飛彈】巡航导弹：已决定自行研制的雄二~，不再精进射程，而是力求性能稳定，并开始正式量产。

【讯息/訊息】①音信；消息。大陆也作“信息”：有关奥巴马访问上海行程的~相当难查询，连美联社在上海的新闻工作人员收到的~也很有限，不见得比境内或其他境外媒体多。△②信息论中指用符号传送的内容。大陆作“信息”：网路~｜~服务。

Y

【鸭霸/鴨霸】闽蛮横霸道；不讲理：~行为｜今天遇到一台~

货柜车，不缴费还冲撞收费站｜近年日本的表现越来越“～”，台湾渔民前往捕鱼作业，长期受到日方的驱赶、扣船、罚款甚至撞船。

【阳春/陽春】①指春天：～三月。△②形容简单、简陋：他们推开房门一看，忍不住笑了出来，房间大小从二坪到五坪不等，有的小到只能放一张床和电视、冰箱，设备非常“～”｜手机是用5300的滑盖式～机种，连住家都是中南部传统的三、四楼透天厝。⇨“阳春”此义源于阳春面。因阳春面是一种没有菜的简易饭食，故称。

【阳春型/陽春型】指结构简单、性能单纯的类型：为能抓紧平民商机，日本大厂已着手推出只有加热功能的～微波炉、简易型冷气、低价数字摄影机等商品｜这款～的摄影机，操作简单，没有光学变焦，附有USB接头，可以直接连上计算机将影片上传。

【养成/養成】培养；培养出：十八岁仍处在人格～阶段，如果不是定力很足，太年轻就到外面求学有一定的风险性｜医生～不只在学期间，毕业后到医院的学习一样重要｜她认为台湾医师的竞争力在于专业、～教育完整，对动物及主人都很细心，这也是她为何转而大量雇用台湾医师的原因｜员山所拥有的得天独厚甜美水质，～了金车著名的波尔矿泉水和噶玛兰威士忌，也养出胜洋休闲农场的丰富水草。

【样貌/樣貌】样子；容貌：真是女大十八变，她的～越来越漂亮了｜展场整体设计除了呈现灾害时的影像之外，亦展现十年后灾区重建、走出阴霾的新生～。

【样品屋/樣品屋】即样板房：建商必须在各种媒体上打广告，兴建～，为的就是吸引客户来了解产品内容。

【药局/藥局】药店：他最后一次现身，就在台北市捷运永春站旁，被发现是到～帮朋友买药｜民众自行前往～购买的胃药市场，每年更高达4亿元（新台币）之多，多数是受胃食道逆流“火烧心”困扰。

【药妆店/藥妝店】销售药品、化妆品和日用品等的商店：台湾保养品和彩妆的选择比大陆要丰富得多。尤其是日系的产品，在一些开架的～，拎着小篮子转一圈下来，会有很多意外的收获｜台湾美容信息丰富，～琳琅满目，眼影、唇膏及面膜一应俱全，价格也便宜。

【夜店】夜间营业的娱乐场所，如夜总会、酒吧：女大学生事后发现遭到性侵，向警方报案外，甚至自责哭诉不去~就没事了，好几度想轻生｜他穿着跟着流行走，是个标准的~咖，是 101 地下室~的常客，玩得很开，作风豪放，和女艺人也很熟。

【一级棒/一級棒】非常好；优秀。源自日语：高雄 139 号品种生长期比较长，且产量和病虫害的控制比较稳定，口感~｜为了庆祝台北车站旅游服务中心启用 10 周年，特别举办“旅服 10 周年 · 全新服务”的开站仪式，同时展开“~旅服员”的票选活动，迈向下一个崭新 10 年｜中医茶疗减肥养生法，效果~。⇨日语中的“一番”（读音：ichipan）有多项意义，引入中文后仅保留“最好；最优秀”一义，并在音译字的选用上体现了这个意思。

【依亲/依親】离开现居住地，到另一居住地与亲属生活在一起：依岛内现行法令，大陆配偶到台湾~居留期间，在取得台湾身份证前，其工作权不受影响。

【已开发国家/已開發國家】即发达国家。与“开发中国家”相对。

【义民节/義民節】台湾客家人的传统节日。主要内容为祭祀在械斗、变乱、战争中因保卫家乡而牺牲的人。每年农历七月二十日举行，节日期间有放水灯、赛神猪及羊角竞长等活动：新竹县每年一次新埔镇~祭典，日前热闹登场，吸引了数万民众到场。

【异动/異動】①异常的变动：个体决策机制带来生产的盲目性，导致农产品价格~｜每轮股市的~，似乎都与信贷狂潮相关联。△②更改，变动（多指人事方面）：为了消除民怨与党内压力，“财经首长”短期内~已是不可避免｜此次台当局安全主管部门高层人事~是“包裹调整”，牵动职位达八人之多。

【役男】“役龄男子”的简称。指处于役龄期间的男性：替代~｜~招募｜~入营。

【印表机/印表機】打印机：惠普在主要的资讯科技市场中仍占据较高市场份额，这些市场包括个人电脑、服务器及~。

【萤光幕/螢光幕】△①即荧光屏。△②借指电视节目。也作“萤幕”。大陆叫“荧屏”：台湾高雄市传承三代的金鹰阁木偶剧团随着时尚蜕变，从野台戏进入戏院、登上~，演出舞台剧｜《康熙王朝》是较初期登陆台湾电视~的大陆历史剧，当初有人担心“水土不服”，但未料该剧在台湾大红。

【萤幕/螢幕】△①即荧光屏：每场音乐会都有精彩的声光互动特效及大~电玩影像｜苹果执行长日前在发表会上，展示更轻、更薄、~更大的 iphone 5。△②借指电视节目。也作“萤光幕”。大陆叫“荧屏”：近年来他的优秀~作品不断，备受业内外人士的认可｜观众们一直认为他在~上的形象太过柔弱。

【影印】①将书籍或图表等用照相的方式制版印刷：~古籍｜很多档案都是照原样~出版。△②即复印：~材料｜双面~｜老校友看着自己的成绩单几乎要落泪地说：“太难得了，我要~、拍照下来！”

【影印机/影印機】复印机：收到的捐助除金钱外，还包括~、灯、防毒软体、印表机与笔记型电脑等。

【硬碟】即硬盘：警方从他家带走三台电脑，但未有在~中找到任何证据。

【永续城市/永續城市】在经济建设、环境保护和维护社会正义方面实现永续发展的城市。永续发展就是既满足当前需要又不会损害子孙后代利益的发展：消除贫穷，并且能够改善生产与消费的模式，来进行保护、管理珍贵的自然资源，这是我们~发展的根本的基础。

【优格/優格】酸奶；酸奶酪。英语 yogurt 的音译：医学实验显示，~中的益生菌不仅能减轻感冒症状，还可降低三到五岁幼童出现发烧、咳嗽、流鼻水的几率，或让这些症状尽快痊愈｜动物园里的狐猴常食用~帮助消化。

【邮差/郵差】邮递员。也叫“邮务士”：高雄有民众日前目击两名~，边吃午餐边喝酒，让他质疑上班时间，怎么能喝酒。

【邮递区号/郵遞區號】即邮政编码：民众只要输入~或市镇名称就可以在网站上进行不同区域的治安比较，了解治安究竟是改善或恶化。

【油国组织/油國組織】即欧佩克。

【幼齿/幼齒】①年纪小的；资历浅的：刚满 20 岁的桐俊，也是该杂志韩国版有史以来“最~”封面人物｜入围球星个个大有来头，年仅 23 岁的林书豪是所有票选球星当中最“~”的。②形容头脑简单或缺乏经验；幼稚：该剧开播后，“担心”逐渐被“揪心”所取代，情节波澜起伏，绝对是“步步惊心”，要比“~”水平的《宫锁心玉》更抓人。‖来自闽南语。

【幼稚园/幼稚園】幼儿园：疾管局提醒民众，肠病毒的传染力极强，在家庭与教托育机构如~、托儿所、安亲班等处最容易传播。⇨“幼稚园”用于早期国语。大陆今已不用。

【原子笔/原子筆】圆珠笔。

Z

【早鸟优惠】提早行动的人可得到优惠：2013 年寒假游学团~，11 月底前报名，最高省 4000 元｜春节早鸟订房优惠开始。~仅限于即日起订房至 12 月 15 日止。⇨英语中有 early birds catch worms 一语，意思是早起的鸟儿有虫吃。“早鸟优惠”应来源于此。

【站台/站臺】①在车站设置的高于路面的平台，供上下乘客及装卸货物使用；特指火车站的站台。也作“月台”：列车缓缓驶出~。△②竞选者进行竞选演说时，助选者陪站在一旁以助声势，或发表言论，帮助拉票：~助选｜大选时，我们为他~。

【张本/張本】行动的依据；计划、方案等提出的理由：各地党公职有了可以游走基层的~，可以因关心民生议题，切入较不属于政治的区块｜再看她的飞弹论，更不宜排除这是否意味要为美国出售反飞弹给台湾预为~。⇨“张本”为传承词，大陆今罕用。

【真除】由代理某职务转为正式任职：他在代理半年局长后，最近~｜有人认为，如果让他以“副院长”暂代“院长”，两三个月如无大风波，便可~｜“金管会”表示，检查局长职务从今年 1 月 25 日起，即由他代理迄今，其获~，主要是为人谦和谨慎、忠于职守。⇨“真除”为传承词，大陆今不用。

【甄试/甄試】甄选考试：1979 年她以优异成绩~保送中国文化大学音乐系西乐组，主修声乐，副修钢琴，选修大提琴｜台湾一位李姓男子两年前参加澎湖县初中教师~，发现语文科有一题选择题答案有误。

【诊间/診間】诊室：许多大陆民众不仅追台湾明星，在健检美容方面也较偏好台湾高质量服务，~中，常碰到拿着明星照片上门的南方陆客，指定订做明星脸。

【阵头/陣頭】闽指在迎神赛会或其他节庆时举行的民间歌舞表演；也指这类表演团体或人员：台南市政府还将举办宋江阵、舞龙、跳鼓、八家将等民俗~表演，游客可以体会到这座台湾最古老城市的深厚内蕴｜这个风情小镇，传统文化气息十分浓厚，现场表演的~，全是鹿港高中生表演的。⇨阵头是闽南民俗技艺，是闽南地区及台湾地区民间庙会、喜庆活动不可或缺的民俗演出。

【震央】即震中：台湾气象部门指出，这起地震~在花莲县府西北方12.4公里，位在秀林乡，里氏规模4.5，深度22公里。

【指证历历/指證歷歷】清楚地指认并证明：台前动物保育官员被爆高价出售野生老虎，面对动保团体~，台南县府已前往该农场，稽查动物数量与登记数目是否符合等，也会报请检察官侦办。

【志工】志愿者：台湾慈济慈善事业基金会的数十位~到北京市房山区张坊镇支撑救灾｜台北市的学生每学期至少要做8小时“~”，如课业辅导、病房陪伴、募集善款、导游解说、回收垃圾等。

【智慧财产权/智慧財產權】即知识产权：由于创意产业就是起源于个体创意、技巧及才能，透过~的生成和利用，而有潜力创造财富和就业机会。

【中古】闽半旧的；二手的：~屋｜~手机｜老屋旁，一辆~小货车摆满各种书籍，等着爱书人闻“香”下车。

【中古车/中古車】半旧的车；二手车：刚买的新车他不爱惜，看起来和~差不多｜新车市价约400多万元，虽然是3年~，但至少也有200至300万元。

【中盘商/中盤商】中间商：如果有些~要趁机哄抬的话，“公平会”也会会同“农委会”严密查察，以遏止这些不当的涨价情况。

【主计/主計】负责财务会计或统计工作的：~室｜~处｜已请各部门~主管转知首长。

【主计处/主計處】负责管理统计、会计等事务的机构：台湾

“~”8月份最新统计，台湾女性平均初婚年龄，从2001年的26.4岁递延至今年为29.4岁。

【抓狂】闽即发狂。指一时情绪失控，做出失常的行为：他受不了老板的责骂，突然~起来｜台湾新竹有一名彭姓男子因为和友人吵架，竟然~，买汽油到友人的住处门口纵火泄愤。

【转知/轉知】转达，通知：落海的69名大陆渔工及台方船员已于6日凌晨4时全数救起。海基会并请海协会~家属报平安。

【赚翻/賺翻】赚得非常多：点子就是银子，大家都说买这栋“废墟建筑”的日出集团~了｜由于运输航程大大缩短，除了成本下降，农产品到达终端市场时的新鲜程度也将大大提高，投资农业的台商今年肯定~。

【桩脚/樁腳】①打入地面下的木桩（或石桩、水泥桩等）的根基部分：陈年的~都朽烂了。△②指选举时在基层为候选人拉票、稳固票源的人，大多为地方有影响力的人士：这次选举，多位~涉贿，已被收押禁见｜“立委”要想上位，不管是通过广告文宣走形象路线，还是组织动员地方“~”，选举中都需要大量的资金支持。

【桌球】即乒乓球：~赛｜台湾~好手庄智渊第一天赛程成绩不理想，暂居第四。

【桌上型电脑/桌上型電腦】即“台式电脑”。

【资安/資安】“资讯安全”的简称。即“信息安全”：若想要吸引外来投资，更需要厘清云端服务业者的法律责任范围，同时建立~维护及网络犯罪的合作及执法机制。

【自排】自动挡。与“手排”相对：这辆福特四门~轿车，昨天零时上奇摩拍卖网拍卖。

【自由业/自由業】自由职业：大学以上教育程度、军公教、白领阶级、~及专技人员，对施政的不满意度，均再增加10个百分点。

【走春】指春节期间拜年会友、游走消闲等活动：赏樱，近年成了台湾春游民众运动，好像春天不~赏樱，就赶不上流行似的｜不想远走武陵或阳明山区去赏樱，不妨就近到台北市中心的中正纪念堂~去，此时梅花和樱花正盛绽，成了台北人最方便的赏樱去处。

【走路工】闽本指劳务酬金，现多指选举中候选人付给为自己造势拉票人员的小额酬金：选举倒数计时，各党参选人卯起来办活动、拼造势，少不了电音三太子、八家将或击鼓队伍来助阵、壮大声势，成员多是中学生等未成年青少年，打工赚取~｜一审认定，古某发放的500元~钱是选举造势活动工资，不算是买票贿款，判处两人无罪。

【罪嫌】△①有犯罪嫌疑的人：他因被指认为本案的罪嫌而遭逮捕。△②犯罪罪名：全案依儿少性交易防制条例、人口贩运、妨害风化等~移送法办｜杨姓男子去年吃麻油鸡后驾车肇事，酒测值达每公升零点五六毫克，被检方依公共危险~起诉。

三、两岸常用词——两岸同形异义异用词

【地主】①指住在本地的主人：尽~之谊。△②指土地所有者。☆③上个世纪50年代初在大陆农村划分的阶级成分之一。⇨从1950年开始，中国开始了全国范围的农村阶级成分的划分，将农村阶级成分成了“地主、富农、中农、贫农、工人”。现已取消划分阶级成分。

【感冒】①一种由病毒或细菌引起的上呼吸道疾病。②☆患感冒。☆③感兴趣；喜欢。多用于否定式：她只喜欢唱歌，对于拍电影，一点也不~。△④讨厌；不喜欢：他借钱从来不还，让人~｜“台大学生难沟通、不懂团队合作、抗压性低”这是台大去年针对企业雇主调查，发现他们对台大生最“~”的地方｜这些争议性事件，让洪恒珠成为影响选情的最大负分。不少绿营人士对洪恒珠十分“~”。⇨“感冒”在大陆某些方言区也有“讨厌、不喜欢”的意思，但在普通话和大部分北方方言区用“不感冒”表示“不喜欢、不感兴趣”。

【高考】☆①指高等学校招收新生的考试，为“普通高等学校招生全国统一考试”和“成人高等学校招生全国统一考试”的简称。台湾叫“(大学) 联考”。△②“公务人员高等考试”的简称。

【高姿态/高姿態】☆①待人处事表现出谦和、宽厚、重在责己的态度。△②自以为优越，不能平等待人的态度：一对家境都不错、相恋多年的大学生，原计划今年毕业后结婚，没想到双方家长在讨论婚事时，均以~比来比去，互不相让，一桩美好婚事因此破局。

【工读生/工讀生】☆①在工读学校接受教育的学生。△②利用课余时间打工的学生。

【公车/公車】☆①供单位人员因公出行使用的公家的车辆：务必杜绝~私用。△②指公交车。

【检讨/檢討】☆①因犯有错误而作自我批评；对所犯错误作出自我批评的书面材料：一名分局负责人也因整改迟缓被责令作出书面~。△②检查分析（作出判定）：不论从历史、地理、使用及法律的角度~，钓鱼台列屿都是中国固有领土。⇨“检讨”的“检查分析”义大陆较少用。

【空调/空調】☆①“空气调节器”的简称。台湾叫“冷气机”。△②“空气调节”的简称；也指进行空气调节。如开冷气机、除湿机、抽风机等：本大楼~中，请勿吸烟。

【批判】①分析判别；评判好坏：功过是非留待后人~。☆②对错误的思想、言行等进行有系统的分析、驳斥，加以否定：~本位主义。△③对缺点或错误提出意见；批评：他昨天在记者会上就多次表示，有什么~或建议，希望能够早一点说出来。

【通告】①普遍地通知：国家邮政局昨日~了2011年邮政业消费者申诉情况。②普遍通知的文告：卫生部与公安部联合发布~，严厉打击“医闹”等行为。☆③通知；告诉：突袭本·拉登当晚，在没有~巴基斯坦当局的情况下，两队美军“海豹”突击队员乘隐形直升机空降在这处院落。△④指演员、主持人等签订的演出合同：华仔近来成了各台争夺对象，但第一个~却给了浙江卫视，今晚将现身杭州参加“海阔天空，一路是蓝”浙江卫视台歌发布会 | 两位亲人在风灾中相继过世，正在香港演出的她得知噩耗后难过得说不出话来，

紧急取消~赶回台湾探视。

【土豆】☆①通称马铃薯。△②[闽]指花生。

【脱产/脱產】☆①脱离直接生产，专门从事行政管理等工作或专门学习：~人员｜~培训｜民兵是不~的群众武装组织。△②将财产转移到别人名下或出手。

【窝心/窩心】☆①受到委屈或侮辱却无法表白或发泄，心中苦闷：稿子打完后忘记存档，全部丢失了，真~！△②温暖；贴心；满意：你的赞美让我觉得好~｜她透露收过最~的礼物是老公亲手做的“手工回忆录”，她甜蜜地说：“当一个人愿意为另一个人去做一些事，是很感动的。”⇨台湾《重编国语辞典》“窝心”兼列①②两义项，但“台湾国语”多用义项②。

【下海】①到海上去。特指渔民到海上捕鱼：~游泳｜~拾螺。☆②指业余戏曲演员成为职业演员。☆③指放弃原来的工作而经营商业：~经商｜在市场经济大潮的冲击下，“官本位”一度松动，许多干部纷纷~。④△指到妓院、舞厅等色情场所去做事：一名男子因为经商失败，并遭地下钱庄逼债，不料他竟要年仅16岁的女儿“~”援交｜她一心想当明星，但华人演员在美国发展不易，最后不惜“~”拍了几支三级片。

【形象工程】☆①指不顾实际需要，只为装点门面、显示政绩而建设的工程或举行的活动。也叫“面子工程”。△②指给人良好印象的举措：他最近曝光率最高的新闻包括与年轻人上网互动，以及升格做外公，并凸显女儿嫁给山地青年，强力进行“~”｜过去以跑步、游水、吃便当等亲民~面目出现，现在就不再能令台湾民众受落了，大家都要求当局拿出“马上好”的具体方案。

【职称/職稱】☆①专业技术职务的等级称号。一般分为分为正高级、副高级、中级、助理级、技术员级5个级别。△②职位或职务的名称：我的~是教师｜他在公司的~为副理。

后　记

1988年两岸正式三通以后，随着两岸交流的日益扩大，反映在社会生活各方面的语言差异，愈来愈突出地表现出来，不同程度地影响到两岸人民的沟通和相互间更深入的了解。1993年在新加坡举行的“汪辜”会谈的三项议题中，有一项就是两岸科技文化交流问题，其中还特别指出两岸科技名词上的异同，以及如何沟通和消除差异的工作方向。其实，两岸语言差异不仅表现在科技领域，两岸语文生活的各层面都有迫切需要“融解”差异，疏通清障的问题。

2009年第五届海峡两岸经贸文化论坛在湖南长沙举行，论坛提出“两岸合作编纂中华语文工具书”的倡议。为响应这一倡议，两岸语文工作者达成协议，决定合作编写一本语文词典。为了编好这本词典，需要参编人员对两岸语言的语音、词汇和语法各方面进行全面的考察和对比研究。

另外一方面，在两岸语文问题上一些模糊的认识也需要加以澄清、纠偏。有人认为台湾的“国语”就是普通话，只是名称不同；还有一种看法，认为台湾已经形成一种新的“国语变体”，成为一种独立于“国语”的“新生语言”。特别是“台独意识”的影响波及语言文字领域，直接干扰着两岸语言文化交流，影响了以语言为载体的中华文化共同体的构建。

形势和任务要求我们，既要做好词典编写的专业性工作准备，也要通过学习和研究加强相关的理论建设。

本项工作启动以来，我们相继编写出版了《两岸常用词典》《两岸差异词词典》《两岸通用词典》《两岸生活常用词汇对照手册》等以两岸通用词和差异词为收释对象的一系列语文辞书。这个过程中主编和主要参编者做了大量研究工作，撰写了30多篇学术论文，发表在《语言文字应用》《辞书研究》《台湾研究》以及多家大学学报等刊物上，汇集成《两岸合编词典研讨集》由高等教育出版社2016年出版。这些成果受到学界普遍关注，并推动了两岸语言对比研究这一新学科的建设。

本书八讲分别对台湾推行“国语”的历史过程、台湾现实语言格局的状况、两岸通用语的关系定位作了宏观的论述，对民族共同语在两岸表现于语音、词汇和语法等方面的差异，做了深入细致的描写。主编李行健对全书的结构、指导思想、重点议题作了统筹安排，还撰写了第二讲“一语两话”、第五讲“两岸共同语词汇差异及沟通策略”等部分，参与撰写了第七讲“从‘一文两体’走向‘书同文’”及第八讲“从语言问题入手遏制‘文化台独’逆流”。刁晏斌撰写了第六讲“两岸共同语语法差异析要”。仇志群撰写了第一讲“台湾光复前后的语言状况和台湾的国语运动”、第三讲“台湾言语社区的双言现象及双言制格局的形成”、第四讲“两岸共同语语音系统的差异”，参与了第五讲、第七讲和第八讲的编写。此外还协助主编做了大量工作。

尤克勤、肖航和戴洪亮同志分别参与了相关章节的讨论和提供资料的工作。教育部语言文字应用研究所所长张世平、副所长吕同舟等同志审读了初稿。

《现代汉语规范词典》编写组的很多编写人员，在本书撰写过程中对语料整理收集提供了大力支持，并对本书的编写提出了宝贵意见。

语言文字的统一是国家认同和统一的思想文化基础，消除两岸语言分歧，化异趋同，使之融合发展，以维护中华文化共同体，增强两岸同胞的民族认同感、国家的归属感，早日完成两岸和平统一大业，已成两岸人民共同的历史使命。我们希望本书的撰写出版能为此作一份贡献。

此书的出版得到了教育部语言文字应用研究所的很多帮助。中国大百科全书出版社刘国辉社长大力支持，分社领导郭银星、曾辉、责任编辑于淑敏等同志为本书顺利出版付出了很多辛劳。我们谨向他们表示衷心的感谢！

李行健

2019年4月谷雨日